FREDY GAREIS

**100 GRAMM
WODKA**

FREDY GAREIS

100 GRAMM WODKA

Auf Spurensuche in Russland

Mit 72 Fotos und einer Karte

MALIK

Mehr über unsere Autoren und Bücher:
www.malik.de

Die im Buch dargestellten Erlebnisse, Dialoge und Personen basieren auf Erinnerungen und weichen an einigen Stellen gewollt oder ungewollt von der Realität ab. Namen und Merkmale einzelner Personen wurden zum Schutz ihrer Privatsphäre mitunter geändert.

Den Toten: Alice, Ottilie, Walja, Elvira, Leo, Ernst, Richard, Wilhelm, Theodor

Den Lebenden: Lucie, Frieda, Lisa, Lora, Jascha

Allen auf der Suche nach einem besseren Leben, allen auf der Suche nach Heimat

ISBN 978-3-89029-457-5
© Piper Verlag GmbH, München/Berlin 2015
Redaktion: Fabian Bergmann, München
Fotos im Bildteil: Fredy Gareis
Fotos in der hinteren Innenklappe: privat
Karte: cartomedia, Karlsruhe
Satz: Greiner & Reichel, Köln
Litho: Lorenz & Zeller, Inning a. A.
Druck und Bindung: CPI books GmbH, Leck
Printed in Germany

Die russische Wirklichkeit ist ein erhabenes,
universelles, geordnetes Chaos.

Fjodor Michailowitsch Dostojewski

Inhalt

1 Ein Ende, ein Anfang	9
2 Санкт-Петербург – Sankt Petersburg: Der Westen im Osten	14
Die fremde Seele	14
Literaten und Despoten	20
Wahlverwandtschaften	30
3 Москва – Moskau: Der Kopf Russlands	35
Fliegende Kommission XXVII, Sonderzug	35
Kultiviertes Trinken	47
UAZ-469 meldet sich zum Dienst	58
4 Чувашия – Tschuwaschien: Blut, Schweiß und Wodka	64
Lachen ist eine ernste Sache	64
Russische Fische lieben Pfannkuchen	74
Die Banja am Ende der Straße	82
Eine Hochzeit auf dem Land	88
Stille Tage in Tschuwaschien	94
5 Волга – Wolga: Das blaue Band	98
Einbeiniger Superheld	98
Die L-Protokolle	103
Ganz normalna	117
6 Урал – Ural: Von Kontinent zu Kontinent	126
Mein Vater, der Fremde	126
Das russische Anderswo	133
7 Азово – Asowo: Die russische Seele braucht Weite	140
Die Ohrfeige	140
Ein Leben zwischen Hammer und Amboss	148

8 Алтай – Altai: Das magische Licht der Steppe 154
Katjuschas Gruß 154
Über die Automatisierung von Fabrikprozessen 159
Babuschkas Himbeersee 165

9 Қазақстан – Kasachstan: Ursprünge 179
Durch die Steppe 179
Eine Rückkehr, eine Prophezeiung 188

10 Байкал – Baikalsee: Goldener Herbst am großen See 198
Die Nacht der Gopniks 198
Tatjanas traurige Augen 204
Wer keine Pläne hat, ist ein freier Mann 210

11 Якутия – Jakutien: Die Kälte des Fernen Ostens 221
Wo Milch geschnitten wird 221
Auf der Straße der Knochen 227
Die zweite Prophezeiung 233

12 Picknick mit einer Toten 245

Soundtrack zum Buch 249
Dank 250
Literaturverzeichnis 252

Ein Ende, ein Anfang

Mutter weint.

Wir stehen auf dem Parkplatz vor unserem Hochhaus; ihr Schluchzen ist das einzige Geräusch zwischen den Betonmauern der Sozialbauten. Es ist Samstagmorgen, fünf Uhr. Die Nacht verabschiedet sich, und der Tag bricht an.

»Fahr du, bitte«, sagt sie mit matter Stimme und drückt mir den Schlüssel in die Hand.

Ich starte den Motor und lenke den Wagen durch die Häuserreihen zum Autobahnanschluss Rüsselsheim-Mitte, fahre auf die Rampe und gebe Gas. »Nicht so schnell«, mahnt mich meine Mutter. Sie hat kein Interesse, allzu rasch ans Ziel zu kommen.

Über den Zuckerrübenfeldern der Riedlandschaft steigt langsam die Sonne auf und taucht alles in ein helles Orange. Der Himmel ist sattblau und wolkenlos. Wann habe ich meine Mutter zum letzten Mal weinen sehen?

Ein Opel Astra setzt zum Überholen an. Ohne Eile zieht er an uns vorbei. Ich schaue hinüber. Hinter den halb offenen Scheiben ein Pärchen: sie mit einer Zigarette in der Hand, er mit einem Hut auf dem Kopf. Beide lachen, auf dem Dach liegen zwei Surfbretter. Leise höre ich meine Mutter neben mir wieder schluchzen.

Wenige Autos auf der Straße. Man braucht schon einen guten Grund, um um fünf Uhr morgens an einem Samstag unterwegs zu sein: eine Geburt, eine Hochzeit, eine Familienfeier. Oder man fährt in den Urlaub.

Der Opel setzt sich vor uns auf die rechte Spur und fährt langsam davon. Ich lege meine rechte Hand auf Mutters Oberschenkel, aber sie nimmt sie nicht. Sie ist damit beschäftigt, sich die Tränen aus den Augen zu wischen.

Im Gegensatz zu den Distanzen, die meine Familie einst in Russland zurücklegen musste, sind die 65 Kilometer zwischen Rüsselsheim und Mannheim ein Katzensprung. Jeden Sonntag sind wir diese Strecke gefahren, um Großmutter zu besuchen.

Wir passieren eine Fabrik zu unserer Rechten, aus deren Fassade sich eine Metalllippe hervorschiebt. Sie hat mich schon immer an ein trotziges Gesicht erinnert und gleichzeitig angekündigt, dass wir bald da sein würden. Gleich säße ich an Großmutters Tisch, vor mir einen Teller Borschtsch mit einer Haube Smetana, russischem Schmand, später würde ich im Wohnzimmer fernsehen, während sich die Verwandtschaft in der Küche verschanzte und sich mit klirrenden Wodkagläsern zuprostete.

Ich fahre von der Autobahn ab, vorbei an einem heruntergekommenen Bau, der früher als Lager für Russlanddeutsche diente, und parke im Stadtteil Rheinau direkt vor Großmutters Wohnung. Sie saß immer am Fenster und wartete auf uns, winkte, und ein Lächeln schlich über ihr Gesicht, während wir aus dem Auto stiegen.

Diesmal bewegen sich die Gardinen nicht.

Wortlos gehen wir auf das Haus zu. Mutter weint immer noch. Ich will sie in den Arm nehmen, aber sie läuft so schnell die Treppe hoch, dass ich kaum hinterherkomme. Sie stolpert durch die Tür, durch den kleinen Flur ins Schlafzimmer und fällt direkt vor Großmutters Bett auf die Knie.

Großmutter liegt auf dem Rücken, der Körper kerzengerade, die Hände über dem Bauch gefaltet, die Lippen schon blau.

Mutter greift nach diesen Händen, die vor Jahrzehnten im sibirischen Straflager mit Eisenstangen Soda gebrochen haben. Jetzt ist die Haut durchscheinend, von Äderchen durchzogen, dünn wie Pergament, und ich bilde mir ein, ein Knistern zu hören, als Mutter die starren Hände der Toten anhebt und an ihr Gesicht legt.

Oh Mamutschka … oh Mamutschka.

Ich muss an meinen Besuch bei meiner Großmutter vor ein paar Wochen denken. »Ich bin müde«, klagte sie, »ich will schon lange nicht mehr.« Ständig war sie krank, der Mann verstorben, die Verwandten wohnten weit weg. Vielleicht, dachte ich, fehlt ihr auch eine Aufgabe – so wie damals, als es darum ging, Stalin und Sibirien zu überleben und die Familie nach Deutschland zu bringen.

Ich lasse meine Mutter allein und gehe in die Küche, setze mich an den Tisch mit der dicken Plastikdecke, die an den Ecken mit Metallklemmen befestigt ist. Nie wieder wird meine Großmutter mir ein Stück Napoleontorte abschneiden, nie wieder werden wir gemeinsam Kaffee aus einer Untertasse schlürfen, nie wieder vor der kleinen Stereoanlage sitzen und den Schlagerklassiker von Dschinghis Khan schmettern: »Moskau, Moskau, wirf die Gläser an die Wand – Russland ist ein schönes Land, hahahaha!« Bald wird die Wohnung leer geräumt sein, und alles, was sich hier drin befindet, wird nur noch in meiner Erinnerung existieren. Dabei hätte ich noch so viele Fragen an meine Großmutter gehabt.

Ihre Stimme erfüllt meinen Kopf.

»Propaganda!«, schallte es aus der Küche. »Propaganda!« Und dabei knallte Großmutter ein Glas auf den Tisch – wahrscheinlich verschüttete sie Wodka; alles so laut, dass es bis ins Wohnzimmer zu hören war.

Den Rest konnte ich nicht verstehen, denn die anwesende Verwandtschaft unterhielt sich auf Russisch. Ich war zehn Jahre alt und selbst in der Sowjetunion geboren, aber zu der Welt hinter der Küchentür hatte ich keinen Zugang. Ich durfte noch dabei zuschauen, wie Großmutter mehrere Laibe Brot auf den Tisch legte, riesige Einmachgläser mit sauren Tomaten öffnete, geräucherten Hering aufschnitt, eine Schüssel mit Pelmeni, Teigtaschen, in die Mitte stellte und an jedes Tischende eine Flasche Wodka mit blauem Etikett. Doch dann hieß es für mich: ab ins Wohnzimmer! Die Diskussionen wurden immer hitziger – ich musste den Fernseher lauter stellen. Heute weiß ich: In der Küche war Russland oder, besser, die Sowjetunion. Da wurden die Erinnerungen an den Kommunismus wach, an die Straflager, an den Hunger. Ins Wohnzimmer verscheucht, saß dort die nächste Generation, die damit nichts mehr zu tun haben sollte.

»Was wir erlebt haben, soll dich nichts angehen«, sagte Großmutter immer. »Das hier ist ein anderes Leben. Wir haben all das durchgestanden, damit ihr es einmal besser habt.«

Meine Oma war 1976 über das Durchgangslager Friedland nach Mannheim ausgesiedelt, ein Jahr später folgte ihre Tochter mit mir. Mit dem Grenzübertritt wollte meine Mutter die Sowjetunion für immer hinter sich lassen. Sie passte sich an, wie man sich nur anpassen kann, wurde bisweilen deutscher als die Deutschen und weigerte sich, zu Hause Russisch zu reden.

Jahre später, als ich anfing, mich mit meiner Familienbiografie und damit mit Russland zu beschäftigen, fiel mir der Ausweis meiner Mutter in die Hände. Als Geburtsort steht da: »Soda-Kombinat, UdSSR«. Das Straflager, in dem Großmutter elf Jahre lang für Stalin schuften musste und schließlich ihre Tochter gebar. Mutter riss mir den Ausweis aus der Hand und sagte nur: »Das geht dich nichts an!«

Sie schämt sich bis heute für diesen Eintrag, für dieses bürokratische Überbleibsel aus der Ära Stalin, das sie bis an ihr Lebensende begleiten wird.

Erst in späteren Jahren begann Großmutter, mir am Küchentisch Geschichten zu erzählen – vom Werben der deutschstämmigen Zarin Katharina der Großen um Siedler vor allem aus der alten Heimat, vom langen Treck Zehntausender Deutscher, Schweizer und Elsässer in den Osten, vom Leben der Kolonisten an der Wolga und in Bessarabien, vom Straflager in Sibirien, aber auch von der Enttäuschung, dass sie in Deutschland nicht das Zuhause gefunden hatte, von dem sie in der fernen Weite der sibirischen Steppe geträumt hatte.

»Weißt du, Fredy, der Himmel hängt auch hier nicht voller Geigen. In Russland waren wir die Fritzen. In Deutschland sind wir die Russen. So richtig gehören wir nirgendwo dazu.«

Sie starb, wie alle Großmütter, viel zu früh.

Am Ende bleiben mir 600 Euro in einem Umschlag, zwei Fotoalben mit Schwarz-Weiß-Aufnahmen von Menschen, deren Namen ich nicht kenne und deren Vergangenheit mir fremd ist, zwei Ordner mit Unterlagen über die Umsiedlung, ein Adressbüchlein, ein maschinengeschriebener Lebenslauf, der 1976 schließt, als wäre der Neuanfang das Ende.

Ich blättere eine Weile durch die Unterlagen, diese Dokumente der Migration, der Enteignung und der Verfolgung, und erinnere mich gleichzeitig daran, wie sehr Großmutter die Seifenoper »Reich und Schön« liebte. Sie verpasste nie eine Folge. Dann gehe ich wieder ins Schlafzimmer zu meiner Mutter. Sie kniet immer noch am Bett. Auf dem Nachttisch stehen ein paar gerahmte Fotos, sie zeigen meine Oma stolz in einem Pelzmantel, eine goldene Brosche am Revers. Nie trat sie ungeschminkt vor die Tür; als es mit der Gesundheit bergab ging, wollte sie noch nicht mal die Verwandtschaft empfangen, damit keiner sah, wie es um sie stand.

Wie lange werde ich sie so lebendig noch im Gedächtnis behalten? Wie lange wird es dauern, bis diese Bilder anfangen zu schwinden und ich mich nicht mehr daran erinnern kann, dass sie immer nur Chanel N°5 benutzte und die Speisekammer so vollgestopft mit eingemachter Marmelade war, dass der nächste Weltkrieg für diejenigen, die bei meiner Großmutter Unterschlupf gefunden hätten, sehr süß geworden wäre?

Durch die Balkontür weht ein Luftzug herein, und ich rieche die Lilien aus dem kleinen Park, der direkt an die Wohnung grenzt. Die Vorhänge flattern sanft. Ich knie neben meiner Mutter nieder. Wir weinen gemeinsam. Es ist ein Ende, und es ist ein Anfang.

Санкт-Петербург:
Der Westen im Osten

Die fremde Seele

Ein paar Jahre später, an einem Sonntag im August, sitze ich im Flugzeug Richtung Sankt Petersburg, und alles, was ich unter mir sehe, ist ein grünes Meer aus Bäumen.

Hinter mir liegen Interviews mit Bekannten und Verwandten. Ein Treffen mit meinem Vater, den ich seit 20 Jahren nicht mehr gesehen hatte. Abende, an denen ich über meiner Reiseroute brütete, und Nächte, in denen ich auf Russisch träumte.

Jetzt schwinden die Kilometer bis zur Ankunft in dem Land, das sich über neun Zeitzonen erstreckt, doppelt so groß wie die USA ist, dabei aber nur halb so viele Einwohner hat. Ein Land, von dem es heißt, dass man es nicht mit dem Verstand fassen kann. Ein Land, dessen Seele mir so fremd ist wie der dunkle Wald da unter mir – und das doch die Heimat meiner Familie war.

Neben mir sitzen zwei Frauen. »Und Sie, junger Mann? Was haben Sie in Russland vor?«, spricht mich die deutlich Ältere der beiden an.

»Ich will mir ein Auto kaufen und bis zum Pazifik fahren«, antworte ich wahrheitsgemäß.

»Sie wollen sich ein Auto in Russland kaufen?« Beide schauen mich ungläubig an. »Und bis zum Pazifik? Durch die Taiga? Wieso das denn?«

»Warum denn nicht?«

»Aber in der Taiga ist absolut nichts, da wird man von der Leere verschluckt!«, gibt die Ältere zu bedenken.

»So schlimm wird es hoffentlich nicht sein. Ich war schon an ganz anderen Orten.«

»Vielleicht«, entgegnet die junge Frau skeptisch, »aber die Taiga ist anders. Da herrschen Gesetze, die du nicht kennst. Die Bären werden dich zum Frühstück verspeisen!«

Dann wendet sie sich der alten Dame zu, und die beiden fangen an, sich über die Situation in der Ukraine zu unterhalten. Vor Kurzem erst hat Russland die Krim annektiert; ich höre sie davon reden, dass man den ukrainischen Drecksäcken und Verrätern, diesen Faschisten, keinen Meter geben dürfe. Und schon sind wir bei Putin. Wie gut es sei, einen Mann an der Spitze des Staates zu haben, der mit der so oft zitierten *silnaja ruka* regiere, der eisernen Faust.

Ungewöhnlich ist das nicht. Es gibt eine Denkschule, die besagt, dass Russland für immer eine Autokratie sein werde, dass westliche Regierungsformen in diesem Riesenland schlicht nicht funktionierten. Es sei einfach zu groß und zu chaotisch, Macht könne unter diesen Umständen nicht dezentralisiert werden. Im Gegenteil: Nur mit eiserner Faust lasse sich das gigantische Reich zusammenhalten. Vielleicht ist diese Argumentation zu einfach, dennoch zieht sich das Phänomen wie ein roter Faden durch die russische Geschichte, von den frühesten Herrschern bis heute.

Schließlich setzt die Maschine unter dem Applaus der Passagiere auf, rollt aus und entlässt uns in das brandneue Terminal des Flughafens Pulkowo, in dem die Böden und die Glasflächen auf Hochglanz poliert sind und die Zöllnerinnen in Miniröcken und auf Stöckelschuhen umherlaufen. Das Klack-klack, die Vorliebe der russischen Frauen für Absätze, wird mich über 12 000 Kilometer bis nach Magadan am Pazifik begleiten.

Meine Mutter will nie wieder einen Fuß in dieses Land setzen, aber ich stehe jetzt hier und warte, bis die Beamtin in dem Glaskasten meinen Pass stempelt. Ein russisches Sprichwort kommt mir in den Sinn: »Du suchst den gestrigen Tag – er ist bereits vergangen.« *Maybe so.* Aber ohne Gestern kein Heute, oder?

In der U-Bahn rattere ich Richtung Stadtzentrum. Das Innen-
licht flackert. Vom Band Informationen in der Landessprache über
die nächsten Stationen. Ich hoffe, dass sich mein verschüttetes Russisch möglichst schnell wieder zutage fördern lässt, sodass ich nicht
stumm durch dieses Land laufen werde wie einst meine Vorfahren.
Daher kommt der Begriff für die Deutschen: *nemetz* – stumm. Bei
der großen Einwanderungswelle im 18. Jahrhundert wurden alle
Ausländer so bezeichnet: »Einen Deutschen nennt man bei uns jeden«, schrieb Nikolai Gogol 1832, »der aus einem fremden Land
stammt, sei er nun Franzose oder Großkaiserlicher oder Schwede,
immer ist er ein Deutscher.« Während die anderen Völker im Laufe
der Zeit andere Namen bekamen, blieb der Begriff »stumm« an den
Deutschen haften, das war das namentliche Schicksal der größten
Einwanderergruppe.

Am Newski-Prospekt, der Hauptader der Stadt, erblicke ich wieder das Licht der Welt. Bei 32 Grad im Schatten läuft mir nach ein
paar Minuten schon der Schweiß über den Rücken. Ich suche mein
Hotel auf diesem endlosen Boulevard, dessen Häuserzeilen früher Metzger, Bäcker und Fischverkäufer beherbergten und wo vor
knapp 100 Jahren 150 000 Arbeiter marschierten und »Brot, Brot,
Brot!« skandierten. Bewaffnet mit Messern und Hämmern, stellten
sie sich gegen die Kräfte des Zarenregimes. Bald war die Monarchie
der Romanows am Ende, und die Symbole der Revolution – die ge-
brochene Kette und die strahlende Sonne – erschienen auf Bannern
und Zeitungsköpfen.

Heute reiht sich am Schauplatz der Russischen Revolution, die am
Ende das zaristische Joch durch das kommunistische ersetzte, Restaurant an Restaurant; ihre Markisen hängen träge in der schwülen
Luft. Die Männer auf den Terrassen ignorieren die zahllosen Frau-
en in luftigen Kleidchen und auf klippenhohen High Heels. Ein all-
täglicher Anblick, an den sie sich schon lange gewöhnt haben. Sie
interessieren sich eher für die BMWs und Audis und deren Fahrer,
die an der roten Ampel mit nervösen Sohlen die Maschinen hoch-
jagen und dann bei Grün über den Boulevard donnern, als gäben
die Lichter das Signal für die Daytona 500. Das kraftvolle Röhren

der Motoren hallt von den historischen Mauern wider, aber die Palais und Kirchen haben in den drei Jahrhunderten ihres Bestehens schon ganz anderes erlebt.

Alessia ist so zierlich, dass sie in ihrem SUV nahezu verschwindet. Sie hat grüne Augen, ist 27 und die Freundin einer Freundin aus Berlin, die sich bereit erklärt hat, mir einen ersten Überblick über Sankt Petersburg zu verschaffen. »Steig ein«, sagt sie, und ich ziehe die Tür des BMW hinter mir zu.

Handzahm fahren wir den Newski-Prospekt entlang, vorbei an den Touristenmassen, den zahlreichen Kanälen, der riesigen Kasaner Kathedrale. Nach einer Brücke machen wir eine Kehrtwende, sodass ich einen Panoramablick auf diese bombastische Stadt habe, die in der untergehenden Sonne glüht. Die Wolken leuchten fast purpurn.

Der Maßstab der Fünfmillionenstadt, ihre Größe und Wirkung sind fast surreal: die unendlichen Boulevards, die weitläufigen Plätze und die Weißen Nächte, wenn die Sonne fast nicht untergeht. Eine Stadt der Ausblicke und des Lichts, errichtet mit den Idealen der Aufklärung von einem jungen Zaren, der sich in den westlichen Ländern gebildet hatte.

Als Peter der Große die Stadt 1703 gründete, rümpfte der russische Adel kollektiv die Nase: ein sumpfiges Loch an der Mündung der Newa im abgelegenen Nordwesten des Reichs, am Finnischen Meerbusen? Unerhört! Aber bald schon sollte Petersburg der alten Hauptstadt Moskau den Rang streitig machen und zukünftige Generationen inspirieren. Auch wenn zu Beginn der Adel noch per Dekret in die neue Stadt beordert werden musste.

Peters Lebensstil würde man heute unter der Kategorie »*work hard – play hard*« verbuchen. Er trank und feierte tatsächlich wie ein Großer, während er gleichzeitig Russlands Gesellschaft und Politik von Grund auf umkrempelte, um endlich auf Augenhöhe mit den Großmächten Frankreich, Großbritannien und Spanien zu gelangen. Alexander Puschkin, der Vater der russischen Literatur, spricht ein gutes Jahrhundert später in seinem Gedicht »Der eherne Reiter« davon, dass Peter mit seiner Stadt »ein Fenster nach Europa hin« geöffnet habe.

Das Fenster mag der Herrscher geöffnet haben, gebaut aber haben es Zehntausende Leibeigene, die zwangsrekrutiert worden waren und während der Schufterei für Peters Vision an Skorbut, der Ruhr, an Hunger und Erschöpfung starben.

Alessia arbeitet für eine Filmproduktionsfirma, und Sankt Petersburg ist für sie die schönste Stadt der Welt. Trotzdem denkt sie darüber nach, ihr und ihrem Land den Rücken zu kehren.

»Es wird immer schlimmer«, meint sie, als wir unsere kleine Rundfahrt fortsetzen und an der Universität vorbeikommen. »Schon jetzt darf man nichts Negatives mehr über die Annexion der Krim sagen. Aber viele denken natürlich auch ganz anders darüber, finden es gut, wie Putin das Land führt.«

An einem Park hält Alessia an, und wir steigen aus. »Hast du schon was gegessen?« Ohne meine Antwort abzuwarten, stellt sie sich in die Schlange eines Imbisses.

»Hier.« Kurze Zeit später drückt sie mir einen Pfannkuchen mit Erdbeermarmelade in die Hand. »Sind zwar nicht die besten der Stadt, schmecken aber ganz ordentlich.« Dazu reicht sie mir ein Gläschen Wodka. *Sto gramm* – 100 Gramm. Eine gängige Trinkgröße in diesem Land.

»Willkommen in Russland«, sagt sie, warnt mich aber im selben Atemzug: »Pass auf, im Glas ertrinken hier mehr Menschen als im Meer.«

Wir setzen uns auf eine Parkbank und beobachten das Treiben. In der Mitte des Platzes sprudelt eine Fontäne. Um den Brunnen torkeln mehrere Männer in blau-weiß gestreiften Shirts und mit Käppi auf dem Kopf. Einige liegen bewusstlos auf dem Boden, andere werden von ihren Kameraden aus dem Delirium geohrfeigt, nur damit diese ihnen gleich die nächste Flasche in die Hand drücken können.

»Was ist denn hier los?«, frage ich verwundert.

»Heute ist der Tag der Seestreitkräfte«, erklärt Alessia.

»Und an dem betrinkt man sich einfach hemmungslos?«

»Ja, das artet immer etwas aus. Aber keine Angst, die sind alle so blau, die tun dir nichts.« Dennoch rät mir Alessia, wie später viele andere, auch zur Vorsicht in ihrem Land: »Vor allem in den Dörfern. Ich würde da nie aus dem Auto steigen. Da laufen mir viel zu viele Betrunkene rum, und auf die Polizei kannst du auch nicht zählen – die ist komplett korrupt.«

»Ich dachte, Putin bekämpft die Korruption.«

»Stimmt auch, aber du wirst da draußen schon merken, dass Moskau verdammt weit weg ist«, entgegnet sie mit ernster Miene.

Ich lehne mich zurück und genieße meinen Pfannkuchen. Ein Junge läuft aufgedreht über den Platz, direkt in einen Pulk pickender Tauben hinein. Ihre Mahlzeit endet in aufgescheuchtem Durcheinander. Der kollektive Flügelschlag übertönt kurz das Gejohle der Besoffenen am Brunnen, die sich so feuchtfröhlich in den Armen liegen, als wären sie siegreich aus einem Krieg zurückgekehrt. Ich muss daran denken, dass die aktuelle politische Lage bereits an den Kalten Krieg erinnert und momentan nichts darauf hindeutet, dass sich das Verhältnis zwischen Russland und dem Westen in nächster Zeit entspannen könnte.

Die 100 Gramm Wodka brennen mir in der Kehle. Wahrscheinlich sollte ich mich daran gewöhnen. In meinem Kopf höre ich, wie in der Küche meiner Großmutter die Gläser klirren.

Literaten und Despoten

In der kochenden Hitze wellt sich der Asphalt auf. Schritt für Schritt erwandere ich mir am nächsten Tag den endlosen Newski-Prospekt, laufe durch perfekte Fluchten, wie man sie in der Zeichenschule lernt. Dann verlasse ich den Boulevard und gehe den schmaleren Wladimirski bis zur gleichnamigen Kathedrale mit ihrer gelb-weißen Barockfassade hinab. Direkt dahinter biege ich an der Metrostation in eine Nebenstraße, in der Babuschkas auf Plastikeimern sitzen und Obst und Gemüse aus den Gärten ihrer Datschen feilbieten: Heidelbeeren, Stachelbeeren, Holunder, Knoblauch, Lauchzwiebeln, Dill und saure Gurken. Der Geruch steigt mir in die Nase, erdig-sauer, und nimmt der Luft etwas von der Hitze, die über der Stadt liegt.

Ein paar Meter weiter, gegenüber charmant verfallenden Häusern, liegt der Eingang zu Dostojewskis letzter Wohnstätte. Der Geograf der russischen Seele hatte alle zwei Jahre seine Adresse geändert, aber hier lebte er bis zu seinem Ende, hier schrieb er unter anderem das Meisterwerk »Die Brüder Karamasow«. Darin kommt in einer Episode Jesus zurück auf die Erde, aber er wird sogleich vom Großinquisitor festgenommen, ins Gefängnis gesteckt und beschuldigt, die Leute mit seinem Gerede von Freiheit in die Irre zu führen. Menschen brauchen Führung, lässt Dostojewski den Großinquisitor sagen, sonst gehen sie unter.

In der Wohnung des Schriftstellers sind die Dielen poliert, die Decken hoch, die Möbel massiv. Sein Herz pochte im Schreibzimmer, er saß an einem Tisch so groß wie ein Schiff. Nur wenige hatten das Privileg, ihn in dieser heiligen Halle besuchen zu dürfen. Selbst den Kindern war es nicht gestattet, irgendetwas anzufassen, Bücher schon mal gar nicht. Der Samowar musste immer heiß sein. So befeuerte Dostojewski seine kreativen Nächte; er arbeitete nur zwischen 23 Uhr abends und 6 Uhr morgens – tagsüber fand er keine Ruhe. Damals schon nicht. Gut, dass er heute nicht hier wohnt.

Seine Werke sind bekanntlich keine leichte Kost – trotzdem waren sie der Grund, warum ich überhaupt anfing zu lesen. Bis zum fortgeschrittenen Alter von 16 Jahren las ich eigentlich nur Comics, Science-Fiction und Detektivhefte. Dann drückte mir ein Freund »Schuld und Sühne« in die Hand. Es war am Anfang der Sommerferien, und ich dachte, vielleicht lese ich mal ein paar Seiten und gehe dann ins Freibad. Aber nach ein paar Stunden steckte meine Nase immer noch in dem Wälzer, und ich konnte es nicht fassen, wie es möglich war, das Innenleben eines Menschen so genau auszuleuchten, wie es Dostojewski bei Raskolnikow gelang, jenem Mann, der sich den perfekten Mord ausdenkt.

Aus Tag wurde Abend wurde Nacht. Ich schlief mit dem Buch ein. Ich wachte damit auf und las weiter. Meine Mutter wurde misstrauisch und versuchte, mich aus der Wohnung zu scheuchen.

Jetzt bin ich tatsächlich in Dostojewskis Stadt, doch sie überfordert mich mit ihrer Weitläufigkeit, ihrem historischen Erbe. Wo beginnen die Wälder, die Flüsse, die Seen? Nördlich von hier liegt Karelien und noch weiter weg das Polarmeer, aber ich muss nach Süden, nach Moskau, um mir dort ein Auto zu kaufen. Noch stehe ich nur auf der Schwelle zu diesem riesigen Land, noch hat die Reise nicht richtig begonnen.

Alessia trägt heute ein weißes Top und einen Rock mit Blümchenmuster, den sie, sobald wir uns der Newa nähern, im Sommerwind im Zaum halten muss. Auf ihre Schulter hat sie sich den allerersten Satelliten tätowieren lassen, den die Sowjets ins All geschossen haben: Sputnik 1.

Wir beginnen unseren Spaziergang auf der Haseninsel und laufen hinüber zur Peter-und-Paul-Festung. In ihren Stöckelschuhen gleitet Alessia über die groben Pflastersteine, als wäre der Straßenbelag ein kurzer, weicher Teppich. Ich muss mich anstrengen, um mit ihr Schritt zu halten.

Als ich sie frage, warum sie noch nicht in den Westen abgehauen sei, wo ihr doch so viel an der aktuellen Situation in ihrem Land auf den Nerv gehe, meint sie nur: »Irgendwie könnte ich mir trotzdem nicht vorstellen, anderswo zu leben, eine andere Luft zu atmen, woanders zu arbeiten. Egal, wie die aktuelle Situation ist, ich bin Patriotin. Es geht mir nicht ums Geld, nicht um Materielles. Mich hält die russische Seele hier.«

»Was meinst du damit?«

»Nun ja, die russische Seele ist voller Gefühl, immer kurz vorm Explodieren. Europäer sind im Gegensatz immer so ruhig. Und dann ist unsere Leidensfähigkeit auch noch größer.«

»Lustig, dass du das gerade jetzt sagst.«

»Warum?«

»Schau doch da vorne!«

Wir sind direkt auf das Foltermuseum zugelaufen. Alessia lacht und wendet sich dabei schüchtern ab. Die Haare fallen ihr ins Gesicht.

Ein paar Schritte weiter streckt die Peter-und-Paul-Kathedrale ihre lange Spitze gen Himmel. Das Wahrzeichen Sankt Petersburgs ist von vielen Orten der Stadt gut sichtbar. Hier, unter dem glänzenden Gold der Türme, liegen die Zaren und ihre Angehörigen begraben, vor ihren Marmorsärgen lässt sich eine Besuchergruppe nach der anderen ablichten.

Während wir uns unter den fotografierenden Muttchen mit ihren Kopftüchern tummeln und die Kühle in der Kirche genießen, in der Geschichte begraben liegt und dennoch präsent ist, unterhalten wir uns über die kaiserliche Vergangenheit des Landes, seine schillernden Figuren. Als ich Alessia frage, ob es da jemanden gebe, der sie besonders interessiere, antwortet sie ohne Zögern: »Iwan der Schreckliche.«

1547 wurde Iwan IV., der 16-jährige Großfürst von Moskau, mit dem Segen des örtlichen Metropoliten der erste Zar ganz Russlands; Idee, Symbolik und Zeremoniell entlieh er dem untergegangenen byzantinischen Kaisertum. Klar, dass ihm der Beiname nicht verliehen wurde, weil er die ganze Zeit friedlich Tee mit Sahne trank. Andererseits finden sich die Ursachen des ausgeprägten Hangs zur Grausamkeit in seiner Kindheit, als der früh zur Vollwaise gewordene Thronfolger nur Spielball und Fußabtreter der miteinander konkurrierenden Bojaren, des Hochadels, war. Kaum volljährig präsentierte er ihnen die Rechnung: Zur Feier des Tages ließ der 15 und damit mächtig gewordene Iwan ein paar Fürsten hinrichten.

Als neuer »Cäsar« unterwarf er Land und Einwohner, von den Bauern bis hin zu den verhassten Bojaren. Dabei half ihm eine Leibgarde aus adeligen Vertrauten, Tataren und ausländischen Söldnern. Aber was heißt schon »half«? Die Opritschniki verbreiteten Angst und Schrecken, wo immer sie auftauchten. Schon wie sie das taten – sie ritten in schwarzen Mönchskutten und mit schwarzen Hüten daher; ihr Abzeichen waren ein Hundekopf (Wir sind wachsam und gehorsam!) und ein Besen (Wir räumen gründlich auf!) –, verursachte bei Dorfbewohnern den einen oder anderen Herzinfarkt. Ein vergleichsweise gnädiger Tod, denn die schwarzen Reiter waren, wie Iwan selbst, für brutalste Foltermethoden bekannt. Sie unterwarfen die Kirche und richteten Massaker an, um die Städte unter die Zarenherrschaft zu zwingen. In Nowgorod schlachteten sie in einem mehrwöchigen Wüten Tausende Bürger ab, weil Iwan die Handelsstadt im Livländischen Krieg um die Vormacht an der Ostsee verdächtigte, mit dem Feind zu mauscheln.

Im Westen blickte man mit, gelinde gesagt, Unverständnis auf den Zaren – im Osten waren eben nur Barbaren unterwegs. Obwohl man sich an die eigene Nase hätte fassen können: Feudalismus, Inquisition, Hexenverfolgung, Kolonialismus – und Heinrich VIII. von England, der sich zwei seiner sechs Ehefrauen durch das Henkersbeil entledigte. Ganz östlicher Barbar, war Iwan jedoch satte achtmal verheiratet, zweimal wurde er durch Gift und einmal durch Ertränken Witwer, außerdem erschlug er im Jähzorn seinen Sohn und massakrierte nicht nur seine Gegner, sondern auch Bedienstete und Getreue. So wurden schließlich auch die Opritschniki selbst mit eisernem Besen ausgekehrt.

Doch die Expansion nach Osten und Süden machte Russland zum größten Landimperium jener Epoche. Fast unnötig zu erwähnen, dass Stalin ein großer Fan Iwans war.

»Du magst also Blut und Gewalt«, sage ich. Alessia streicht sich die Haare aus dem Gesicht, nickt ernsthaft und bestimmt. »Oh ja«, bestätigt sie, dann bricht sie in ein helles Lachen aus.

Schlendernd verlassen wir die Insel und überqueren wieder die Newa Richtung Stadtzentrum. Nach und nach rückt die mintgrüne Eremitage in unser Blickfeld, bis wir schließlich direkt davorstehen. Ihre Wuchtigkeit droht uns fast zu erschlagen.

Das Sonnenlicht spiegelt sich in Alessias blutroten Fingernägeln, während sie mit dem Arm hierhin und dorthin zeigt. Auf ihrem Unterarm entdecke ich eine weitere Tätowierung. Sie sieht aus wie ein leerer Bilderrahmen.

»Was hat es denn damit auf sich?« Ich deute auf das Tattoo.

»Weißt du von der Blockade?«

Im September 1941 ordnete Hitler an, dass das damalige Leningrad nicht eingenommen, sondern durch eine Belagerung ausgehungert werden solle. Sie dauerte knapp 900 Tage, bis Ende Januar 1944. Die Deutschen bombardierten die Stadt rund um die Uhr und ließen keine Lebensmitteltransporte durch. Nur über den gefrorenen Ladogasee im Nordosten kamen ein paar Konvois mit Essbarem durch, aber das war bei Weitem nicht genug für zweieinhalb Millionen Einwohner. Die fingen an, Hunde und Katzen zu essen, auch die Tiere aus dem Zoo verschwanden. Es war unmenschlich kalt, und die Deutschen waren so nahe herangerückt, dass man die Musik aus ihren Feldlagern hören konnte.

Etwa 1,2 Millionen Petersburger starben, die meisten von ihnen verhungerten und erfroren.

»Und trotzdem«, erzählt Alessia, »gingen die Leute arbeiten, damit sie nicht einfach zu Hause vor einem leeren Teller saßen. Also haben sie auch die Eremitage in Schuss gehalten und jeden Tag dort sauber gemacht. Eines Tages wollte der Kurator ihnen zum Dank etwas Gutes tun und gab ihnen eine Führung durchs Haus. Dabei hingen da nur die leeren Rahmen, die Bilder waren ja alle schon längst in Sicherheit gebracht worden. Der Kurator gab die Führung trotzdem und schaffte es einfach anhand seiner Worte, die Bilder zum Leben zu erwecken. Für mich symbolisiert dieser Rahmen die Macht der Worte und der menschlichen Vorstellungskraft. Ich weiß noch, wie ich vor ein paar Jahren nachts im Bett lag und diese Geschichte in einem Buch las. Am nächsten Morgen bin ich sofort los und habe mich tätowieren lassen.«

Die Bevölkerung brachte damals gewaltige Opfer, die Stadt war nur noch ein Schatten ihres einst glanzvollen Selbst. Zweieinhalb Jahre Belagerung, unablässiger Bombenterror, Menschen, die in den Straßen einfach tot umfielen und liegen gelassen wurden, weil die Lebenden keine Kraft hatten, sie wegzuräumen – und dennoch gab Petersburg nicht auf.

Von diesem Grauen ist heute nichts mehr zu sehen. Mein Blick schweift über den Schlossplatz, auf dem sich Hunderte Touristen tummeln und jede Ecke abfotografieren. Dabei befindet sich das schönste Motiv direkt neben mir.

Wir laufen vorbei am Hotel Astoria, in dem Hitler seinen Sieg feiern wollte, die Vernichtung des Volkes, das er als »Untermenschen« bezeichnete. Das war 1942, die Plakate dafür waren schon gedruckt. Aber wie meine Großmutter in ihrer unendlichen Weisheit so gerne sagte: Man soll den Tag nicht vor dem Abend loben.

In Sankt Petersburg fühlt man die Macht der Geschichte an jeder Ecke, man entkommt ihr nicht. Es ist eine Stadt, in der Romantik und Schrecken ganz nah beieinanderliegen. Schon die Namen mancher Gotteshäuser lassen einen frösteln. Kreuzigungskirche. Oder Blutkirche, die an der Stelle errichtet wurde, an der Zar Alexander II. 1881 einem Attentat zum Opfer fiel. Majestätisch reckt sie sich mit ihren Zwiebeltürmen ins Nachmittagslicht, die Sonne strahlt immer noch so hell, als wäre es zwölf Uhr mittags. Durch den Kanal, an dem die Kathedrale liegt, fahren die Ausflugsboote. Wir hören die Stimmen der Touristenführer, und wir riechen den Schiffsdiesel.

Wir schlendern am Kanal entlang, vorbei am Haus von Alexander Puschkin, der »Sonne der russischen Poesie«, der 1837, noch keine 40, bei einem Duell starb, um die Ehre seiner in den Ruch einer Affäre geratenen Frau zu verteidigen. Zu seiner Beerdigung flutete die Bevölkerung die Straßen wie 13 Jahre zuvor das unbezähmbare Hochwasser, das Puschkin selbst in seinem »Ehernen Reiter« verewigt hatte.

Unten am Wasser, an der Kaiwand, erinnert ein kleiner Spatz aus Messing aber an ein anderes seiner Gedichte, »Das Vöglein«. Und natürlich kann Alessia es auswendig:

»Den alten Brauch, den gibt es ewig,
dem ich in Fremde folgen mag:
Ich lass ein Vöglein aus dem Käfig
an fröhlich heitrem Frühlingstag.

Nun meine Seele wird genesen;
gibt's einen Grund zum Traurigsein,
wo ich nur einem Lebewesen
bescher den freien Sonnenschein?«

Während wir weiterspazieren, unterhalten wir uns über den geliebten und verehrten Dichter, dessen Werke das goldene Zeitalter der russischen Literatur einläuteten. Puschkin behandelte nicht mehr Themen des Barock oder der klassischen Mythologie, sondern die des russischen Alltags und Lebens, schrieb gleichzeitig in der gesprochenen Sprache des Volkes, nicht im steifen, alten Kirchenslawisch. Mit Puschkin richtete sich der Blick nach innen, und in dieser Atmosphäre wuchsen Giganten wie Gogol, Tolstoi und Dostojewski heran. Aus dieser Zeit stammt auch das Bonmot des Lyrikers Fjodor Tjuttschew: »Mit dem Verstand ist Russland nicht zu fassen. An Russland muss man einfach glauben.«

Plötzlich bleibt Alessia stehen und verstummt.

»Was ist los?«, frage ich verblüfft.

»Schau da drüben«, antwortet sie knapp und deutet auf ein Gebäude auf der anderen Straßenseite.

Ein großer sandsteinfarbener Block, der mit seiner zweckmäßigen kommunistischen Architektur sofort aus dem historischen Ensemble Petersburgs herausfällt. Drei große Holztüren, direkt zur Hauptstraße, mit einem Wachmann in Uniform davor.

»Früher ist man noch nicht mal in die Nähe dieses Gebäudes gegangen, aus Angst, nie wieder nach Hause zu kommen.«

Es ist das berüchtigte »Große Haus«, Sitz des FSB, des Inlandsgeheimdiensts der Russischen Föderation; zu Sowjetzeiten war hier der KGB untergebracht, davor – nach der Oktoberrevolution 1917 – der NKWD, das Volkskommissariat des Innern. Angeblich färbte sich an manchen Tagen die Newa rot, weil das Blut aus den unterirdischen Zellen in den Fluss geleitet wurde.

»Weißt du«, fährt Alessia fort, »ich war erst vor zwei Wochen da drin. Ich wollte endlich die Prozessakte meines Urgroßvaters lesen. Er wurde 1934 von einem Exekutionskommando erschossen. Die Akteneinsicht wurde vor Kurzem erlaubt. Es war ganz seltsam: Als ich diesen Ordner öffnete, auf dem FÜR IMMER AUFBEWAHREN stand – Gerichtsakten über politische Fälle dürfen, wie ich erfahren habe, nicht vernichtet werden –, da wurde ich direkt in den Winter des Jahres 1934 katapultiert. Meine Großmutter Natascha war so alt wie ich heute. Spät in der Nacht kam ein schwarzer Wagen angefahren und hielt vor dem Haus in der Krasnoarmejskaja, um meinen Urgroßvater mitzunehmen und nie wieder zurückzubringen.

Damals holten sie die Leute mit der ›schwarzen Maria‹ immer mitten in der Nacht ab. Alle hatten fürchterliche Angst. Manche hatten sogar schon eine Tasche gepackt, für den Fall der Fälle. Die Menschen wurden manchmal nur aufgrund der Aussage eines Nachbarn einkassiert, bloß weil der sauer war oder vielleicht neidisch. Meine Großmutter hat heute noch Angst. Sie wollte auch nicht, dass ich hier hingehe und in die Akten schaue. Sie meinte, dann werde mein Name auf einem Zettel stehen, und wer wisse, was der FSB damit mache. Aber irgendwie habe ich das Gefühl, dass ich mit dieser Geschichte in Verbindung bleiben muss.

Ich nahm also ängstlich die Dokumente des NKWD in die Hand und sah, dass es fast genau 80 Jahre her war. In der Akte lag eine Quittung über die Sachen, die sie meinem Urgroßvater bei der Festnahme weggenommen hatten: ein Zigarettenmundstück und eine Krawatte. Dann waren da die Protokolle der Verhaftung sowie

Abschriften der ersten Verhöre: Wo arbeitete er? Mit wem war er befreundet? Über was unterhielten sie sich? Und wie war das mit den Antisowjetthemen?

Die ersten Fragen hatte mein Urgroßvater gar nicht beantwortet, aber bei der letzten, der gefährlichsten, da fing er dann an zu reden!

Ich sprang auf und schrie dieses alte Papier an: Was soll das? Warum erzählst du ihnen die Wahrheit? Halt einfach die Klappe, rede bloß nicht weiter! Weißt du denn nicht Bescheid? Du bist doch ein schlauer Kerl!

Ich habe es nicht verstanden, dass er so offen über seine Ansichten sprach. Jeder dieser Sätze brachte einen in jenen Tagen auf direktem Weg ins Grab. Ich kapiere es bis heute nicht. Er konnte doch nicht so naiv sein, oder? Damals wussten sogar kleine Kinder, dass man solche Dinge nicht sagt, noch nicht einmal vor den eigenen Geschwistern.

Aber mein Urgroßvater redete frei von der Leber weg über die ineffiziente Politik der Sowjets und die Katastrophe der Kollektivierung, die Zerstörung der Dörfer, die Vorteile des Kapitalismus und die zerstörende Geschwindigkeit der Industrialisierung. Und er befürwortete leidenschaftlich die einstigen Taten der Narodnaja Wolja, die im Zarenreich mit Attentaten für ein demokratisches Russland gekämpft hatte, er bewunderte die Opfer, die die Untergrundgruppe gebracht hatte, las subversive Literatur und wusste, wie man die Dinge zum Besseren wenden konnte. Aber er sagte auch, dass er keine terroristischen Aktivitäten geplant habe und nicht vorhabe, eine Organisation in dieser Richtung zu gründen.

Er redete so offen darüber, ohne auch nur einen Vorwurf abzustreiten. Ganz im Gegenteil zu seinen drei Gesinnungsgenossen, die ebenfalls festgenommen wurden. Die sagten gegen ihn aus. Zwei bekamen zehn Jahre Sibirien. Einer kam frei. Mein Urgroßvater wurde dafür verurteilt, konterrevolutionäre Ansichten zu propagieren; er wurde wegen des Lesens verbotener Bücher, der Produktion von Flugblättern und der Rekrutierung für den Kampf gegen den Sowjet verurteilt.

Die ganze Akte ist maschinengeschrieben, nur am Ende steht ein Wort in Handschrift: ERSCHIESSEN.

Bei der letzten Anhörung wurde erlaubt, dass seine Frau und sein Kind dabei sein durften. Nach der Verkündung des Urteils war der Tochter noch gestattet, sich von ihrem Vater zu verabschieden. Er umarmte sie und steckte einen Zettel in die Tasche ihres Mantels: ›Natascha, ich bin unschuldig.‹

Dann musste er quittieren, eine Kopie des Urteils erhalten zu haben. Seine Unterschrift in diesen Akten … Ich berührte sie, und damit fasste ich über die Jahrzehnte hinweg nach seiner Hand.

Es ist so unglaublich, was die Menschen damals alles durchgemacht haben. Und doch bin ich froh, dass ich in das ›Große Haus‹, vor dem so viele Angst haben, gegangen bin. Irgendwie fühlte ich mich danach … kompletter.«

Wir stehen immer noch dem riesigen Gebäude gegenüber auf der anderen Straßenseite. Die ganze Zeit über ist weder jemand hineingegangen noch herausgekommen. Ich suche nach tröstenden Worten, aber mir will nichts einfallen.

»Du hast bestimmt Hunger«, sagt Alessia. »Lass uns zu meinen Eltern gehen.«

Wahlverwandtschaften

Die Mutter jammert in einem fort, dass nichts im Hause sei, weil man ja bis eben auf der Datscha gewesen sei, aber ungeachtet ihrer ständigen Entschuldigungen verschwindet auf dem Tisch jedes noch so freie Plätzchen. Zuerst zwei Sorten Marmelade, Brot, Butter. Dann Wurst, Sardellen, Gurken, denen man die Frische förmlich anhört, beim Aufschneiden knacken sie wie eine Erdplatte kurz vorm Erdbeben. Speck, Brot mit Leberwurst, Tomaten, es nimmt kein Ende. Die blondhaarige Mutter verschwimmt vor meinen Augen zu einem hellen Fleck, in ihren weißen Shorts und der weißen Bluse jagt sie wie ein Derwisch durch die Küche, setzt die Pfanne auf, brät Eier mit Schinken und Käse. Während sie mich fragt, ob ich Tee wolle, hat sie schon längst die Kanne aufgesetzt.

Die ganze Familie ist vom sommerlichen Aufenthalt auf der Datscha außerhalb Petersburgs braun gebrannt, es ist ein gesundes, strahlendes Braun, wie es sonst Kinder nach vier Ferienwochen im Schwimmbad haben.

Das Klappern des Geschirrs hallt von der hohen Altbaudecke wider. Hier, auf der Wassiljewski-Insel, wohnt Alessia mit ihren Eltern in einer großzügig geschnittenen 120-Quadratmeter-Wohnung. Auf den unteren Stockwerken lebt man allerdings noch wie zu Stalins Zeiten, in Kommunalkas: mehrere Familien in einer Wohnung, sodass es keinerlei Privatsphäre gibt. Auf diese Weise kann natürlich auch nichts vor dem Staat verborgen werden. Entsprechend funktioniert das Klingelsystem in den Mehrparteienwohnungen: zweimal klingeln für Petrow, dreimal für Timoschenko usw.

Zu Hause bei Alessia hängen an der einen Küchenwand Teller aus den verschiedensten europäischen Städten, auf der anderen Seite ist ein Regal mit den von Vater Sergej gesammelten Bierkrügen angebracht. Er kommt gerade durch die Tür und setzt sich zu uns an den Tisch. Ein Mann von 50 Jahren, breit gebaut und mit einem zufriedenen Lächeln im Gesicht.

»Wie gefällt dir Petersburg?«, fragt er mich.

»Ganz gut, eine wunderschöne Stadt, aber eigentlich bin ich auf der Suche nach so was hier – Leute kennenlernen, mit ihnen reden.«

Er nickt. »Die Mauern haben keine Seele. Aber die Menschen.« Sergej stellt mir ein Schnapsglas hin, schenkt ein. »Trinken wir. Auf. Deine. Reise.« Er spricht sehr langsam, gräbt sein Deutsch hervor, das er einst auf dem Bau in Deutschland gelernt hat. »Das Erste, was sie uns beigebracht haben, war: ›Ist die Grube tief genug?‹ Aber nun sag, was hast du vor?«

Ich erzähle ihm von meiner geplanten Reise bis zum Pazifik, davon, wie ich versuchen will, meiner Familiengeschichte nachzuspüren, die Schnittmenge des Russischen und des Deutschen zu erforschen.

Wieder nickt er. »In Russland zeigen wir zu viel Gefühl. In Deutschland zeigt ihr zu wenig. Das passt perfekt zusammen.«

Beide Völker waren sich einmal wesentlich näher, als man heute den Eindruck hat und es vor allem nach dem Zweiten Weltkrieg der Fall war. Thomas Mann sprach von einer deutsch-russischen Wahlverwandtschaft, Friedrich Nietzsche baute auf die Einigung von Slawen und Deutschen, Rainer Maria Rilke liebte das Land und seine Dichter: »Das Leben des russischen Menschen steht ganz im Zeichen der gesenkten Stirne, im Zeichen des tiefen Nachdenkens, um welches herum alle Schönheit überflüssig wird und aller Glanz eitel.« Selbst in der jungen Sowjetunion sahen nicht wenige Deutsche ein Land der Zukunft, das alte Strukturen aufbrechen würde. Was die UdSSR dann auch tat, wenn auch anders als vielleicht gedacht.

Aber wie immer muss man unterscheiden zwischen der Politik und den Menschen. Auf der ganzen langen Reise werde ich zwar oft, sehr oft, auf Merkel und ihren Schulterschluss mit der neuen ukrainischen Regierung angesprochen, aber dennoch herzlich aufgenommen. Der wahre Kampf scheint dieser Tage in den Kommentarspalten der Onlinemedien zu toben und zwischen »Putin-Verstehern«, »Transatlantikern« und bezahlten Keyboardkriegern beider Lager doch recht schwarz-weiß geführt zu werden.

Wir trinken einen nach dem anderen, und Sergej fragt, ob es stimme, dass in Berlin alle schwul seien. Hier in Russland sei Homosexualität auch kein Problem. Solange sie privat bleibe. Was hinter den Türen geschehe, gehe keinen was an. Aber Paraden in der Öffentlichkeit oder dass sich ein Bürgermeister vor die Menge stelle und verkünde, er sei schwul … das sei undenkbar.

»Das ist eine Frage des persönlichen Freiraums«, meint Sergej. »Weißt du, wenn hier im Haus die Leute herumschreien, da kommt keine Polizei, weil sie dafür nicht zuständig ist. Das ist bei uns anders als in Deutschland, wo sich ständig jemand in dein Privatleben einmischen will.«

Die Mutter greift sich die Einkaufstasche und saust hinaus, um noch mehr Wodka zu kaufen, weil wir schon zu den Sprüchen von *druschba*, Freundschaft, und guten Wünschen für meine Reise eine halbe Flasche geleert haben. Dazu immer einen Happen essen. Und riechen, schmecken, hören, fühlen.

Sergej spricht weiterhin deutsch, ich russisch, und mit jedem weiteren Glas rollen mir die Wörter flüssiger von der Zunge. Rollen sollte auch das R. Aber das muss ich mir erst wieder angewöhnen. Als Kind war mein Deutsch stark von diesem grollenden, auf der Zunge gesprochenen R geprägt, aber ich wurde so sehr gehänselt deswegen, dass ich es mir schleunigst abgewöhnte.

Sergej schenkt wieder ein. Er hat kaum etwas vom Essen angerührt und hebt das Glas. »Zwischen erste Pause und zweite Pause passt immer noch eine kleine! Auf deine Reise. Du wirst es überleben, hier in Russland ist nur einiges anders. Wir sagen: In Deutschland ist alles verboten, was nicht erlaubt ist. Aber in Russland ist alles erlaubt, was verboten ist. Du musst also aufpassen, dass du nicht dein Koordinatensystem von zu Hause anwendest. Dann wird alles gut.«

Um elf Uhr abends sind draußen immer noch helle Streifen am Nachthimmel zu erkennen.

»Magst du Dostojewski?«, erkundigt sich Alessia.

»Machst du Witze?«

»Gut, dann gehen wir jetzt dorthin, wo Raskolnikow nachts herumirrte.«

Nachdem ich mich – unter endlosen Glückwünschen für die Fahrt – von ihren Eltern verabschiedet habe, verlassen wir die Wohnung. Die Temperatur ist etwas gesunken, jetzt erst ist es erträglich, in der Stadt spazieren zu gehen. Unten auf der Straße kann man in der Ferne das Meer riechen. Wir gehen langsam nach Kolumna, ein Arbeiter- und Studentenviertel.

»Ich frage mich, was du über diesen Tag schreiben wirst«, sagt Alessia und biegt in einen von schummrigen Lampen erleuchteten Gehweg an einem Kanal ein.

»Weiß ich auch nicht. Aber wenn wir uns küssen würden, hätte ich noch mehr zu erzählen.«

»Ach, hör auf«, sagt sie und schlägt mich auf den Arm.

Unter den Bäumen hören wir unsere eigenen Schritte auf dem Sand des Weges. Auf den Bänken sitzen ein paar Bettler und teilen sich eine Flasche Wodka. Einer steht auf, kommt auf mich zu und fragt: »Werter Herr, haben Sie es vielleicht in Ihrem Herzen, ein paar Rubel für einen Obdachlosen zu spenden?«

»So nette Penner findest du nur in Petersburg«, meint Alessia. »Woanders fallen sie einfach betrunken über dich her.«

Nach ein paar Metern betreten wir eine kleine Brücke, die Krasnoarmenski Most.

»Hier war es«, verkündet Alessia, »dass Raskolnikow zum ersten Mal Sonja Marmeladowa traf. Durch ihre Liebe erst bekam er neuen Lebensmut. Sie trug ein rosa Kleid, wenn ich mich recht erinnere …«

Zwischen den gedrungenen Häusern mit den gedeckten Farben, die von einer Zeit erzählen, in der es Kutschen und Gaslampen gab, gehen wir an Raskolnikows Haus vorbei, überqueren dieselben Brücken wie Dostojewskis Held – ich versuche dabei, Alessia nicht zu lang in die Augen zu schauen.

Vor der pastellblauen Nikolaus-Marine-Kathedrale bleiben wir stehen. Ich erinnere mich daran, wie »Schuld und Sühne« für mich vor allem als eine Farbe in Erinnerung geblieben ist – dieses Fiebrige des Protagonisten, seine schwach beleuchtete Wohnung, sein Neid auf die alte Wirtin und seine moralische Überheblichkeit.

»Alessia, welche Farbe hat das Buch für dich?«, rutscht es mir heraus.

»Farbe?«, fragt sie verwundert zurück.

Irgendwie war ich mir ihrer Antwort 100-prozentig sicher, und als sie tatsächlich, ohne lange zu zögern, »gelb« sagt, kann ich nicht anders: Ich muss sie einfach küssen.

Москва:
Der Kopf Russlands

Fliegende Kommission XXVII, Sonderzug

Bis auf ein paar weitere Passagiere ist der Hochgeschwindigkeitszug Richtung Moskau leer. Der Sapsan ist im Gegensatz zu den alten russischen Zügen ein teures, schnelles Fortbewegungsmittel, das eher einem Flugzeug als einer Bahn gleicht; nicht umsonst ist er nach einer Falkenart benannt. An den Wänden hängen Fluchtpläne und Feuerlöscher, ebenso Bildschirme, auf dem Tisch liegen kostenlose Kopfhörer. Der Zug fliegt aus der Stadt, und plötzlich bin ich auf beiden Seiten von Wäldern umgeben. Durch die Geschwindigkeit verschwimmt alles zu einem grünen Einerlei, und ich muss an Alessia denken und ihren Wunsch, eine persönliche Verbindung zur Geschichte ihrer Familie herzustellen, auch wenn es wehtut. Ich stelle mir vor, wie sie mit ihren Fingern über die Unterschrift des Urgroßvaters gestrichen und leise Zwiesprache mit einem Menschen gehalten hat, der schon lange nicht mehr da ist.

Zwischen dem leuchtenden Grün jenseits des Fensters blitzt immer wieder das Blau von Seen und Flüssen auf. Der Zug schnurrt die Hochgeschwindigkeitsstrasse entlang. Aus meiner Tasche hole ich den Lebenslauf meiner Großmutter hervor, eines dieser Dokumente, das mir als Anhaltspunkt geblieben ist. Maschinengeschrieben auf dünnem Papier, durchsichtig wie die Hände meiner Großmutter an jenem Morgen in Mannheim, enthält es die Daten eines Lebens, das mich nicht loslässt.

Getippt hatte sie ihn nach Aufforderung durch das Regierungs-
präsidium Karlsruhe: »Um beurteilen zu können, ob Sie die Vo-
raussetzungen nach dem Heimkehrergesetz oder nach dem Häft-
lingsgesetz erfüllen, bitten wir zunächst um Vorlage eines selbst
gefassten Lebenslaufs ab 1. 9. 1939.«

Alice Müller-Zwicky, geschiedene Hafner, geboren am 29. April
1927 in Neu-Sudaki, Ukraine. »Ich bin die Tochter von deutschen
Eltern: Zwicky Wilhelm und Zwicky Ottilie, geborene Eberwein.«

1933 zog die Familie kurzfristig von Neu-Sudaki nach Lustdorf
bei Odessa um, weil eine Hungersnot durch das Land wütete, aus-
gelöst durch die Zwangskollektivierung und die damit einhergehende Planwirtschaft. Es war die Zeit von Stalins Fünfjahresplan,
der die Sowjetunion an die Weltspitze befördern sollte. Aber die
Kollektivierung zerstörte unter dem Vorwurf der Rückständigkeit
die traditionelle Lebensweise in den Dörfern. Zu Beginn der 30er-
Jahre wurden 60 Millionen Bauern in die Kolchosen und Sowcho-
sen gezwungen. Dort war es vorbei mit dem Landleben, wie Tolstoi
es einst gekannt hatte. Produktion und Abgaben waren nach Quo-
ten geregelt, wer etwas für seine eigene Familie versteckte und dabei erwischt wurde, kam nach Sibirien. Wohin sonst.

Meine Familie hatte zuvor Wein angebaut und war dadurch relativ wohlhabend geworden. Sie zählten zu den sogenannten Kulaken, Großbauern, die dann von Stalin in einer groß angelegten
Kampagne enteignet wurden. Als Kulak zählte man allerdings
schon, wenn man mehr als ein Pferd hatte, und Stalin zielte gleich
auf die Liquidation der Kulaken als Klasse.

Als die deutschen Truppen Odessa im Herbst 1941 besetzten, siedelte meine Großmutter mit Familie zurück nach Neu-Sudaki, sie
bekamen ihr Haus zurück und bearbeiteten wieder ihr Land.

Im Oktober 1943 erfolgte mit dem Rückzug der deutschen Truppen die Umsiedlung nach Köslin in Pommern. Dort wurden die
Massen eingebürgert. In dem Dokumentenordner meiner Großmutter fand ich Abschriften des Vorgangs. »Der Sonderbeauftrag-
te des Reichsministers des Innern bei der Einwandererzentralstelle
Fliegende Kommission XXVII, Sonderzug« ließ die »Antragsteller«

auf Herkunft und Gesinnung prüfen. Wilhelm Zwicky, mein Urgroßvater, wurde von einem Dr. Pfaffenrath einer gesundheitlichen
und erbbiologischen Prüfung unterzogen. Beim Vermerk »persön-
lich« notierte dieser »stark verbraucht«, im Gegensatz zu den vier
Kindern, die »noch jugendlich und voll einsatzfähig« seien. Dr.
Pfaffenrath beschloss seine Stellungnahme an den Volkstumssach-
verständigen mit den Worten: »Antragsteller ist deutscher Abstammung, Ehefrau ist deutsch-italienisch-französischer Abstammung.
Die Familie ist komplett eingedeutscht. Keine Bedenken gegen die
Einbürgerung.« Wilhelm Zwicky quittierte den Erhalt seiner Urkunde am 7. März 1944.

Zwei Monate später verschickten die Nazis meine Familie zum
Arbeitseinsatz nach Altendorf/Rann, ehemals Untersteiermark,
heute Slowenien. Ein Jahr lang lebte und arbeitete man in relativer
Ruhe auf einem großen Bauernhof, bis die Kapitulation der deutschen Streitkräfte unmittelbar bevorstand.

Am 6. Mai 1945 machte sich meine Familie erneut auf den Weg
und bestieg einen Zug nach Deutschland. Weit kamen sie allerdings nicht. Unterwegs wurde der Zug von jugoslawischen Partisanen gestoppt oder »überrollt«, wie Großmutter schrieb. Die Deutschen in ihren Wagen wurden abgehängt und nach Zeldomelk in
Ungarn transportiert. Im August 1945 wurden sie, auf Sonderbefehl
der sowjetischen Regierung, wieder in Güterwagen verladen und
nach Sibirien geschafft, in die Region Altai. Als Großmutter dort
ankam, begann der Winter.

Es folgten elf Jahre Internierung im Straf- und Arbeitslager Malinowoje Osero, Himbeersee. Großmutter heiratete dort einen Wolgadeutschen und brachte zwei Töchter zur Welt. Nach Stalins Tod
und mit dem Beginn des politischen Tauwetters siedelte die Familie
wieder um. Diesmal durfte sie es. Allerdings weder nach Deutschland noch in die vormals bewohnten Gebiete. Wie viele entschied
Großmutter sich fürs nahe Kasachstan und zog nach Alma-Ata.
Dort ließ sie sich scheiden, heiratete erneut und versuchte wieder
und immer wieder, die Ausreisegenehmigung nach Deutschland
zu bekommen.

Laut Registrierschein Nr. R/115/37/76 traf sie, endlich, am 9. Mai 1976 im Grenzdurchgangslager Friedland ein. Dem sogenannten Verteilungsentscheid folgend, sortierte man sie nach Baden-Württemberg: »Die Anrechnung auf die Landesquote ist gemäß Verstellungsverordnung vom 28. März 1952 erfolgt.« Als einmalige Unterstützung der Bundesregierung für Aussiedler erhielt Großmutter eine »Begrüßungsabgabe« von 150 DM.

So kalt es auch wirkt, bei diesem Bürokratendeutsch muss meine Großmutter gejubelt haben. Das Ende der Unterwerfung und der Beginn eines neuen Lebens. Doch anzukommen, das war eine ganz andere Frage.

Der Monitor im Waggon des Sapsan kündigt die baldige Einfahrt im Moskauer Bahnhof an. Die Grüntöne vor dem Fenster weichen dem Grau der Hochhäuser an der Peripherie, und langsam fahren wir in die größte Stadt des Landes ein, von der einst das Moskauer Reich ausging und die später das Zentrum der slawophilen Bewegung war, wo man im Gegensatz zum europäischen Petersburg gerade die Unterschiede zum Westen feierte; nicht zuletzt ist Moskau auch die Stadt, in der einst die Geschicke der Weltmacht Sowjetunion geschmiedet wurden – und deren Auflösung beschlossen wurde.

Während ich mich durch das Gewusel der 11,5-Millionen-Metropole dränge, klingt in meinen Ohren immer noch das Lied »Moskau, es läuten die Glocken« von Oleg Gasmanow, eine Art russischer Grönemeyer für Patrioten, das am Leningrader Bahnhof aus den Boxen dröhnte. Ich versuche, zu diesen Klängen durch die Menschenmassen zu tanzen, aber niemand macht mir Platz, ständig rempelt mich jemand an. Ich blicke mich um und sehe steinerne Masken als Gesichter, einige geradezu grimmig, als hätte man ihnen gerade erzählt, Dostojewski und Tolstoi seien eigentlich Deutsche gewesen. Nicht ein einziges Lächeln in Sichtweite, aber ich treibe weiter fort in diesem Menschenmeer, und die Wellen stoßen mich durch die Straßen, bis mich die Strömung nach unten zieht und ich in abhangsteilen Tunneln immer tiefer in den Bauch Moskaus rutsche, in dem es warm wie in einer Waschküche ist.

In der U-Bahn stadtauswärts sitzen die Moskauer dicht gedrängt wie Sardinen und beugen die Köpfe über ihre Smartphones. In der Ecke des Waggons liegt ein Mann im Trainingsanzug neben einer Lache Erbrochenem. Ich könnte auch in Berlin oder New York sein, huschten vor den Fenstern nicht Stationen vorbei, von denen viele wahre Tempel sind, Huldigungen an das große Sowjetreich, gebaut, als Stalin das historische Moskau niederreißen und mit breiten Straßen und neogotischen Hochhäusern sozialistisch aufpimpen ließ, seine Vision hier so knallhart verfolgte wie Hitler und Speer in Berlin die ihre. Die Stationen erzählen von der Geschichte, natürlich vom Zweiten Weltkrieg und vom glücklichen Leben des Homo sovieticus zwischen Weizenfeldern und Maschinengewehren.

In einem Vorort spuckt mich dieser Wal auf Schienen aus wie Jona, ich laufe hinein in ein Birkenwäldchen voller fünfstöckiger Häuser, den sogenannten Chruschtschowkas, die Stalins schuhschwingender Nachfolger in einem groß angelegten Programm zur Wohnungsreform bauen ließ. Ich klingele an der schweren Metalltür von Galina und Jura und warte auf das Summen, das die allgegenwärtige Magnetsperre aufhebt. Noch sind wir Fremde, nur ein Kontakt über gemeinsame Bekannte in Deutschland, aber bald sitzen wir jeden Abend in der puppenhauskleinen Küche und essen, trinken, diskutieren, während ihre beiden Kinder schon schlafen.

Auf dem Herd brodelt ein Topf Borschtsch, der Dampf steigt unter die Decke und beschlägt die Fenster. Gedrängt sitzen wir an einem Holztisch – will einer aufs Klo, müssen alle aufstehen. Galina, eine Deutschlehrerin aus der Republik Tschuwaschien, reicht mir einen Teller Suppe. Suppe, wie ich sie jeden Sonntag bei meiner Großmutter bekommen habe. Dazu stehen eine Flasche Wodka und eine Flasche Samagon auf dem Tisch.

»Das ist Selbstgebrannter von meiner Mutter auf dem Land«, erklärt Schenja, ein Freund von Galina und Jura aus der Heimat. »Niemand macht besseren Schnaps. Außerdem«, fügt er lachend hinzu, »kriegst du davon garantiert keinen Kater!«

Ja klar – aber ich bin bereit, es auf einen Versuch ankommen zu lassen. Während Schenja immer noch lacht, vergesse ich die grimmigen Gesichter draußen auf den Straßen. Das Private und das Öffentliche sind in Russland zwei sehr unterschiedliche Welten. So unfreundlich einem das Leben vor der Schwelle bisweilen vorkommt, so viel wird hinter der verschlossenen Tür gelacht, wenn man sich kennenlernt und kennt.

Allerdings lachen wir nicht lange, denn im Radio beginnen die Nachrichten mit der Meldung, dass der Rubel seit Jahresbeginn 2014 sieben Prozent gegen den Euro verloren habe. Am Ende meiner Reise werden es bereits 30 Prozent sein. Zwischenzeitlich bricht der Kurs sogar so stark ein, dass in Russland die albtraumhafte Zeit der Inflation nach dem Zusammenbruch der Sowjetunion wieder lebendig wird. Reiseunternehmen machen dicht, und die Regierung hat auf die europäischen Sanktionen mit einem Importstopp von US- und EU-Lebensmitteln reagiert.

Schenja wird das bald zu spüren bekommen, er ist der Geschäftsführer eines Supermarktes. Aber besonders scheint ihn das nicht zu stören. »Wir Russen werden schon einen Ausweg finden. Hier lässt sich immer alles regeln. Wenn wir keinen Parmaschinken bekommen, machen wir ihn halt selbst!«, sagt er und schenkt uns noch mal ein. »Also, jetzt zeige ich dir, wie wir hier trinken.« Er nimmt ein Stück Hering in die Hand, führt es zur Nase, riecht daran, stürzt das Glas hinunter und schiebt dann den Hering hinterher. »Und jetzt: ausatmen.«

Ich mache es ihm nach, mehrmals an diesem Abend, und höre mir gleichzeitig an, wie das Geschäft in seinem Supermarkt funktioniert, wie das ist, wenn ab und zu mal, wie er sagt, »eine Mafia« vorbeikommt. »Aber wir haben eine bessere Mafia.« Geschäfte mit der Miliz macht er generell nicht. »Der kann man überhaupt nicht trauen.« Das sind die Feinheiten des russischen *biznez.*

Eigentlich will ich nur eine Nacht bei diesen netten Leuten verbringen, mich etwas sammeln, ein paar Telefonate führen und mich dann woanders einquartieren. Schließlich haben sie wenig Platz, und ich will ihre Gastfreundschaft nicht überstrapazieren. Aber als ich erzähle, dass ich couchsurfen will, schlägt die gutmütige Galina die Hände über dem Kopf zusammen und reißt die Augen auf.

»Umsonst übernachten? Hier in Moskau? Niemals!«

»Doch, das funktioniert.«

»Aber woher weißt du, was das für Leute sind? Da kann doch jeder kommen und dir eine Pistole an die Schläfe setzen. In Russland wollen alle Geld.«

»Glaubt mir, ich habe das schon oft gemacht.«

»Die Russen sind gierig.« Galina verzieht ihren Mund. »Jeder versucht, dich zu bescheißen: die Schaffner, die Verkäufer, die Miliz.«

»Vor allem die Miliz«, hebt Schenja hervor. »Lass dich mit denen erst gar nicht auf Gespräche ein. Gib einfach 100 Rubel und geh weg. Traue niemandem.«

»Überall gibt es gute Menschen.«

»Aber nicht in Moskau.«

Ich sollte also besser nicht erzählen, dass ich vorhabe, mir hier ein Auto zu kaufen. Stattdessen übernehme ich jetzt selbst das Einschenken, aber als ich die Wodkaflasche schon in die Nähe des Glases gebracht habe, gefrieren Schenjas Gesichtszüge. »Mit der Rückhand schenkt nur der Tod ein«, sagt er. Und wenn die Flasche leer ist, muss sie vom Tisch.

Mein Abend wird verschwommener, während die Flaschen leerer werden. Obwohl ich mir ständig einen Happen hinterherschiebe – eine Gurke, ein Stück Hering, ein Stück Speck –, spüre ich langsam das »Klare Wasser«, und meine Gedanken geraten ins Schlingern. Aber Schenja hat mir ja einen klaren Kopf versprochen.

Kurz bevor die zweite Flasche zur Neige geht, laden mich meine Gastgeber zu einer Hochzeit ein. Etwa 700 Kilometer entfernt, hinter Nischni Nowgorod, in ihrem Heimatdorf, das übersetzt den Namen Rote Armee trägt.

Ich fasse es nicht. Ist aber in Russland ganz normal. Wer weiß, wie unsere Dörfer heißen würden, hätten die Nazis – Gott bewahre – den Krieg gewonnen.

Während die drei die Vorzüge von Rote Armee preisen, als wären sie beim Tourismusministerium angestellt (die beste Banja! das beste Essen! der beste Schnaps!), werfe ich durch das Fenster einen getrübten Blick in die Ansammlung stelziger Birken und versuche, da draußen den Verlauf meiner Reise zu erspähen, diese Tausende Kilometer durch mir unbekanntes Terrain.

Keine Chance.

»Also diese Sache mit dem Kater«, brumme ich am nächsten Morgen beim Frühstück, »da warst du außerordentlich optimistisch.« Doch ohne die Miene zu verziehen, erwidert Schenja nur: »*Ich* bin total klar! *Du* hast einfach zu wenig gegessen!«

Er begleitet mich ein Stück auf dem Weg in die Stadt. Hier draußen stehen überall Baukräne in der Gegend rum und vollführen ein Ballett aus Stahl. Haus um Haus wird hochgezogen, aber mit dem Bau der Straßen kommt man nicht hinterher, und selbst von der Peripherie aus reicht die Blechschlange bis in die Innenstadt hinein.

Während wir zum Bus laufen, rät Schenja mir: »Traue keinem, der an den Händen tätowiert ist. Keinen, die sich Ringe in die Finger haben stechen lassen oder Tränen auf das kleine Hautsegel zwischen Daumen und Zeigefinger.« Auf keinen Fall solle ich eine Schlägerei mit solchen Leuten eingehen. »Die haben keinen Respekt vor dem Leben.«

Tatsächlich werde ich bald genügend solcher Exemplare sehen: an Bushaltestellen, in Parks, in Kneipen. Schon in den Morgenstunden schwanken ein paar Männer wie junge Birken im Herbstwind über die Straße, während die Mütterchen auf den Bänken den Kopf schütteln. Nach offiziellen Angaben sterben in Russland pro Jahr etwa eine halbe Million Menschen an den Folgen des Alkoholkonsums. Die Lebenserwartung russischer Männer liegt gerade mal bei 59 Jahren. Aber was macht das schon, wenn in der Kultur des Landes solche Bonmots wie das des Dichters Wladimir Majakowski verewigt sind, dass es besser sei, an Wodka zu sterben als an Langeweile.

Die Scheiben im Bus sind milchig beschlagen, es stinkt nach Öl und Schweiß, und meine Magnetkarte funktioniert nicht. Natürlich prompt Fahrscheinkontrolle. Ich versuche noch zu erklären, dass meine Karte offenbar defekt ist – Schenja steht nur da in seinem weißen Hemd und den schwarzen Schuhen aus Krokodil-lederimitat, fischt einen 100-Rubel-Schein aus der Innentasche seines Sakkos und gibt ihn dem Kontrolleur, ohne ihn anzuschauen.

Am frühen Abend laufe ich mit Galina und Jura im Stadtteil Marinko durch eine Plattenbausiedlung, wir sind auf dem Weg zu einem Abendessen bei Verwandten. Auf den Parkplätzen sind fast keine Autos der Marken Lada oder Wolga mehr zu sehen, stattdessen SUVs von Toyota und VW.

An den Bauten aus den 1950er-Jahren fällt der Putz ab, das Holz wellt sich, der Beton ist aufgerissen, aber die Frauen laufen auf Stöckelschuhen auch über diese ramponierten Wege – und wieder einmal tun sie es mit Grazie. Manche gehen so aufrecht, als hätten sie nie sitzen gelernt.

Vadim, unser Gastgeber, ist bei der Miliz und ein Cousin von Galina. Gestern sind wir zu ihm auf die Station, weil ich dummerweise etwas von Visaregistrierung erzählt hatte und Galina danach meinte, wir müssten unbedingt zu ihrem Vetter, der werde das schon regeln. Also tauchten wir in seinem Büro auf. Vadim schüttelte meine Hand so fest, als wollte er sie brechen, befahl mir, Platz zu nehmen, und hörte sich an, was wir zu sagen hatten. Dann bekannte er, keine Ahnung zu haben, lehnte sich in seinem Bürostuhl zurück und begann zu telefonieren. Schließlich nickte er, legte auf und verkündete: »Geht schon.« In Russland lässt sich alles regeln.

Jetzt laufen wir auf dem Weg zu seiner Wohnung zwischen den Häusern hindurch, die alle gleich aussehen. »Wo ist eigentlich Schenja?«, frage ich.

Galina schaut mich ernst an und antwortet: »Schenja mag die Miliz doch nicht.« Später erzählt sie mir, dass sein Zwillingsbruder in Tschuwaschien aus einem Bus gezerrt und erschossen wurde. Keiner weiß, warum.

Aber der Milizionär Vadim ist noch gar nicht da, seine Frau öffnet uns die Tür und bittet uns rein. Olgas blonde Haare fallen ihr lockig auf die Schultern, sie trägt einen rosa Frotteeanzug. Der

Tisch ist bereits gedeckt, die sechsjährige Tochter Jana trinkt ein Glas Moosbeerensaft.

In der breiten Schrankwand steht ein Fernseher, in dem die Nachrichten des russischen Staatsfernsehens laufen. In auffällig vielen Beiträgen kommt Putin vor: Putin wirft einen Gegner beim Judo, Putin bietet Obama die Stirn, Putin reist durchs Land und hilft Flutopfern im fernen Sibirien.

Über dem Fernseher hängen Bilder von Jana, offensichtlich in einem Fotostudio gemacht. Eines zeigt sie mit Hut und Saxofon, auf einem anderen liegt sie neben einem Koffer, aus dem Dollarscheine quillen. »Was willst du mal werden?«, erkundige ich mich, und das ist wohl eine Frage, die sie schon oft beantwortet hat, denn ohne zu zögern, sagt sie: »Model. Oder Millionärin. Beides ist gut.« Immerhin will sie nicht zur Mafia.

Die Frauen trinken süßen Wein, wir Männer Wodka. Mir fällt auf, dass Olga mir nie in die Augen schaut. Sie prostet mir zu, ist freundlich, sieht mich aber nicht an. Ich sei der Ausländer an ihrem Tisch, klagt sie, und sie habe kaum was zu essen da. Dabei ächzt der Tisch unter den ganzen Schalen und Tellern: Tomaten, Gurken, Pelmeni, Kascha, Oliven, Melonen, für das Brot ist schon kein Platz mehr. Dabei heißt es doch hier: Brot auf dem Tisch macht ihn zum Thron, kein Stückchen Brot darauf – und er ist bloß ein Brett. Selbst bei McDonald's kann man extra Brot bestellen.

Dann kommt endlich Vadim durch die Tür, atmet durch und hängt seinen Milizhut an den Garderobenhaken. Er wischt sich eine Strähne seiner schwarzen Haare aus der Stirn und entschuldigt sich für die Verspätung. In seiner adretten Uniform bildet er einen schönen Kontrapunkt zu Olgas Frotteeanzug, aber dann verschwindet er im Schlafzimmer und kommt wenige Minuten später in einem Trainingsanzug wieder. Er setzt sich an den Tisch und kippt ein Gläschen.

Der Fernseher in der Schrankwand läuft immer noch. Ein Bericht zeigt Merkel und den ukrainischen Präsidenten Poroschenko, es geht um Millionenhilfen für die Ukraine, 500 Millionen, um genau zu sein. Am Tisch wird es still. Hm, unangenehm. Am besten nehme ich mir einfach noch eine Schnitte Brot mit Kaviar und Smetana.

Vadim schüttelt den Kopf. »Merkel, ha! Was hat die denn für ein Problem mit Russland?«

»Vielleicht passt ihr einfach Putins Machtgehabe nicht.«

»Ach was, das ist doch ganz normal in Russland. Wir brauchen hier jemanden wie ihn, der hart durchgreift. Und was interessiert euch überhaupt die Ukraine? Das ist unser Gebiet, das war es schon immer!« Er verweist auf die Geschichte, geht ganz weit zurück zu der Kiewer Rus, erzählt von den Invasionen der Schweden, Franzosen und Deutschen. »Wir müssen unsere Grenzen sichern, das ist doch klar. Als ob die Amerikaner nicht in ihrem eigenen Interesse handeln würden! Aber gerade ist es so, als wäre die ganze Welt gegen uns, nur weil wir uns das nehmen, was uns zusteht.«

»Vadim«, tadelt ihn Galina, »jetzt ist aber genug mit Politik. Lass uns essen und trinken.«

»Gut«, grunzt er, kommt aber nicht umhin, noch mal verächtlich »Merkel!« zu zischen.

Das Gespräch wendet sich seinem neuen Auto zu, einem japanischen SUV. Ich will mir hier ja einen Lada oder ein anderes russisches Gefährt kaufen, und wenigstens darüber kann Vadim herzlich lachen.

»Was für eine dumme Idee!« Er schaut in die Runde. »Da wollen wir alle europäische oder japanische Autos fahren, und der kommt daher und will in einer von unseren Karren durchs Land. Unglaublich.« Er blickt mich an und hebt sein Glas. »Viel Glück, du wirst es brauchen. Was auch immer du hier kaufst, es wird Schrott sein und eine Stunde außerhalb von Moskau auseinanderfallen.«

Später kehrt Vadim doch noch mal zur Politik zurück und beginnt, zuerst generell auf den Westen und dann im Speziellen auf die Amerikaner zu schimpfen. »Dieser Obama! Schwach ist der, ganz schwach. Da musst du dir einfach nur seinen Hund anschauen, da weißt du doch Bescheid!«

Am Ende des Abends machen wir noch ein Gruppenfoto. Jana knipst ein Lächeln an, das sowohl für ein Model als auch für eine

Millionärin roter-Teppich-tauglich wäre, und als sie den Verschluss hört, lässt sie es wieder erlöschen.

Satt und etwas träge gehen wir hinaus, während Vadim in der Tür steht und mahnend den Zeigefinger hebt. »Merkel!«

Kultiviertes Trinken

Moskau, der Kopf Russlands. Hier begann das sowjetische Experiment, hier erschufen die Kommunisten den Homo sovieticus, von hier aus entfesselte Stalin, der »Dschingis Khan mit Telefon«, den roten Terror, trug ihn noch in den entferntesten Winkel und organisierte eine orwellsche Gesellschaft. Durch die rote Stadt mussten auch meine Verwandten hindurch, um sich bei der deutschen Botschaft auf dem Sperlingshügel das Visum für die Übersiedlung zu beschaffen.

Ich spaziere an den Tschistyje Prudy entlang, den Reinen Teichen, die heutzutage eigentlich nur einer sind, aber ihren alten Pluralnamen behalten haben. Er liegt nicht weit vom Zentrum entfernt, eine kleine Oase zwischen all dem Verkehr und dem Beton. Ich erinnere mich, wie meine Mutter mir mal von jenem Tag auf der Botschaft erzählte, von den Beamten, die so nett gewesen waren, die damals noch nicht so viele Aussiedler zu Gesicht bekommen hatten, die große Welle kam ja erst in den 1990ern. Während sie mit meiner Mutter die Formalitäten erledigten, gab man mir ein Glas Milch und Kekse. Eine merkwürdige Erinnerung, tief in der Vergangenheit vergraben – wie man als Bub wahrscheinlich relativ ruhig dasitzt und vor sich hinkrümelt, während die Zukunft der Familie geklärt, endlich dieses Versprechen eingelöst wird, das in den Jahrzehnten davor immer nur als Flüstern zu vernehmen war: *Irgendwann gehen wir nach Deutschland.*

In der Mittagshitze sitzen Teenager an den Reinen Teichen – die den Moskauern anno dazumal als Müllkippe dienten und deshalb zunächst als Schmutzige Tümpel verrufen waren – und trinken Bier. Es sind noch Schulferien, und sie suchen die Kühle des Wassers und die Kühle des Alkohols. Ihr sorgenfreies Lachen klingt durch den Park wie ein Lied, schmiegt sich in die Ohren der Spaziergänger und Pärchen, die auf den zahlreichen Holzbänken sitzen, die Frauen meist mit einer einzelnen Blume oder einem ganzen Strauß in der Hand, die ihnen zur Verabredung mitgebracht wurden. Wie in den meisten russischen Großstädten wimmelt es auch in Moskau nur so von Blumenläden, die 24 Stunden offen haben – was die naheliegende Frage aufwirft: Wer zum Teufel kauft um drei Uhr morgens Blumen?

Aber das ist eine Frage für einen anderen Tag, jetzt hänge ich meinen Gedanken an die Ausreise aus diesem Land hinterher, das meiner Familie über 200 Jahre Heimat war und dann doch nicht mehr. In dem es für sie von einem Extrem ins andere ging – erst angelockt mit Privilegien, schließlich in Sippenhaft genommen wegen ihrer Herkunft.

Sobald ich aus dem Park raus bin, zieht das Tempo der Stadt wieder an, und ich werde ein Fisch unter vielen, schwimme mit im Strom, dessen Energie die Stadt pulsieren lässt. Hierhin zieht es einen, weil man es zu etwas bringen will, das russische Äquivalent zu New York.

Ein großer Vergleich, ich weiß. Aber als ich am Abend auf der Insel Strelka unterwegs bin, die sich wie ein fetter Regenwurm in eine Biegung der Moskwa schmiegt und wo aus der ehemaligen Schokoladenfabrik »Roter Oktober« ein kreatives Zentrum und das Epizentrum des Nachtlebens mit zahlreichen Klubs und Bars entstanden ist, ergibt das durchaus Sinn.

Ein kleines Open-Air-Kino zeigt einen sowjetischen Schwarz-Weiß-Film. In der Bar – ein Stockwerk höher auf dem Dach gelegen, mit Blick auf die Moskwa und das absurd gigantische Denkmal für Peter den Großen, der diese Stadt eigentlich hasste, so wie jetzt die Moskauer dieses Denkmal hassen – wird mit vollen Whiskygläsern in weißen Hemden und bunten Sommerkleidern über Putin und die Welt geredet. Je nach Alkoholpegel.

Ich komme mit einer Gruppe ins Gespräch, die an der Bar steht und ausgelassen eine Runde nach der anderen bestellt. Sie bemerken mich, weil ich geduldig darauf warte, bis der Barkeeper auf mich aufmerksam wird. Großer Fehler. Geht gar nicht in Russland und entlarvt dich sofort als Ausländer.

»*Nasdrowje.*« Ich hebe mein Glas, allerdings ein Wodka auf Eis. Whisky kann ich auch zu Hause trinken.

Schon wieder falsch. »Das sagt hier keiner!«, klärt Sascha, eine blonde 30-Jährige, mich auf. Ihr weißes Kleid flattert leicht im Abendwind, der von der Moskwa herüberweht, und ihr blondes Haar ist so perfekt gewellt, als käme sie direkt vom Friseur, von einem teuren Friseur.

Ihr Mann, Denis, schaut sie über den Rand seiner Brille an, als hätten sie erst vor Kurzem geheiratet. »Komisch. Ich habe es aber schon mehrmals gehört.«

»Das sagen wir nur zu Leuten, die kein Russisch verstehen. Aber eigentlich folgen Trinksprüche einer klaren Hierarchie.«

»Also kultiviertes Trinken?«, werfe ich ein.

»Sehr witzig«, erwidert Sascha. »Der erste ist zur Begrüßung. Und dann steigern wir uns langsam. Je öfter wir prosten, desto mehr Bedeutung legen wir rein. Aber leider verschwindet diese Tradition langsam.«

»Weil nicht mehr so viel Wodka getrunken werden soll?«

»Nein, weil wir einfach nicht mehr die Zeit dafür haben. In Moskau muss alles schnell, schnell gehen. Die Leute sind nur am Arbeiten, am Geldmachen, da bleiben Traditionen auf der Strecke. Ich kann mich noch daran erinnern, wie es zu Sowjetzeiten war, da musste mein Vater noch ganze Riemen auswendig lernen, die er dann als Trinksprüche am Tisch losgelassen hat. Irgendwann werden ja dann auch alle sentimental.«

»Das habe ich immer an den Russen geschätzt.«

»Was meinst du?«

»Na, dass ihr mit dem einen Auge lachen und mit dem anderen weinen könnt.«

Sascha und Denis nicken. »Ja, das stimmt. Aber mittlerweile schauen wir neidisch auf die Georgier, die sich in ihrer Gemütlichkeit hinsetzen und zwei Tage hocken bleiben, trinken und feiern.«

»Schade.«

»Ja. Wir verlieren einen Teil unserer Identität in diesem verrückten globalen Spiel.«

Während der DJ seine Elektrobeats in die Moskauer Nacht hämmert, einige anfangen zu tanzen, kommen wir auf den Zweiten

Weltkrieg zu sprechen (ich weiß gar nicht mehr genau, warum, es musste etwas damit zu tun haben, dass Sascha der Meinung war, nichts ohne Bedeutung sagen zu wollen), also rede ich über den Kommunismus, über diese Idee, die die Bevölkerung trotz allen Übels in ihrem Bann hält.

Sascha und Denis schauen sich an, als hätte ich diesmal etwas ganz und gar Falsches gesagt. »Hör mal«, meint Denis, »damit musst du aufpassen. Wir wissen, was du meinst. Aber mach das bloß nicht, wenn du irgendwo auf dem Land bist. Stalin und der Zweite Weltkrieg sind ein sehr sensibles Thema. Außerdem heißt der bei uns Großer Vaterländischer Krieg. Und überhaupt: Immerhin gab es hier einen Traum. Ihr habt nur einen Albtraum!«

Dagegen lässt sich schlecht argumentieren, das habe ich letztens auch im Buch eines amerikanischen Korrespondenten gelesen.

Apropos Traum: Als Wladimir Putin das Amt des Präsidenten von Boris Jelzin übernahm, schrieb er sich auf die Agenda, den Stolz auf die sowjetische Geschichte wiederherzustellen. Er verhalf der sowjetischen Hymne, die in den 1990er-Jahren ersetzt worden war, zu einem Comeback und ließ einen neuen Text dazu dichten. Den Job übernahm Sergej Michalkow, der 1943 schon den Originaltext geschrieben hatte.

Putin leugnete nicht Stalins Verbrechen, aber er sagte auch, man dürfe den Menschen, die in diesem System gelebt hätten, nicht die Bedeutung ihres Lebens rauben, sondern müsse sie im Licht der glorreichen Errungenschaften sehen. In diesem Sinne, schreibt der britische Historiker Orlando Figes, sei Stalin eher wie ein effektiver Manager angesehen worden, der mit seiner Terrorkampagne logisch gehandelt habe, um die Modernisierung des Landes zu gewährleisten.

In seiner Neujahrsansprache zur Jahrtausendwende machte Putin klar, dass der russische Staat großartig und unabhängig sein müsse, dass alle, die gegen die Verfassung handelten, vernichtet würden. Putin glaubt, dass die liberale Demokratie in Russland nicht funktioniere, weil es nicht die Traditionen wie im Westen dafür gebe: »Unser Staat und unsere Institutionen haben immer eine außerordentlich wichtige Rolle für das Land und das Volk gespielt. Ein starker Staat ist für die Russen keine Anomalie, die man loswerden müsste, sondern die Quelle der Ordnung.«

»Wir gehen jetzt noch woanders hin«, sagt Sascha. »Willst du mitkommen?«

»Wohin?«

»In die Mercedes Bar.«

»Im Ernst?«

»Ja, warum?«

Ich zucke mit den Schultern. Sollte mich eigentlich nicht überraschen, dass es gerade in Moskau eine solche Bar gibt. Schließlich ist der Durst der Reichen dieses Landes nach Luxusartikeln legendär.

Also setzen wir uns in den Wagen von Igor, einem Freund der beiden, und fahren durch die nächtliche Stadt, vorbei am funkelnden Kreml, der wie ein Palast aus einem Märchen den Himmel über sich selbst erhellt. Die erste Festung wurde hier als Handelsposten schon im 12. Jahrhundert errichtet. Dann fielen die Mongolen ein und hielten das gesamte Land von Ost nach West für 240 Jahre im Griff. Ihre Herrschaft markiert für manche russische Historiker einen Moment, in dem sich Russland vom Westen trennte, die Handels- und Kulturverbindungen gekappt wurden und Russland in Dunkelheit und Isolation hinabstieg, während in Europa die Renaissance das Denken erleuchtete. Die Ideen aus dieser Epoche drangen alle nicht nach Russland vor, und später war immer ein Rückstand zu spüren, den einige dafür verantwortlich machen, dass sich in Russland kein Staat in der Form entwickeln konnte, wie das im westlichen Europa geschah. Manche gehen sogar so weit, von einem Stockholm-Syndrom zu sprechen – dass also die Russen viele Elemente der mongolischen Herrschaft später in ihr eigenes System übernahmen, dass die Bewunderung und der Wunsch nach Autokratie aus ebenjener Zeit stammen.

Massiv ragen die roten Mauern des Kremls neben uns auf, die im 15. Jahrhundert nach Entwürfen italienischer Baumeister hochgezogen wurden; Iwan III. der Große hatte sie mit dem Aus- und

Umbau der Stadtfestung und Residenz beauftragt, nachdem er die Mongolen 1480 am Ugra-Fluss geschlagen hatte.

Als wir an einer Ampel halten, bemerke ich einen ungewöhnlichen Aufkleber auf der Heckscheibe des Autos vor uns. Zwei Strichmännchen. Eines ist über einen Tisch gebeugt, auf seinem Kopf das Hakenkreuz. Das andere, mit dem sowjetischen Hammer und Sichel auf dem Kopf, nimmt es von hinten. Darunter steht: »1941–1945, gerne wieder – ihr seid herzlich eingeladen.«

Ich spreche Denis darauf an, und er entgegnet: »Merkel und die Außenpolitik deines Landes sind hier nicht gerade beliebt. Viele denken, sie sollte eigentlich vor Russland auf die Knie fallen.«

Die Mercedes Bar befindet sich im obersten Stock des Hotels Ukraina, einer der Sieben Schwestern, hoch aufragenden architektonischen Zuckerbäckertorten, die Stalin als Teil seines großen Plans für das neue sozialistisch-klassizistische Moskau im letzten Jahrzehnt seiner Herrschaft erbauen ließ. Am Eingang zur Bar laufen auf riesigen Plasmafernsehern Werbespots für Mercedes, und während sich über uns auf der Hochhausspitze der Rote Stern der Klassenlosigkeit erhebt, prangt hier unten der silberne Stern aus Untertürkheim wie ein Königssymbol. Innen plätschert Klaviermusik, und die Gäste versinken in cremefarbenen Sesseln.

Ich blättere durch die Getränkekarte. Ein Glas Johnny Walker Blue Label King George V kostet umgerechnet etwa 200 Euro, und das ist bei Weitem nicht das teuerste Getränk. Ich wünschte, ich könnte sagen: genau meine Preisklasse. Aber dann wäre ich Oligarch und nicht Buchautor. Also bestelle ich mir wieder einen Wodka, der mit sieben Euro unschlagbar günstig ist, und mit unseren Getränken begeben wir uns noch ein Stockwerk höher, steigen dieser Schwester Stalins aufs Dach, um den Ausblick über die Stadt zu genießen und eine zu rauchen.

Denn wie Stalin einst den Homo sovieticus schaffen wollte, will Putin sein Volk zu einem gesünderen Leben erziehen. Seit Sommer 2014 ist Rauchen in allen Innenräumen verboten, und die Zigaretten in den Läden müssen sich immer hinter einem schwarzen Sichtschutz befinden. Dumm, wenn man nicht weiß, was man will. Auch verboten: Verkauf von Alkohol ab 21 Uhr. Putin will den Wodkakonsum der Russen bis 2020 halbieren.

Der Letzte, der dem Alkohol den Kampf angesagt hatte, war Gorbatschow. Kurz nach seinem Amtsantritt unterschrieb er eine Verordnung namens »Über Maßnahmen zur Überwindung der Trunksucht und des Alkoholismus«: Verkauf von Wodka nur zwischen 11 und 19 Uhr. Nur ein Liter pro Einkauf, für Hochzeiten maximal zehn Liter. Die Post gab sogar eine begleitende Briefmarke heraus, die mit einer fröhlichen Familie warb und dem Spruch: »Nüchternheit – Norm des Lebens«. Auf Unterstützung stieß Gorbi damit allerdings nicht, sondern zog den Volkszorn auf sich, weshalb er fortan »der Mineralsekretär« genannt wurde.

Ein Witz aus jener Zeit geht so: Eine lange Schlange steht um eine Flasche Wodka an. Ein Mann wird ungeduldig und sagt: »Ich geh in den Kreml und bring den Mineralsekretär um.« Nach einer Stunde ist er wieder da. Die Schlange hat sich nicht fortbewegt. »Hast du ihn umgebracht?«, fragt man den Mann. »Wie denn?«, antwortet er. »Bei Gorbatschow ist die Schlange noch viel länger!«

Hm, eigentlich brechen sich die EU und Russland in Sachen Bevormundung gegenseitig keinen Zacken aus der Krone. So könnte man es eigentlich auch sehen. Aber immerhin haben wir erfolgreich gegen das Rauchverbot rebelliert. Warum, verstehe ich immer noch nicht. Gerade die Deutschen, mit denen man eigentlich alles machen kann, sogar eine GEZ-Steuer einführen, den Soli weiterlaufen lassen und, und, und. Dem guten alten Lenin wird das Zitat zugeschrieben: »Revolution in Deutschland? Das wird nie etwas. Wenn diese Deutschen einen Bahnhof stürmen wollen, kaufen die sich noch eine Bahnsteigkarte.« Um im Schlagabtausch zu bleiben, ein Konter von Rilke, der die Russen ja innig liebte, aber dennoch fand: »Der Russe eignet sich zum Revolutionär wie ein Batisttaschentuch.«

Aber zurück zum Alkohol. Tatsächlich war Gorbi zunächst ziemlich erfolgreich: Die Sterblichkeitsrate sank, die Produktivität stieg, Sparkonten wuchsen. Was man im Planamt damals allerdings so gar nicht auf dem Schirm hatte – da hatte wohl einer mehr als Fruchtsaft getrunken: Alkohol machte 24 Prozent des gesamten Warenverkehrs und 12 Prozent der staatlichen Einnahmen aus, spülte also jede Menge Geld in die klammen Kassen.

Unsere Drinks stehen auf der Backsteinbrüstung, unter uns dröhnt der Verkehr durch die nächtliche Stadt.

Die große Ausfallstraße A106 führt aus dem Zentrum zur berühmten Rubljowka westlich der Stadt, kein richtiger Vorort, eher ein lockeres Siedlungsgebiet im Dunstkreis der Chaussee, wo die Reichen wohnen, wo schon Breschnew und die restliche Sowjetelite ihre Datschen hatten und heute auch Putin residiert. »Das ist die beste Straße im ganzen Land«, erklärt Denis. Und trotzdem gibt es hier immer Stau, es geht gar nicht anders, und wenn der Verkehr stockt, lässt sich gut erkennen, dass manche Menschen gleicher sind als andere. Klar, dass sich die Politiker und Offiziellen mit Blaulichtlimousinen ihren privilegierten Weg bahnen, aber genauso machen es diejenigen, die genügend Geld zur Verfügung haben.

Auf der anderen Flussseite glitzern die Hochhäuser von Moskau City, dem neuen Finanzzentrum, das auf das Konto von Dmitri Medwedew geht, dem amtierenden russischen Ministerpräsidenten und vorherigen Platzhalter für Putins Präsidentschaft. In den vergangenen Jahren hat die Stadt ein Wachstum erlebt, das wie ein Sog auf das restliche Russland wirkt. Noch 1000 Kilometer weit weg sind die Fernbusse in diese Stadt ausgebucht, selbst aus dieser Entfernung wird noch gependelt, dann bleiben die Frauen mit den Kindern in den Dörfern, während die Männer versuchen, in Moskau den russischen Traum zu leben.

Das Symbol einer besseren Existenz war Moskau schon einmal, damals, als Stalin Teile der Stadt dem Erdboden gleichmachte, um sie zum Zentrum eines ideologischen Imperiums umzubauen. Nachdem Lenin nach der bolschewistischen Revolution die Hauptstadt wieder nach Moskau hatte verlegen lassen, trieb Stalin in den frühen 30er-Jahren die industrielle Revolution voran; Scharen von Bauern zogen in die Stadt und verwandelten sich in Arbeiter. 1935 ließ der »Stählerne« dann den doppelköpfigen Adler der Romanows auf den Kremltürmen durch die Sterne des Kommunismus ersetzen, deren fünf Zacken für die fünf Kontinente der Zivilisation standen, die bald Teil der kommunistischen Welt sein sollten. Es kam anders. Vierundsiebzig Jahre lang saß die Partei so fest im Sattel, dass sich niemand etwas anderes vorstellen konnte, und dennoch löste sich die Sowjetunion innerhalb von sechs Tagen auf.

»Ihr im Westen«, sagt Denis, »vergesst, wie sehr dieser Umbruch das Land traumatisiert hat. In kürzester Zeit haben die Menschen alles verloren: ein Wirtschaftssystem, das ihnen Sicherheit und Garantien gab, den Status einer Supermacht und eine Ideologie und Identität, die komplett vom Staat und vom Kommunismus geformt wurden, eine kollektive Idee.«

Abgesehen davon, dass Unzählige in den 1990er-Jahren alles, wirklich alles verloren, während gleichzeitig wenige zu unglaublichem Reichtum gelangten, wurde auch das ganze vorherige Leben der Menschen infrage gestellt. Der Historiker Orlando Figes schreibt in diesem Zusammenhang von einem »moralischen Vakuum«.

»Es war absolutes Chaos«, erzählt Denis und nimmt einen Schluck von seinem Whisky. »Geschäftsmäßig war es eine Zeit, in der du von heute auf morgen eine Million machen konntest – oder eine Kugel in den Kopf bekommen hast. Aber die politische Erosion war auch schlimm. Das sowjetische Erbe wurde mit Füßen getreten, die Perestroika und Glasnost haben aus diesem großen Reich, das auf Augenhöhe mit den USA war, einen Witz gemacht. Putin gibt uns das Selbstvertrauen wieder, dafür mögen wir ihn.«

Ich trinke von meinem billigen Wodka, hier oben über den Dächern Moskaus, wo die Getränke mehr kosten, als manch einer in diesem Land im Monat verdient. Wo eine andere Einstellung gegenüber den waltenden Mächten herrscht. Es ist immer leicht, von außen zu urteilen, weil die Dinge aus der Ferne oft schwarz-weiß sind. Etwas ganz anderes ist es aber, vor Ort zu sein und die Komplexität wie auch die Gültigkeit der anderen Perspektiven zu erkennen, selbst wenn man einigen Standpunkten und Meinungen nicht zustimmen kann.

Immer wieder in der Geschichte dieses Landes lösten sich mächtige Reiche auf, und es folgten Zeiten des Chaos: Im 13. Jahrhundert die Kiewer Rus, der erste russische Staat. Um 1600 das Moskauer Reich. 1917 das Zarenreich der Romanows. Und 1991 schließlich die Sowjetunion. »Viermal«, schreibt der Journalist und Russlandkenner Gerd Ruge, »hatte das russische Volk auf der Basis von Anarchie und Fremdherrschaft ein noch mächtigeres Reich errichtet.« Wie wird Putin sein Russland gestalten? Der Wunsch nach alter Größe lässt sich in vielen Gesprächen vernehmen.

Wir fallen tiefer in die Nacht und damit tiefer in die Gläser. Ich sprenge sozusagen meine Bank, aber schließlich werde ich nur einmal im Leben in der Mercedes Bar einen draufmachen. Doch ich bekomme schon noch mit, wie Sascha ungläubig mit den Augen rollt, als ich ihr erzähle, dass wir an unseren Schulen immer noch einen großen Fokus auf die Vermittlung der Nazigeschichte legen.

»Das kann doch nicht euer Ernst sein!«, ruft sie aus. »Wie sollen denn eure Kinder so mit Stolz aufwachsen? Das waren doch gerade mal zwölf Jahre! Wenn wir das auf uns übertragen würden …«

Sascha schwankt schon ein bisschen, die Wörter schlurfen über ihre Zunge. Wie bei uns allen. Trotzdem wollen die drei noch in ein anderes Lokal. Wir verlassen Dach und Bar und holen das Auto vom Parkplatz, kein Mercedes, aber ein BMW. Ich setze mich auf die Rückbank, und Igor, mit dem ich mich kaum unterhalten habe, der aber einen ordentlichen Zug am Whiskyglas hatte, drückt das Gaspedal durch, der Motor heult auf, und mit durchdrehenden Reifen schlittert der Wagen auf die Hauptstraße, fädelt sich in den Verkehr ein. Wir haben alle ordentlich getankt, dabei gilt auch in Russland jetzt bei der Promillegrenze null Toleranz.

»Wenn die Polizei dich mit Alkohol am Steuer erwischt, wird es richtig teuer«, sagt Denis. Aber die Stadt sei groß, gehe schon.

Während wir Richtung Zentrum fahren und in die kleinen Gassen rund um den Arbat einbiegen, eine der ältesten Straßen der Stadt – zur Zarenzeit beliebte Wohngegend für Künstler, Intellektuelle und niederen Adel, heute Fußgängerzone und Szeneviertel –, unterhalten wir uns über russische Autos. Natürlich ernte ich auch hier Widerspruch, aber ich bleibe stur. Denis verspricht, mir am nächsten Tag etwas zu helfen, gemeinsam mit mir auf den heimischen Autoseiten im Internet zu surfen und Termine zu vereinbaren.

In den engen Straßen suchen wir gerade einen Parkplatz, aus den Bars dringen Licht und Gelächter, als hinter uns Blaulicht angeht.

»Scheiße«, flucht Denis und dreht sich um.

»Was jetzt?«

»Sobald wir stehen, reißt du die Tür auf, und wir hauen ab.«

»Was? Ich hab doch gar nichts gemacht!«

»Glaub mir, es ist besser so. Jeder in eine andere Richtung, in Ordnung?«

Ich nicke. Sascha und Igor sind dieses Spiel anscheinend schon gewohnt, und ich bilde mir ein, wie sie mental ihre Fluchtroute visualisieren.

»Und das Auto?«

»Lassen wir einfach stehen. Das ist besser, als erwischt zu werden.«

»Okay«, stimme ich zu, während ich hoffe, dass ich es in meinem angetrunkenen Zustand schaffe, nicht gegen eine Wand zu rennen oder über einen Bordstein zu stolpern.

»Morgen treffen wir uns bei mir«, sagt Denis noch, dann prescht der BMW unvermittelt bis zur nächsten Kreuzung vor, hält mit einer Vollbremsung wieder an, und wir springen alle hinaus.

Das Blaulicht rotiert, die Sirene heult auf, und unter den Schreien der Polizisten – STOP, STOP, STEHEN BLEIBEN! – verschwinden wir in die Moskauer Nacht.

UAZ-469 meldet sich zum Dienst

Obwohl es Sonntag ist, wuselt Moskau vor sich hin, eine 24-Stunden-Stadt, in der man zu jeder Zeit jedes Zeug bekommt, nicht nur Blumen. Ich schleppe mich in die U-Bahn, in meinem Körper immer noch Restalkohol und Restadrenalin von der Nacht zuvor. Ich bin gerannt, als wäre der Teufel hinter mir her. Ganz habe ich immer noch nicht verstanden, warum, *but when in Moscow* ...

Die U-Bahn fährt mit ihren Stationen auch wieder die der sowjetischen Geschichte ab, und den Pomp des Sozialrealismus vor Augen, verstehe ich, wie sich damals die Arbeiter oder das Proletariat gefühlt haben müssen, als die Metro 1935 eröffnet wurde. Ein identitätsstiftendes Mittel, Schaukasten eigener Größe und Palast des Fortschritts, in dem an jedem Halt Bronze und Chrom schimmern und vom Sieg des Kommunismus über alle anderen Systeme erzählen. Weitläufiger Marmor und Bögen aus Stahl, schön wie alte Kirchen, ein Tempel der Bewegung und des Gedankens, immer weiter vorwärtszugehen und die dunkle Vergangenheit hinter sich zu lassen. Die Grandeur im starken Kontrast zu den beengten Wohnsituationen zu Hause.

Die Station Majakowski, benannt nach dem dichtenden Revolutionär, der sich 1930, erkrankt und unter Druck geraten, erschoss, ist einer dieser Paläste, und durch seine kronleuchtergeschmückten Hallen kämpfe ich mich durch die Massen nach draußen und schnappe wieder nach heutiger Luft.

Ein paar Schritte weiter liegt schon die Wohnung von Denis. Als ich klingele und er mir die Tür öffnet, tritt ein Lächeln auf sein Gesicht. »Wie ich sehe, bist du davongekommen.« Er bittet mich in seine großzügige Dreizimmerwohnung, in der wirklich alles am richtigen Platz steht, kein Staubkorn den Blick durch die Fensterscheiben nach draußen trübt.

»Hast du was von Igor gehört?«, frage ich.

Wir gehen in die Küche, auf dem Herd steht eine Pfanne mit Würstchen und Rührei, im Fernseher, der in die obere Ecke montiert ist, läuft das lokale Fußballderby zwischen Spartak und ZSKA Moskau. Denis reicht mir einen Teller, und ich schaufele das Rührei in mich rein.

»Alles kein Problem. Heute ist er zur Polizei und hat das Auto abgeholt.«

»Aber was hat er denn der Polizei erzählt, warum das Auto einfach so auf der Straße stand?«

»Gar nicht so wichtig. Hauptsache, er wurde nicht betrunken erwischt. So muss er einfach nur die Abschleppgebühren zahlen.« Denis sieht das Unverständnis in meinem Gesicht und lacht. »So machen wir das hier. Ich glaube, ihr wollt immer mit dem Kopf durch die Wand. Wir finden immer einen Weg drum herum.«

Da kann man eventuell was draus lernen, aber für mich geht es jetzt erst mal darum, ein Auto zu finden. Ich bin schon ganz unruhig und will auch langsam aus der Stadt raus. Ein Gefühl dafür kriegen, wie groß dieses Land ist, auf seinen angeblich so schlimmen Straßen unterwegs sein und diesen geografischen Riesen bezwingen, der sich von hier bis zum Pazifik langmacht. Der Ozean kommt mir momentan ebenso weit weg vor wie die Geschichte meiner Familie und das Leben unter der kollektiven Idee des Kommunismus.

Wir setzen uns an den Computer, und Denis ruft die Seite *auto.ru* auf, das russische Gegenstück zu *auto24.de*. Ich falte meine Karte auseinander, die ich immer dabeihabe, und zeige ihm meine Route, die eine lange Linie von West nach Ost bildet, durch eine Landmasse, die so groß und einförmig ist, dass man sie auch als Meer bezeichnen könnte.

»Gar nicht so einfach«, seufzt Denis. »Außer du hast einen Lada Niva. Ein Niva kommt überallhin. Hätten Napoleon oder Hitler Nivas gehabt, die Sowjetunion hätte es nie gegeben. Wenn du ein richtiges Abenteuer willst, dann fährst du mit einem Niva.«

»Warum?«

»Weißt du, abseits der Transitstrecken, abseits von Moskau, da leben sie noch wie zu Tolstois Zeiten. Da kommst du nie auf die Idee, dass Russland eine Supermacht sein soll. Aber die Leute sind freundlich, sie laden dich ein, überall, in ihre Datscha, an ihren Tisch. Sie sehen ja fast nie jemanden Fremden.«

»Warst du denn einmal da draußen?«

»In Sibirien? Bist du verrückt? Was soll ich denn da? Ich fahre lieber nach Ägypten ans Meer. Das ist billiger und schöner.«

Viel ist auf der Webseite in der Preisklasse von 1000 Euro allerdings nicht zu finden. Zu Hause könnte ich mich jetzt tottelefonieren, aber hier haben wir gerade mal vier Angebote.

»Vielleicht hättest du eher in der Provinz schauen sollen«, meint Denis. »Hier in Moskau haben die Leute zu viel Geld.«

Egal, dann muss ich halt nehmen, was ich kriegen kann, wird schon gehen, so schlimm können die Autos doch gar nicht sein.

Nachdem wir ein paar Termine für Besichtigungen ausgemacht haben, sagt Denis: »So, und jetzt ist es Zeit für Günter Zimmermann.«

»Bitte was?«

»So heißt meine Wasserpfeife. Ich schufte sechs Tage die Woche wie ein Ochse. Jetzt wollen wir uns entspannen.«

Die nächsten Tage verbringe ich damit, kreuz und quer durch die Stadt zu fahren, um mir Lada Nivas anzusehen, von denen einer in schlimmerem Zustand als der andere ist. Der Erste hat keinen zweiten Gang, der Zweite bockt mehr über die Straße, als dass er fährt, der Dritte röhrt so laut wie eine MIG 29, und der Vierte sieht so verrostet aus, als würde er spätestens morgen in seine Einzelteile zerfallen. Aber alle Verkäufer versichern mir, dass ich in ganz Moskau kein besseres Auto fände.

Kurz bevor bei mir die vollkommene Verzweiflung einsetzt und ich mir schon überlege, tatsächlich in die Provinz zu fahren, um dort eine billige Karre zu schießen, ruft Denis an: »Ich habe noch einen Wagen für dich gefunden! Aber es ist ein UAZ.«

»Du hast doch gesagt, der Niva sei am besten!«

»UAZ ist noch besser. Armeejeep. Den kann gar nichts kaputt machen. Und das Beste ist: Der Verkäufer spricht Deutsch. Er sagt, er sei Lehrer.«

Wie hoch ist die Wahrscheinlichkeit, bei einem Autokauf in Moskau auf so einen Zufall zu stoßen? Schicksal, ganz klar. Jetzt kann nichts mehr schiefgehen, und ich male mir schon die legendäre Geschichte vom alten Armeejeep eines Deutschlehrers aus, in dem ich die 12 000 Kilometer bis zur Pazifikküste fahre.

Der sogenannte Deutschlehrer heißt Dimitri, trägt Glatze und ist um die 30. Sein Schnauzer schimmert rötlich. Wir treffen uns an den Treppen einer U-Bahn-Station, ein paar Kilometer vom Zentrum entfernt. Ich habe eigentlich einen älteren Herrn erwartet ... Mein Bauch versucht, mir etwas zu sagen, aber ich bin so aufgeregt und so heiß darauf, endlich aus der Stadt zu kommen, dass ich noch nicht mal innehalte und hinhöre.

Gemeinsam laufen wir ein paar Hundert Meter, bis wir zu Füßen einer Hochhaussiedlung zu einer Ansammlung von Schuppen mit Wellblechdächern kommen. Das sind die in Russland allgegenwärtigen Privatgaragen, die vor sich hinrosten und verfallen, im Zuge des Neubaus von Wohnungen reihum plattgemacht werden.

Dimitri spricht einwandfreies Deutsch, das er während des Studiums in der Schweiz gelernt hat. Jetzt arbeitet er als Schrauber in einer Werkstatt und will sich auf deutsche Wagen spezialisieren. Ab und zu gibt er privaten Deutschunterricht. So weit, so gut. Aber redet er nicht auffällig viel? Ach, wahrscheinlich freut er sich einfach, mal wieder deutsch zu reden.

Er öffnet erst das Vorhängeschloss, dann die beiden Metalltüren. Dahinter kommt ein olivgrüner Jeep zum Vorschein, und ich bin sofort verliebt in das Gefährt. Ein UAZ aus dem Jahre 1966, das Dach aus Plastik, die Sitze mit einem Fell mit Leopardenmuster bezogen. Kein Teil zu viel, pure Nützlichkeit. Allradantrieb. Ein Tank auf jeder Seite, geht mal eine Splitterbombe neben einem runter, schaltet man einfach einen davon ab. UAZ steht für »Uljanowski Awtomobilny Sawod«, Uljanowsker Automobilfabrik, und die befindet sich in ebenjener Stadt an der Wolga, die das russische Bethlehem und Nazareth zugleich ist: der Geburtsort Lenins, an dem er auch die ersten 17 Jahre seines Lebens verbrachte. Damals hieß die Stadt noch Simbirsk, doch nach dem Tod des großen Umwälzers ehrte man ihn, indem man sie nach seinem eigentlichen Nachnamen umbenannte. Die Fabrik entstand während des Zweiten Weltkriegs als sogenanntes Stalin-Werk und fertigte zunächst Munition. Das Modell UAZ-469, dessen Vertreter da vor mir steht, wurde 1965 zum ersten Mal gebaut, und hauptsächlich nutzten die Sowjetarmee und die Streitkräfte des Warschauer Paktes diesen Geländewagen. 1,65 Tonnen Gewicht, vier Meter lang, sieben Sitzplätze.

»Willst du Probe fahren?«

Wirklich, was für eine Frage. Ich nehme hinter dem riesigen Lenkrad Platz, Dimitri gibt mir den Schlüssel, der so klein ist, als wäre er für einen Briefkasten gedacht. Ich starte den Motor, die Maschine heult auf und verfällt dann in ein altes, traktoriges Tuckern. Damit hört man mich auf jeden Fall schon im nächsten Dorf kommen. Das kann gut oder schlecht sein.

Über Schleichwege hinter den Hochhäusern fahren wir auf die Hauptstraße, und ich gebe Gas. Jetzt sollte man sich nicht vorstellen, dass das Ding abgeht wie eine Rakete. Bei 80 Stundenkilometern ist dann auch Schluss, und in der Kabine ist es so laut, dass wir schreien müssen, um uns über die Vorzüge eines UAZ zu unterhalten.

Ich teste die Blinker, die Bremsen, das Licht, alle Knöpfe, die wie in einem Flugzeugcockpit in einer Reihe angeordnet sind. In der Kabine riecht es nach Benzin, aber der Geruch schmeckt mir.

»Was meinst du?«, frage ich Dimitri. »Schafft das Ding es bis Magadan?«

Er zuckt mit den Schultern. »Warum nicht? Die Benzinpumpe ist neu, der Vergaser auch. Mit ein bisschen Glück kommst du ohne Probleme durch.«

Zurück an der Garage, sitzen wir noch eine Weile im Dunkeln auf der Heckklappe des Jeeps, und ich sehe mich mit dem Teil schon in der wildesten Gegend durch den Schlamm und den Wald hacken, mit einer Zigarette im Mund und einer Angel in der Hand an den Seen und Flüssen stehen.

Wir einigen uns auf den Preis und die Abholung am nächsten Tag. Glücklich begebe ich mich nach Hause, will noch schnell die

Papiere fertig machen, um gleich morgen zur Anmeldestelle zu fahren.

Für die Übersetzung meines Führerscheins und Passes hatte ich mir einen Mann vor Ort gesucht, der mir, nachdem ich zwei Tage nicht dazu gekommen war, das Geld – zehn Euro – zu überweisen, damit drohte, mich auf eine ominöse schwarze Liste zu setzen. Schließlich bat ich meine Mutter zu Hause, das zu erledigen, und leitete die Rechnung an sie weiter. Was ich von ihr zurückbekam, beschäftigte mich noch eine ganze Weile. Offenbar hatte der Übersetzer einen Satz auf Russisch dazugeschrieben, den ich übersehen hatte. Meine Mutter war auf 180, so wütend hatte ich sie schon lange nicht mehr erlebt.

Jedenfalls hatte der Übersetzer geschrieben: »Deutschland hat einen großen Fehler gemacht, den Abschaum aus Kasachstan ins Land zu lassen!«

Ich glaube, es war das erste Mal seit meiner Kindheit, dass ich wegen meiner Herkunft beleidigt wurde. Mir machte es in diesem Fall überhaupt nichts aus – wer nach zwei Tagen wegen zehn Euro so austickt, kann nur Pelmeni im Hirn haben –, aber die Mail meiner Mutter sprach eine ganz andere Sprache. Ich konnte richtig fühlen, wie aufgelöst sie war, wie sehr ihr auf einmal die Vergangenheit auf der Schulter saß: »Das hat alles wieder hochgebracht, was ich an diesen Menschen nicht mochte.«

Чувашия:
Blut, Schweiß und Wodka

Lachen ist eine ernste Sache

Wenn der Benzingeruch in der Kabine nicht so stark wäre, könnte ich vielleicht das Dunkle, Erdige dieser Wälder riechen, die langsam an mir vorbeiziehen. Gerade geht die Sonne auf, und ich bin unterwegs Richtung Osten, endlich raus aus der Stadt und ihren erschlagenden Betonmassen. Der Geruch von Benzin kann auch ein Geruch von Freiheit sein. Vor allem nach dem Behördengang gestern.

Allein am Morgen die Tankstelle zu finden war schon fast unmöglich. Mit dem bisschen Treibstoff im Tank schlitterte ich durch die Gegend, neben mir das Navi auf dem Telefon, das mir bei jeder Bremsung durchs Auto flog.

Der UAZ stotterte schon, da rollte ich endlich an eine Tanke direkt an der Moskwa. Während der frühmorgendliche Verkehr an mir vorbeistockte, füllte der Tankwart beide Tanks bis unter den Rand. Der Verbrauch liegt laut Fahrzeugschein bei 16,5 Liter pro 100 Kilometer (aber sicher, 1966 vielleicht mal), doch glücklicherweise kostet der Sprit hier nur etwa die Hälfte. Energie hat Russland genug: die größten Erdgasreserven weltweit, zweitgrößter Ölexporteur. Die gesamten Staatseinnahmen bestehen zu 50 Prozent aus den Erlösen dieses Wirtschaftszweigs. Also nicht sehr ausgewogen, das Ganze. Oder im Finanzjargon: Russland muss mehr diversifizieren. Sonst kann der gesamte Aufschwung der letzten Jahre schnell platt wie die Taiga sein.

Mit dem vollen, billigen Tank dann raus zur Behörde, 13 Kilometer nördlich des Zentrums – unheimlich bequem. Aber eine gute Gelegenheit, mich mit meinem neuen Gefährt vertraut zu machen. Zum Beispiel mit diesen unregelmäßigen Geräuschen aus dem Motorraum. Nicht zu vergessen die Hitze in der Kabine. Schon um zehn Uhr morgens klebte mir das T-Shirt am Rücken, und ich kam mir vor wie in einer russischen Banja.

Auch beim UAZ schien zu viel Feuchtigkeit im Spiel zu sein, er schwamm regelrecht auf der Straße, und immer wieder segelte das Telefon in den Fußraum davon. Als ich es wieder einmal aufhob und dabei gerade über eine Ampel fuhr, versuchte ein Russe auf der Gegenfahrbahn, mich beim Abbiegen zu schneiden. Er bremste gerade noch, aber ich war schon auf Kollisionskurs. Ich riss das Lenkrad so scharf herum, dass der Jeep fast umfiel.

Jesus Christus! Das wäre fast die kürzeste Durchquerung Russlands aller Zeiten geworden. Positiv ausgedrückt: Ich war jetzt wesentlich wacher als zuvor. Aber bei dem Manöver war mir das Telefon unter den Sitz gerutscht, also folgte ich nun einfach der Stimme, die die russischen Straßennamen so herrlich falsch betonte.

An fast jeder großen Kreuzung stand die GIBDD und winkte einen nach dem anderen raus. Die berüchtigte Verkehrspolizei besitzt quasi die Straßen und ist bekannt dafür, die Hand aufzuhalten, um Verkehrsvergehen auf dem inoffiziellen Weg zu klären.

Es war gar nicht so einfach, auf die Navigation zu achten. Die sanfte Stimme hatte es schwer gegen das tiefe Grollen des Motors. Als ich an einer Ampel bremste, fiel die Lüftung auf den Boden, ein schwarzer Klotz aus Gusseisen, und ich musste sie mit einer Hand wieder in ihre Verankerung drücken.

Das erste Wort, dass man hier im Straßenverkehr lernt: *probka* – Stau. Geschlagene zwei Stunden brauchte ich für die 13 Kilometer. Stau in Moskau um jede Uhrzeit ist so normal wie das Brot auf dem Tisch.

Das hohe Sirren, das ich am Anfang noch aus dem Motorraum vernommen hatte, verschwand zunehmend, was mich mit größerer Zuversicht über den weiteren Verlauf der Reise erfüllte.

Nach etlichen aufgerissenen Straßen bog ich endlich in die richtige ein. Ohne Navi hätte ich die Behörde direkt gegenüber einem Kraftwerk nie gefunden. Verschwitzt und wegen des Moskauer Verkehrs etwas runter mit den Nerven, stellte ich den Wagen direkt vor dem Gebäude ab. Nicht, ohne mich zu fragen, was zum Teufel mich eigentlich geritten hatte, ein Auto in Moskau zu kaufen und auch noch hier anmelden zu wollen.

Die Behörde war in einem niedrigen Betonbau untergebracht, der so schmutzig wie die Luft um das Kraftwerk herum war. An einem der kleinen Verkaufsstände davor holte ich mir einen Becher Kwass, ein vergorener Brottrunk, der leicht sauer, aber sehr erfrischend schmeckt. Ein Bier wäre mir zwar lieber gewesen, aber vielleicht nicht gerade das Schlaueste, mit einer Fahne vorzusprechen. Obwohl …

Drinnen zog ich an einem der Automaten eine Nummer und setzte mich auf einen der Plastikstühle. Die Menschen neben mir fächerten sich mit ihren Fahrzeugpapieren Luft zu, unter der niedrigen Decke stauten sich die Ausdünstungen von mindestens 100 Leuten. Stunden später war ich endlich dran, begab mich an eines der Fenster, hinter dem eine Frau in Uniform saß, und übergab ihr meine Unterlagen.

Sie schaute alles durch und begann, den Vorgang zu bearbeiten. Doch dann wurde sie stutzig, nahm sich die Papiere noch einmal vor und bemerkte schließlich ein fehlendes Dokument. Nun begann sie, mich zu bearbeiten.

»Hier fehlt die Versicherung.«

Gut, hätte ich mir auch selbst denken können. War aber einen Versuch wert, wenn alle schon sagen, hier könne man alles regeln. »Und wo bekomme ich die her?«

»Draußen vor der Tür.«

»Da stehen doch nur Hotdog- und Kwassverkäufer.«

»Ja, die verkaufen aber auch Versicherungen. Holen Sie sich eine, und kommen Sie wieder her.«

Als ich mich auf den Weg machte, rief sie mir hinterher: »Ach, und die Inspektion nicht vergessen!«

Mist. Naiv, wie ich bin, hatte ich nicht gedacht, dass es hier einen TÜV geben würde. Wie sollte ich diese Schüssel bloß durch die Inspektion bekommen?

Draußen in der backenden Hitze fiel mir tatsächlich erst jetzt auf, dass überall an den Buden »Versicherung« dranstand. Ich quetschte mich in einen der kleinen Kuben, in dem kaum mehr Platz war als für den Scanner, den Drucker, den Kühlschrank mit Pepsi und Bier, den Schreibtisch und den bulligen Kerl dahinter.

»Ich brauche eine Versicherung«, sagte ich, immer noch zweifelnd.

Aber der Bullige nickte, zog einen Kuli hinter seinem Ohr hervor und nahm meine Daten auf. Ein Jahr Versicherung für umgerechnet 80 Euro.

»Und was ist mit der Inspektion?«, erkundige ich mich, mutiger geworden.

»Die verkaufen wir auch.«

»Soll ich den Wagen vorfahren?«

Er schaute mich entgeistert an. »Wo kommen Sie denn her?«

»Aus Deutschland.«

Er lachte laut los. »Nein, das ist nur ein Papier. Aber es kostet. Also wirklich, ihr Deutschen …«

Mit dem Uazik – das ist der liebevolle Diminutiv, wie fast alle Namen in Russland eine Koseform haben – donnere ich auf der E30 Richtung Nischni Nowgorod. Dahinter liegt Tschuwaschien, und ich will die Hochzeit auf keinen Fall verpassen. Die Sonne ist hinter den Wäldern noch nicht hochgestiegen, sondern schimmert in dünnen Strahlen zwischen den schlanken Baumstämmen hindurch.

Russland hat nur zwei Probleme, heißt es in einem Sprichwort: Straßen und Idioten. Von Ersterem kann ich mich gerade alle zehn Meter selbst überzeugen. Jedes Schlagloch sendet ein kleines Erdbeben durch meinen Jeep, die Kühlung fällt wieder auf den Boden, und ich muss sie ständig in die Verankerung zurückdrücken. Kurz nach dem Losfahren ist bereits das Glas der Tankanzeige zersplittert.

Aber ich bleibe optimistisch. Sogar der Benzingeruch macht mir nichts aus, im Gegenteil. Er lässt mich an andere Zeiten denken, die noch mehr durch Mechanik als Elektronik geprägt waren.

Die Straße ist keine Autobahn per se, sondern führt immer wieder durch Orte und Städte, an deren Rändern Leute mit einem Beutel in der Hand an Bushaltestellen warten oder über einen Damm und die Gleise die Abkürzung zum nächsten Bahnhof nehmen. Über den Datschen wabert noch leichter Nebel, und am Straßenrand rauschen die Rolltore der Werkstätten hoch, die alle *schinomontasch* anbieten – Reifenreparatur.

Ich lehne mich in den Sitz und genieße die frühe Morgenstimmung. Meine Gedanken driften durch die Zeit, und ich erinnere mich an die ganzen Fahrten, die ich als Kind mit meinen Großeltern unternahm. Die Stimmung war ganz ähnlich: Ich schaute mit großen Augen aus den Autofenstern, wir waren immer in der Frühe unterwegs, um *probka* zu vermeiden.

In einem VW Derby fuhren wir regelmäßig zu Verwandten nach Basel in die Schweiz. Ich auf der Rückbank, die Großmutter mit Decken und Kissen in ein bequemes Bett verwandelt hatte. Dass die 300 Kilometer lange Fahrt bald vorbei sein würde, erkannte ich immer an den zwei dunklen, waldigen Mittelgebirgszügen zu beiden Seiten des Rheins, von denen der links von uns immer näher und höher aufragte. In den Kronen der Bäume am Rand der Autobahn bemerkte ich schwarze Kugeln.

»Was ist das denn?«, fragte ich meinen Großvater.

»Das sind Vogelnester.«

»So viele?«

»Tausende sind das, alle Vögel, die es gibt, nisten hier. Und wenn sie flügge sind, dann fliegen sie in alle vier Ecken der Welt.«

Wie wenig Ahnung ich damals hatte. Ich wusste nichts von Misteln, nichts davon, wie ungewohnt es für meine Großeltern war, ganz selbstverständlich Grenzen zu überqueren. Und ich wusste nicht, warum wir von jedem Besuch in der Schweiz mit einem Auto voller Brühwürfel, Kaffee und Schokolade zurückfuhren. Ich war einfach nur glücklich, bei Oma und Opa zu sein. Diese Besuche haben sich mir unauslöschlich eingeprägt, Bilder, über die ich keine Macht habe, die einfach kommen und dann eine Tür in die nahe Vergangenheit aufreißen, in der wiederum ich selbst Türen in eine Vergangenheit aufriss, die weiter zurücklag. Ergibt das Sinn? Vielleicht nicht. Aber ich will kurz von so einer Erinnerung erzählen.

In der Dreizimmerwohnung meiner Basler Verwandten. Tante Walja war die Schwester meiner Großmutter, und sie fielen sich immer in die Arme, als hätten sie sich Jahre nicht gesehen. Schnell beorderte sie uns an den Tisch und fuhr das Essen auf. Zu dieser Zeit war ich schon in der Schule, sammelte Panini-Bilder, spielte Murmeln und verbrachte meine Sommer im Freibad. Eine ganz normale Rüsselsheimer, eine deutsche Kindheit. Die nicht möglich gewesen wäre ohne die Menschen zuvor.

Hinten in der Ecke, in Sichtweite des Esstisches, da stand eine Tür immer einen Spalt weit offen. Und durch diesen Spalt sah ich zwei Beine, dicker als Birkenstämme, und ich sah einen dunklen Rock, und ich sah ein Kopftuch aus grauer Wolle, das auch die Schultern bedeckte.

Wenn ich heute an diese Momente denke, als ich einen Blick in ihr Zimmer werfen konnte, als ich mitbekam, wie Oma und Tante sich um sie kümmerten, so liebevoll, sich jedoch schon bewusst, dass es nicht mehr lange gehen würde, dann sehe ich eine Überlebende aus einer anderen Zeit, ein stark verwurzeltes Gewächs, das umgepflanzt wurde, sich aber nicht mehr an das andere Klima gewöhnen konnte, dafür war es längst zu spät und alle Kraft schon für andere Dinge aufgebraucht. Hinter dem Spalt in der offenen Tür lag meine Urgroßmutter Ottilie Zwicky, geborene Eberwein, Babussia.

Neulich kramte meine Mutter eine verschollene Erinnerung aus ihrem Gedächtnis hervor und erzählte mir, dass Babussia und ihr Mann während der bolschewistischen Revolution in die USA gereist waren. Ich durchsuchte daraufhin die Datenbank von Ellis Island, der Insel im Hudson unweit der New Yorker Freiheitsstatue, wo jahrzehntelang Immigranten abgefertigt wurden, und fand die beiden tatsächlich im Verzeichnis. Vier Monate später traten sie allerdings den Rückweg an, und ich habe nicht den geringsten Schimmer, was sie dort drüben gemacht haben und warum sie wieder zurückgekehrt sind. Haben sie sich nach einem neuen Leben umgeschaut? Haben sie ausgewanderte Freunde besucht? Wie es wirklich war, werde ich nie erfahren.

Ich halte an einem Restaurant am Straßenrand, eine Art Kantine mit Selbstbedienung, der Parkplatz voller Lkw. Hinter der Vitrine stehen zehn verschiedene Suppentöpfe, es gibt alle Arten von in Fett Gebackenem und natürlich Pelmeni. Ich entscheide mich für Letztere. Die Frau in der unter Umständen doch mal weiß gewesenen Schürze kippt mir eine ordentlich Kelle saure Sahne drüber, und ich begebe mich an einen freien Tisch. Über einen Türrahmen ist ein Fernseher montiert, es laufen die Nachrichten, es geht, wie immer, um die Ukraine. Ich schaue mich um. Keinen der Lkw-Fahrer scheinen die Berichte zu interessieren.

Pelmeni ähneln Tortellini, man isst sie traditionell mit saurer Sahne und eventuell einer scharfen Soße namens Stiefmutter. Manche Klischees sind einfach international. Wenn meine Mutter mich aus Berlin nach Hause, nach Rüsselsheim, locken will, dann muss sie nur am Telefon »Pelmeni« sagen.

Ich beiße in eine der Teigtaschen, und der Hackfleischsaft läuft mir über das Kinn. Ich fühle Tränen in mir hochsteigen. Mannomann, ein Biss genügt, und ich werde sentimental. Dabei habe ich noch nicht mal 100 Gramm getrunken.

Ich höre das Geräusch eines Aschenbechers, es ist so einer, in dessen Mitte man einen Stift runterdrückt, und von der sich daraufhin drehenden Metallscheibe fegt die Asche in den Behälter darunter. Das gleiche Geräusch hat mich in Basel oft geweckt und bedeutete, dass mein Onkel Ernst im Morgengrauen vor der Tür im Flur saß und trotz heftigen Widerspruchs der Ärzte (und der Tante) seine Parisienne rauchte. Ernst und Walja kamen beide aus Neu-Sudaki, dann trennte das Schicksal ihre Lebenswege, und sie trafen sich erst in den 1970er-Jahren in der Schweiz wieder, lernten sich besser kennen und heirateten.

Wenn Onkel Ernst mich an der Tür begrüßte, nahm er mich in einem einzigen Schwung in die Arme und rieb seine Wange mit dem rauen Stahlwollebart an meiner weichen Kinderhaut.

Dann setzte ich mich zu ihm in den fensterlosen Flur, beide waren wir im Schlafanzug. Dort draußen vor der Wohnungstür mit Onkel Ernst, das war die Freiheit, während drinnen Tante Walja mit *silnaja ruka* herrschte.

»Welche Nationalität hatten Adam und Eva?«

»Waren das Deutsche?«

»Quatsch! Das waren Russen. Die hatten kein Haus, sie hatten nichts anzuziehen, und trotzdem dachten sie, sie wären im Paradies!«

Ich verstand das nicht, aber wenn Onkel Ernst selbst über seinen Witz lachte, dann lachte ich mit. In seiner Gegenwart fühlte ich mich erwachsen; er nahm mich mit in die Kneipe, auf die Arbeit am Hafen, zeigte mir, wie man schwarzfährt, um das Geld für den Weg, das uns die Tante gegeben hatte, zu sparen. Vielleicht nicht das typische Vorbild, aber ich liebte diesen Mann. Und obwohl ich noch ein Kind war, keine Ahnung von den Geschichten hatte, die sie alle erlebt hatten, bevor sie aus der Sowjetunion hatten auswandern können, wusste ich, dass er ein Mensch mit einem unbedingten Lebenswillen war, einer gewissen *Fuck-it*-Einstellung, die ich bis heute nicht vergessen habe.

Zuerst war da der Darmkrebs, und man legte Onkel Ernst einen künstlichen Ausgang. Seine Ausflüge aufs Klo wurden zu regelrechten Expeditionen, von denen er immer erst Stunden später zurückkam. Aber stets mit einem Lächeln auf den Lippen, als hätte er gerade eine sehr knifflige Aufgabe gelöst. Dann bekam er Lungenkrebs. Trotzdem drückte er draußen auf dem Flur weiter den Aschenbecher nach unten, hustete kurz und erzählte mir jedes Mal, wenn ich zu Besuch war, einen neuen Witz.

Er kam mir vor, als hätte er neun Leben.

Eines Tages lösten sich im Hafen Stahlrohre von einem Kran und zerquetschten ihm sämtliche Zehen. Ich weiß nicht mehr, was noch, jedenfalls hatte er auch zwei große Wunden an den Beinen, die sich nicht mehr schließen ließen, die Tante Walja zu Hause behandelte, als wären sie noch irgendwo in Sibirien und müssten sich selbst versorgen. Am Ende versuchten sie es mit Maden, aber dann kam jener Tag im Krankenhaus, als es tatsächlich zu Ende ging, weil ihn schon wieder ein anderer Krebs befallen hatte, als hätte der Tod auf diesen einen Moment der Schwäche gewartet und wollte sich jetzt endlich nehmen, was ihm gehörte.

Ich war 16, stand am Fenster und hörte die beiden streiten. Onkel Ernst wollte eine Zigarette, Tante Walja sagte *Njet*. Ihre eiserne Faust langte bis ins Krankenhaus. Als sie schließlich gegangen war, gab ich ihm eine aus meinem Vorrat an Parisiennes, mit denen ich mir ganz weltmännisch vorkam. Er steckte sie sich an und stieß den grauen Rauch mit Genuss in das ansonsten klinisch weiße Zimmer. Auf einmal begann Onkel Ernst, dieser Mann, für den Krebs wie eine Grippe war, zu lachen. »Weißt du«, sagte er, »ich kann mich noch gut erinnern, als du nach Deutschland gekommen bist. Ein Dreikäsehoch warst du, aber eine große Klappe. Und ich habe dich immer gepiesackt: Na, du kleiner Russe?« Er nahm noch einen Zug, und langsam hatte ich das Gefühl, als wäre es die letzte Zigarette vor dem Erschießungskommando. »Und was bist du wütend geworden, jedes Mal hast du mich angeschrien: *Njet!* Ich bin ein Deutscher!«

Vor dem Fenster jagte ein Geschwader Möwen vorbei. Ich nahm das Brot vom Teller auf dem Nachttisch, formte daraus kleine Kügelchen und schmiss sie hinaus. Die Möwen stürzten sich im Kamikazeflug herab und kämpften um die Bissen, taumelten kopfüber durch die Luft und schnappten sich das Brot, kurz bevor sie auf dem Boden aufschlugen.

Das ist mein inneres Fotoalbum. Und es hat herzlich wenig mit der physischen Version zu tun, die in unseren Schränken Staub ansetzt, in der meine Verwandten meistens gerade stehen und für den Fotografen posieren.

Ich sah Onkel Ernst an, und zu diesem Zeitpunkt war ich alt genug, um zu verstehen, dass er es nicht mehr schaffen würde, dass er am Ende seiner Kräfte war. Seine Augen lagen tief in ihren Höhlen und blitzten nicht mehr, seine Bewegungen waren langsam und erschöpft, sein Bart schien auch nicht mehr zu wachsen. Aber ich war noch nicht alt genug, um zu verstehen, welche gigantischen Kräfte er überhaupt verbraucht haben musste, um dahin zu kommen, wo er heute war. Wie oft er schon hätte sterben können, im Krieg, in Sibirien, durch den Krebs. Immer dem Tod von der Schippe gesprungen, immer mit einem Lächeln auf den Lippen. Bewundernswert. Einer, der immer gelassen überlebt hat. Einer, der mir jetzt fehlt in meinem Leben.

Mit der letzten Teigtasche wische ich den Rest saure Sahne auf und spüle meine Tränen mit einem Glas Kompott hinunter. Dann setze ich mich satt, aber unruhig wieder hinters Steuer. Weiter durch das Land, aus dem alle rauswollten.

Russische Fische lieben Pfannkuchen

Mit meinen 80 Stundenkilometern Spitze habe ich keine großen Chancen, die Lkw vor mir zu überholen, und so stecke ich in ihren schwarzen Abgaswolken fest. Reißen die Ausdünstungen ihres Pestilenzatems einmal auf, erkenne ich, dass ich durch dichte Wälder fahre, und sehe an den Straßenrändern fliegende Händler, die an improvisierten Ständen Honig, Äpfel, Birnen, Spielzeug und Armeeklamotten verkaufen.

Bevor ich nach Russland aufgebrochen bin, habe ich mir noch mal eingehend die Familienalben, jene in den Schränken, angeschaut. All diese Schwarz-Weiß-Bilder, auf denen die Verwandten in die Kamera lächeln, selbst auf den Fotos aus Sibirien, aber du kannst nicht einmal ahnen, welche Geschichten hinter dem Lächeln verborgen sind. Die meisten dieser Leute sind tot und leben nur noch in deiner Erinnerung weiter. Du kannst keine Fragen mehr stellen und schämst dich vielleicht ein bisschen dafür, wie du dich als Kind ihnen gegenüber verhalten hast, kommst dir verwöhnt vor, weil du ja nicht wusstest, was sie durchgemacht hatten, aber jetzt ist es zu spät, um ihnen dafür Respekt zu zollen oder sich bei ihnen zu bedanken, dass du ein Leben führen kannst, frei von den Zwängen, die das ihre bestimmt haben. Ist es vielleicht deswegen so wichtig, diese Verbindung nicht zu verlieren, so wie es Alessia in Sankt Petersburg versucht? Sich bewusst zu machen, wo man herkommt? Diese Geschichten zu pflegen, um sie weiterzuerzählen?

Ein Schlingern reißt mich aus meinen Gedanken. Der Jeep beginnt erst zu schwimmen, dann spüre ich, wie auf der rechten Seite das Metall auf der Straße aufsetzt. Ich gehe vom Gas und fahre rechts ran. Einen Seitenstreifen gibt es nicht, nur einen Fetzen Gras, und während ich ausrolle, donnern die Lkw weiter an mir vorbei und hinterlassen ihre Abgase.

Ich steige aus und gehe um den Wagen herum. Klarer Fall: Plattfuß. Ich wische mir den Schweiß von der Stirn, dann zünde ich mir eine Zigarette an. Das fängt ja gut an. Wenn man eine braucht, ist

natürlich weit und breit keine *schinomontasch* zu sehen. Und ich
bin noch nicht dazu gekommen, mir einen Wagenheber zu kaufen.
So ist das, wenn man überstürzt die Stadt verlässt.

Also montiere ich zunächst das Ersatzrad von der Ladeklappe
ab und stelle mich anschließend winkend auf die Straße. Die Lkw-
Fahrer beachten mich gar nicht, wer weiß, wo die noch hinmüssen,
vielleicht ja auch bis ans andere Ende des Landes, und von hier ist
das noch ein weiter Weg. Selbst wenn sie durchfahren, dauert es
drei Wochen.

Die Sonne brennt jetzt von ihrer Mittagsposition herab, ich schät-
ze mal, es sind so 35 Grad. Nach einer Stunde fährt ein alter weißer
Lada rechts ran, und ein Mann in den 70ern steigt aus, silbernes
Haar, die Hose schlackert um seine Beine.

»Was ist das Problem?«

Ich zeige auf den Reifen, er nickt und öffnet seinen Kofferraum,
holt einen Wagenheber hervor.

»Der wird aber nicht langen für den Jeep«, sagt er. »Der Radstand
ist zu hoch.«

»Und jetzt?«

»Wir improvisieren. Machen Sie schon mal die Schrauben locker.«

Während er wieder an seinen Kofferraum geht und sich durch
den Inhalt wühlt, setze ich das Radkreuz an. Die Schrauben sitzen so fest, als wären sie verschweißt. Ich muss mich so stark
reinlehnen, dass ich denke, gleich bricht er. Erst als ich mit dem
Fuß auf den Schlüssel trete, lösen sich die Schrauben, und ich nehme eine nach der anderen ab.

Der Mann kommt mit einem großen Backstein zurück, und als
Untersatz für seinen Wagenheber kriegen wir damit genau die richtige Höhe hin.

»Wohin fahren Sie?«, fragt er mich, während wir den alten Reifen
abnehmen und den neuen montieren.

»Nach Magadan.«

»Oho, das ist aber eine lange Strecke.« Zweifelnd schaut er meinen Wagen an. »Hoffentlich schafft das Ding das. Sieht ganz schön
alt aus.«

»Ja, das hoffe ich auch. Sind Sie die Strecke schon mal gefahren?«

»Lange her. Ich habe gehört, die Straßen sind jetzt besser. Aber es sind immer noch russische Straßen, wenn Sie verstehen, was ich meine.«

Er zwinkert mir zu, und wir lassen den Wagen wieder ab. Ich bin gerade zu faul, um den kaputten Reifen an der Ladeklappe anzubringen, wuchte ihn einfach hinter die Sitze.

Der Mann wischt sich die Hände mit einem Taschentuch ab, und ich hole zum Dank meinen Flachmann hervor.

»*Rjumka wodki?*«, frage ich. Ein Gläschen Wodka?

Er nickt, und ich reiche ihm den Flachmann, den ich mir in Moskau aufgefüllt habe.

»Ah«, er schmatzt mit den Lippen und lässt das förmliche Sie fallen. »Aber jetzt musst du aufpassen. Wenn die GIBDD dich erwischt, gibt es mächtig Ärger. Für dich und dein Portemonnaie.«

Eigentlich sollten wir jetzt beide weiterfahren, aber der kleine Schluck in der knallenden Sonne hat uns träge gemacht. Wir setzen uns ins Gras und unterhalten uns über die russischen Straßen und die einsame, weite Landschaft weit draußen im Osten. »Nur wer die Taiga kennt«, sagt er, »kann die Ewigkeit verstehen.«

Es ist verlockend, noch einen zu trinken, aber ich verabschiede mich und starte den Wagen. Mit jeder problemlosen Zündung werde ich zuversichtlicher, dass der Uazik es tatsächlich bis nach Magadan schafft.

Ich warte den nächsten Pulk Lkw ab, dann ziehe ich wieder auf die Straße und drücke das Pedal durch, schalte mit diesem meterhohen Knüppel und komme mir wie ein Rotarmist vor. Da es natürlich in dem Jeep kein Radio gibt, benutze ich mein Telefon als Anlage und höre mir russische Lieder an, die ich mir bei den Reisevorbereitungen heruntergeladen habe. Inzwischen kann ich ein paar auswendig und singe im Einklang mit Pjotr Leschtschenko den Knaller »Rjumka Wodki« von 1933, von dem kleinen Gläschen Wodka auf dem Tisch, das doch so einen schweren Kopf macht. Um mich herum erstrahlen die Wälder in kräftigem Grün, und ich bin froh, wieder auf der Straße zu sein.

Bei einem kleinen Ort namens Goroschenko fällt die Landschaft ab, und der Blick kann sich plötzlich so frei entfalten wie der Wind, über die Ansammlung von Holzhäusern und rauchenden Fabrikschloten, die in der Sonne glitzernden Zwiebeltürme einer Kirche hinweg, Kilometer um Kilometer bis zum Horizont, dann wieder nichts als Wald, ein scheinbar endloser grüner Teppich, der vor Jahrtausenden ausgerollt wurde.

In unregelmäßigen Abständen sehe ich blaue Schilder mit Kilometerangaben, und die Distanzen machen jede bislang zurückgelegte Strecke irrelevant. Perm ist noch 1400 Kilometer weit weg, Tscheljabinsk sogar 1700 – und das zählt alles noch zum europäischen Teil Russlands. Angaben für Orte jenseits des Urals, dort, wo der asiatische Kontinent anfängt, gibt es nicht. Vielleicht ganz in Ordnung so, bevor man über den unfassbaren Ausmaßen den Mut verliert und gedanklich an diesem gigantischen Land scheitert.

Ich fahre von der Hauptstraße ab, auf der Suche nach einem ruhigen Platz, an dem ich mein Zelt aufstellen kann, an dem ich mir keine Gedanken machen muss, dass mir jemand mein Zeug klaut. Denn abschließen kann man den Wagen nicht, das war damals bei der Armee wohl nicht vorgesehen. Heutzutage ein bisschen unpraktisch, das gebe ich zu. Vielleicht vernaschen mich die Bären so tatsächlich zum Frühstück.

Gegen Abend finde ich einen kleinen Fluss und einen Feldweg, der an ihm entlangführt. Die untergehende Sonne glitzert im Wasser, und ich spüre jede kleine Bodenwelle, holpere sehr langsam über die von Traktoren oder Anglerreifen zerfurchte Erde, bis ich zu einer kleinen Lichtung komme, an der ein von Birken umstandener See liegt. Die Blätter rascheln im Abendwind.

Ich stelle den Wagen ab und mein Zelt auf. Ziehe mir Schuhe und Socken aus und stelle meine Füße in das gluckernde Wasser des Sees. Hinter mir entspannt sich der Motor des Uazik langsam, tickend und knackend kühlt er ab, genauso wie mein Körper. Ich genieße die Ruhe. Gegen das Donnern der Lkw ist selbst das Summen der Moskitos reinste Musik.

Die Sonne geht langsam unter, und jemand, der das verdammt gut kann, zieht einen lila Vorhang vor den Horizont. Aber als ein weiterer Lada Niva den Weg entlanggeholpert kommt, ist es plötzlich aus mit der Ruhe.

Der Fahrer, ein Kerl von etwa 45 Jahren, parkt seinen Wagen, springt energisch heraus, drückt seinen Rücken durch und sagt: »Ein guter Ort zum Zelten.«

Ich nicke, entgegne aber nichts. Bin müde und ausgelaugt von diesem heißen Tag.

Aber das stört ihn nicht besonders. »Und ein guter Ort zum Angeln«, setzt er fröhlich hinzu und stellt sich als Michail vor. Aus seinem Wagen holt er vier Weidenruten, jede ungefähr zwei Meter lang, einen Eimer und eine Tüte mit Blini. »Russische Fische lieben Pfannkuchen«, erklärt er und wickelt mit seinen dicken Fingern die Angelschnur, die fein säuberlich an den Ruten über zwei Nägel läuft, samt Haken auf. Von den Blini reißt er kleine Stücke ab, formt sie zu Kügelchen und steckt sie auf den Angelhaken.

»Was gibt es denn hier zu fischen?«, frage ich, jetzt doch neugierig geworden.

»Allerlei. Aber am besten sind die Karpfen und Äschen.« Eine Rute nach der anderen wirft Michail schwungvoll aus und legt sie dann einfach auf den Boden. »Hier«, er reicht mir ganz selbstverständlich die vierte und letzte.

Ich stehe auf und nehme ihm die Angel aus der Hand. Das Weidenholz ist wundervoll elastisch, daraus könnte man auch einen hervorragenden Bogen machen.

Es ist schon ewig her, dass ich das letzte Mal geangelt habe, und gefangen habe ich auch nie was. Meist gilt das Angeln ja eher als Entschuldigung dafür, jede Menge Bier zu trinken und ziemlich viel Mist zu reden (das beherrsche ich hervorragend), aber immerhin kann man dabei die Natur genießen. Entsprechend brauche ich zwei, drei Anläufe, bis es mir gelingt, den Haken weit genug vom Ufer auszuwerfen. Mit einem befriedigenden Gluckser schlägt der Schwimmer auf, und ich gehe in die Hocke, um im schwindenden Licht die Schnur besser im Auge zu haben.

Während ich mich konzentriere, sammelt Michail Holz, schichtet es auf, entzündet es und stellt ein Dreibein darüber auf, an das er einen Gusseisenkessel hängt.

»Was willst du kochen?«

»Fischsuppe, ist doch klar.«

»Bist du dir so sicher, dass du welche fängst?«

Michail schaut mich an, als hätte ich gesagt, die Russen vertrügen keinen Alkohol.

Aus seinem Lada Niva holt er eine Plastiktüte und setzt sich mit ihr neben mich. Er greift in die Tüte, dann breitet er vor uns ein Tuch aus, legt Gurken darauf, Tomaten, einen Ring Wurst und stellt eine Flasche Wodka dazu.

»Wodka braucht Nahrung.« Er schneidet die Gurken in Scheiben, ebenso die Wurst, und schenkt uns zwei Gläser, es sind Wassergläser, ein. »*Sto gramm.*«

Auf die Freundschaft.

Kaum haben wir das Glas in einem Zug geleert und ein Stück Wurst hinterhergeschoben, sind wir Kumpel, und mein Schwimmer zuckt. Aufgeregt springe ich hoch und reiße die Angel nach oben, aber als der Haken zu mir schwingt, muss ich leider feststellen, dass so die Suppe nicht fett wird.

Michail lacht. »Viel zu unruhig! Du musst geduldiger sein. Hier, pass auf.« Er nimmt sich eine seiner drei Ruten. »Siehst du, wie der Schwimmer zuckt? Der Fisch ist sich noch nicht sicher, er nippelt einfach nur. Schau, schon wieder. Gleich beißt er zu, und das ist der richtige Moment, der Haken muss ihm im Maul stecken.«

»Und woher weiß ich das?«

»Wenn der Schwimmer unter Wasser geht. So wie jetzt!«

In einer fließenden Bewegung, schon 1000-mal ausgeführt, steht Michail auf, reißt den rechten Arm nach hinten und holt mit diesem Schwung den Fisch aus dem Wasser. Grinsend schaut er mich an, während er den Fisch in die Hände nimmt, ihm den Haken aus den Kiemen puhlt und ihn schließlich in den Eimer wirft.

»Weißt du, es ist ein bisschen wie mit den Frauen. Du musst ihnen immer einen Happen, einen guten Happen, hinwerfen, aber wenn du merkst, dass sie anbeißen, darfst du sie auf keinen Fall gleich zu dir ziehen, sonst sind sie weg. Verstehst du?«

Vogelgezwitscher weckt mich am Morgen. Ich wische mir den Schlaf aus den Augen und öffne die Zelttür. Ich bin wieder allein. Michail ist noch am späten Abend aufgebrochen, nachdem wir eine Weile um das Feuer gesessen, seine Fischsuppe gegessen und die Flasche geleert hatten. Über Frauen geredet hatten und zu dem Urteil gekommen waren, dass die Welt ein schrecklich langweiliger Ort ohne sie wäre.

Während mir noch Traumbilder von brennenden Autos in der Taiga durch den Kopf schießen, räume ich mein Lager und verstaue alles im sitzgurtlosen Uazik.

Die Kühlung hängt schon wieder auf dem Boden, und mittlerweile läuft eine schmierige Flüssigkeit aus. Da ich keine Lust mehr habe, mich während der Fahrt bei jedem Schlagloch zu bücken, um den Block wieder in seine Verankerung zu rammen, suche ich mir einen ausreichend großen Stein und schiebe ihn zwischen die Kühlung und den Fußraum. Sitzt, wackelt und hat Luft. Russisch improvisiert sozusagen.

Als ich losfahre und das Motorengeknatter die friedliche Stille am See zerreißt, frage ich mich, wie Deutschlehrer Dimitri es geschafft hat, dass alles, wirklich alles an diesem Auto funktioniert hat, als ich es Probe fuhr. Ich habe das Ding über Stock und Stein gejagt, und die Kühlung saß bombenfest. Wohl auch russisch improvisiert. Dieses Schlitzohr. Ich kann ihm noch nicht mal böse sein, aber ich habe kein gutes Gefühl, was da als Nächstes alles kaputtgehen könnte. Schließlich ist es nicht so, dass ich morgen schon am Pazifik wäre.

Der Tag rattert dahin. Ich zähle Schlaglöcher und höre den Chor der Roten Armee »Katjuscha« und »Die Straße« zum Besten geben. Am Straßenrand liegen umgestürzte Autos und Lkw, von den Fahrern weit und breit keine Spur.

Es passiert nicht oft, dass ich mit meinen 80 km/h jemanden überholen muss (und kann!), aber vor mir ruckelt ein Bus aus Kasachstan über die Straße, und schon aus reiner Selbsterhaltung sollte ich ihn überholen, denn er fährt schräg zur eigenen Achse, auch wenn das unmöglich erscheint. Während ich mich langsam an ihm vorbeischiebe, das Pedal bis zum Anschlag – der Motor hört sich an, als würde er gleich aus seinem Gehäuse springen –, sehe ich schlafende asiatische Gesichter an die Fenster gedrückt. Die Eigentümer der Gesichter scheinen die Stöße der Straße überhaupt nicht mehr wahrzunehmen, wahrscheinlich sind sie nach wochenlanger Arbeit auf dem Bau in Moskau auf dem Weg nach Hause.

Mir wird es ja ähnlich gehen, denke ich und muss darüber lachen. Nachdem ich mich wochenlang durch dieses Land gearbeitet haben werde, eine Art Schufterei im Steinbruch der Vergangenheit, werde ich mich ebenfalls über die Grenze in dieses Steppenland begeben, nach Almaty, das noch Alma-Ata hieß, als ich vor 39 Jahren dort geboren wurde.

Während meine Mutter sich für ihren Geburtsort schämt – klar, wer will schon in einer Fabrik geboren sein? –, erfüllt mich immer ein unerklärlicher Stolz, wenn ich meinen im Pass lese. Vielleicht weil er so weit weg und so fremd ist, ich überhaupt keine Ahnung habe, was dort passiert, wie da gelebt wird, ein Mysterium, ein Geheimnis, ein Rätsel, das nur ich selbst für mich lösen kann.

Die Banja am Ende der Straße

Über mir zerreißt das Donnern von Kampfjets die Luft. Es ist später Nachmittag, und vor ein paar Minuten habe ich die Grenze zur Teilrepublik Tschuwaschien überquert. Sie liegt am Oberlauf der breiten und mächtigen Wolga, zwischen Nischni Nowgorod und Kasan, relativ klein und dicht besiedelt. Die Jets fliegen in Dreiecksformation, und mit ihren Düsen malen sie die russischen Farben Rot, Blau und Weiß in den Himmel. Die Eselsbrücke für die Flagge: KGB – *krasnyj, goluboj, bijela*. Ich befinde mich in der Hauptstadt Tscheboksary, 650 Kilometer östlich von Moskau, die an diesem Wochenende ihren 545. Geburtstag feiert.

Ich aber will zur Hochzeit auf dem Land und rufe Jura an. Er und Galina sind bereits aus Moskau angereist. Ich will nach dem Weg fragen, aber Jura will davon nichts hören. »Bleib, wo du bist«, sagt er, »ich hole dich in einer Stunde ab.«

Der Motor kühlt ab, der Schweiß auf meinem Körper trocknet. Langsam wünsche ich mir den berüchtigten russischen Winter herbei. Die Sonne geht unter, und die Dämmerung legt sich über die Wohnblöcke der Stadt mit ihren etwa 500 000 Einwohnern.

Als ich die letzte Zigarette aus meinem Sojus-Apollo-Päckchen rauche, rollt der schwarze Kia von Jura heran. Er steigt aus, ein ungläubiges Lachen auf dem Gesicht, auf seiner behaarten Brust liegt schwer ein goldenes Kreuz. Sein Kollege Edik, ein junger Bursche von 25 Jahren mit einem schwarzen Schnauzer, bleibt im Wagen sitzen.

»Was zum Teufel hast du da gekauft?«

»Was denn, ist doch ein Eins-a-Auto!«

»Mein dummer, dummer deutscher Freund.«

»Ach, hör auf!«

Fährt ein Deutscher nach Russland und kauft ein Auto ... eigentlich ein guter Anfang für einen Witz.

»Mach dein Licht an«, sagt Jura, »dann fahren wir los.«

Ich versuche es, aber das Umlegen des Schalters bringt nichts.

Jura schlägt sich gegen den Kopf. »Okay, kein Problem, fahr hinter mir her. Falls die Polizei uns anhält: Du kannst kein Russisch. Kein Wort, verstanden? Sonst gibt es *straf*.«

Aber bevor wir aufbrechen, reckt er seine Nase in die Luft und atmet tief ein. »Aaah. Riechst du das?«

»Was, die Abgase?«

»Nein, Mann! Das ist Tschuwaschien. So riecht Heimat.«

Durch diese Heimat fahren wir im rasch schwindenden Licht, vorbei an Weizen- und Zuckerrübenfeldern, an Schweine- und Rinderfarmen, die Ländlichkeit wird immer wieder von Hochhaussiedlungen unterbrochen. Bis nach Krasnormensk, Rote Armee, sind es noch 60 Kilometer, und ich klebe mit dem Jeep als dunklem Schatten an Juras Rücklichtern. Dimitri, du Drecksack!

Aber kaputtes Licht ist nicht so wild, das lässt sich schnell reparieren, und dann geht es wei–

KLONK! Der UAZ fängt an zu bocken. Zum Glück tut sich in der Leitplanke gerade einen Öffnung auf, und ich kann rausfahren. Ein paar Meter weiter ragen wieder Hochhäuser an einer schlecht beleuchteten Straße in die Luft.

Zuerst denke ich, wieder ein Platter. Aber als ich aussteige, kann ich nichts dergleichen erkennen. Das Problem befindet sich unter dem Auto. Entnervt stellte ich fest, die Kardanwelle ist gebrochen. Verdammter Mist. Diese Schrottlaube wird mich tatsächlich noch umbringen.

Jura holt sein Werkzeug aus dem Wagen, schnappt sich eine herumliegende Palette und legt sich unter den Jeep. Wir leuchten mit Taschenlampen und Handys. Mit einem Keilriemen und einem Schraubenschlüssel befestigt Jura die Welle so, dass sie nicht über den Boden kratzt.

Weiter geht's. Ich fahre hinter Jura her, im Kriechgang. Edik hat das Auto gewechselt und sich neben mich gesetzt.

»Ist es noch weit?«, frage ich.

»Oh ja.«

Mit fünf Stundenkilometern schleichen wir über die Straße, und ich bin wirklich stolz auf meinen Autokauf in Russland. Noch viel mehr, als der UAZ einfach den Dienst versagt und wir mitten in einer Kurve stehen bleiben. Mein Kopf sinkt auf das Lenkrad, und ich muss an Vadims Worte in Moskau denken, dass, was immer ich auch kaufte, eher früher als später auseinanderfallen werde. Ich hasse es, wenn andere Leute recht behalten.

Lkw donnern an uns vorbei, werden auch in der Kurve kaum langsamer. Edik steigt die Stoßstange hinauf, hockt sich auf die Karosserie, greift unter den Vergaser und pumpt mit den Händen. Immer und immer wieder. Aber das Ding springt einfach nicht mehr an. Doch Edik legt eine beeindruckende Ausdauer an den Tag. Ich bin eigentlich schon bereit zu sagen, los, schieben wir das Teil da rüber auf den Parkplatz und gehen essen und trinken, aber Edik bearbeitet in seinen Shorts den Versager-Vergaser, als würde unser Überleben in der Taiga davon abhängen. Ich schraube die Zündkerzen ab und puste sie durch, Jura prüft den Benzinstand. Derweil rasen die Lkw so dicht an uns vorbei, dass ich mich schon verantwortlich für den Tod von zwei unschuldigen, einfach nur hilfsbereiten Menschen sehe.

Juras Hemd ist schwarz vor Schmutz, es ist spät, aber er hat ein Lachen auf dem Gesicht.

»Los«, sagt er, »wir gehen jetzt in die Banja. Morgen ist auch noch ein Tag.«

Zu dritt schieben wir den Jeep von der Straße, auf den Parkplatz eines umzäunten Geländes. Hinter den Wellblechwänden bellt eine ganze Heerschar von Hunden, und wir steigen in Juras Kia und machen uns auf nach Rote Armee.

Gut eine Stunde später taucht vor uns der Lichtschein eines Dorfes auf. Wir biegen von der Straße ab und rollen in unserer kleinen Kolonne, die dank des UAZ-Losers gar keine Kolonne mehr ist, durch den Ort, vorbei an fünfstöckigen Häusern aus Waschbeton.

An einem Tante-Emma-Laden halten wir, und eine junge, blonde Angestellte in blauer Schürze begrüßt uns hinterm Tresen. Sie nimmt die Bestellung auf, sucht die Ware heraus und kalkuliert den Betrag auf einem Abakus.

Jura reibt sich die Hände und sagt, dass Galinas Vater schon mit der aufgeheizten Banja auf uns warte. »Und davor trinken wir einen. Währenddessen auch.«

»Und danach?«

»Fangen wir erst richtig an.«

Er kauft Wodka, Cognac und eine große Honigmelone, dann fahren wir weiter durch diesen Ort, von dem ich kaum etwas sehe, weil er schon im Dunkeln liegt und die Straßenbeleuchtung spärlich ist. Umso heller leuchten über uns die Sterne.

Plötzlich endet der Asphalt, und wir rumpeln über eine unbefestigte Straße, der man ansieht, dass sie bei Regen sofort unpassierbar werden, sich von fest in Schlamm verwandeln und Autos verschlucken wird wie einst die russische Landschaft Napoleons Grande Armée auf ihrem Rückzug nach Westen.

Auf beiden Seiten des Fahrwegs stehen Holzhäuser. Ziegen und Truthähne flüchten aufgeregt durch die Lichtkegel der Scheinwerfer. In der Luft der Geruch von Holzfeuer. Jura wird langsamer und parkt vor einem – mutmaßlich – lachsrosa Haus, vor dessen Gartentor ein Mann in Trainingshose und mit nacktem Oberkörper steht: Geni, Galinas Vater.

»Wo bleibt ihr denn?«, brummt er. »Die Banja wartet.«

Super. Noch mehr Schwitzen. Obwohl die Sonne verschwunden ist, müssen es immer noch um die 30 Grad sein. Trotzdem folge ich den drei anderen durch den großen Garten, an den Sträuchern hängen dick die Tomaten, an den Bäumen Birnen und Pflaumen. Mir wird noch nicht mal Zeit gegeben, meine Tasche hineinzutragen, schon stehen wir in dem kleinen Vorraum der Sauna und ziehen uns aus. An einem Haken hängen für mich schon ein Handtuch und eine Plastiktüte für meine Wäsche. Die Banja wird in Russland auch gerne für die Pflege von geschäftlichen Kontakten genutzt; aber ich denke, das *biznez* lassen wir heute mal außen vor.

Im nächsten Raum setzen wir uns auf Miniaturschemel und waschen uns. Das Wasser läuft durch die Spalten zwischen den Holzdielen ab. Bevor es danach jeweils zu zweit, größer ist sie nicht, in die Sauna geht, gibt mir Geni einen Filzhut, damit auch ja keine

Hitze über den Kopf entweicht. Ich schaue neugierig auf die langen Narben auf seinem Bauch, aber bevor ich fragen kann, sagt er schon: »*Dawai, dawai.*«

In dem kleinen Raum ist es so heiß, dass ich fast nicht atmen kann. Im Gegensatz zur finnischen Sauna steigen in der russischen Banja die Temperaturen gerne mal über 100 Grad, und deswegen komme ich auch überhaupt nicht auf die Idee, mich zu unterhalten oder Nettigkeiten auszutauschen. Wie die Russen hier drinnen *biznez* reden können, ist mir schleierhaft. Das Einzige, woran ich denken kann, ist ein Strahl kaltes Wasser, aber soweit ich bislang beobachten konnte, hat die Banja keinen Fließend-Wasser-Anschluss.

Nach fünf Minuten stolpere ich raus in den Vorraum, der Schweiß schießt an mir herab, und die Blutzirkulation läuft auf Hochtouren wie der Motor des Uazik – als er noch lief. Ich stehe kurz vor der Bewusstlosigkeit.

»Hinsetzen«, befiehlt Geni und drückt mir eine Flasche selbst gebrautes Bier in die Hand, Kühlung von innen statt außen, und so geht es jetzt zweimal weiter. Schwitzen, Ausruhen, Trinken, von vorne.

Den letzten Gang mache ich mit Jura, und jetzt kommen die Birkenzweige ins Spiel, die ich zuvor an jeder Straßenecke zum Verkauf gesehen habe. Jura schlägt mir damit auf den Rücken. Eigentlich soll das Quästen die Blutzirkulation und die Schweißproduktion anregen, aber bei mir regt sich vor allem der innere Lachreiz: nackte Männer, die sich mit Birkenzweigen peitschen. Was ist das hier? »Fifty Shades of Russia«?

Am Ende bin ich ordentlich mitgenommen und werde für den Rest des Abends auch nicht mehr aufhören zu schwitzen. Wir gehen rüber in die kleine Pergola, wo auf dem Tisch Bier, Cognac und Wodka stehen. Dazu Tomaten aus dem Garten, Melonen und Gurken. Weitere Freunde der Familie sind vorbeigekommen, und als ich mich wieder einigermaßen gefasst habe, erzähle ich die Geschichte vom Uazik. Das Gelächter nimmt kein Ende.

Eine alte Frau im Bademantel, mit hochgesteckten Haaren und Goldzähnen, gesellt sich zu uns und fragt mich, wie das Leben in

Berlin sei. Alle, die hier am Tisch sitzen, sind schon mit 20 in den Stand der Ehe getreten, haben bereits ein Kind oder zwei, und oft ist das nächste unterwegs.

»In Berlin ist das etwas anders«, antworte ich und erzähle ihr von ständig wechselnden Beziehungen, offenen Beziehungen, One-Night-Stands, von Menschen, die sich nicht verpflichten wollen, von Klubs, in die man nur halb nackt reinkommt, und Leuten, die erst mit 40 heiraten oder manchmal auch gar nicht.

Die alte Frau lacht und schüttelt den Kopf. »Das kann doch gar nicht sein.«

»Aber doch, genau so ist es.«

»Verrückte Welt«, sagt sie.

Während wir Männer im schummerigen Licht sitzen und Fotos von uns schießen, Schnaps trinken und die Essschüsseln ihres Inhalts berauben, räumen Galina und ihre Schwester Olga das Geschirr ab und bringen neue Speisen nach draußen. Wir trinken auf Berlin, auf den Uazik, auf Tschuwaschien, immer wieder auf Tschuwaschien. Zwischendurch steckt Galina den Kopf in die kleine Holzbude und mahnt: »Männer, morgen geht es schon ganz früh weiter, morgen wird noch genug getrunken!«

»Ach, Galina«, säuselt Jura. »Jetzt ist doch auch schon Hochzeit!«

Um zwei Uhr nachts liegt über Rote Armee absolute Stille. Der Nachschub aus dem Haus ist versiegt. Unter der Pergola leuchten die Köpfe so rot wie Signallampen. Drei aus der Runde sind morgen nicht auf der Hochzeit dabei, weil sie um fünf aufstehen müssen, um zu arbeiten. Ich frage nicht nur mich, wie sie das bloß schaffen.

»Wir sind Tschuwaschen!«, verkünden sie und liegen sich dabei in den Armen. »Wir können immer.«

Eine Hochzeit auf dem Land

Verschlafen stapfe ich morgens in die Küche. Jetzt um sieben Uhr herrscht weiblicher Hochbetrieb; die anderen Männer schlafen noch ihren Rausch aus. Galina sitzt im Morgenmantel auf einem Schemel und lackiert sich die Nägel. Ihre beiden noch kleinen Söhne tollen im Wohnzimmer unter Geschrei über den Teppich. Olga wickelt ihrer Tochter Katja die Locken auf, und Mutter Irina wendet mit einem Lied auf den Lippen goldbraune Pfannkuchen in dem namengebenden Küchengerät.

»Tee oder Kaffee?«, fragt sie mich.
»Tee bitte.«
»Zucker?«
»Ja, aber nur einen Löffel.«

Die Frauen schauen mich an, schauen sich an, schütteln bedauernd den Kopf, und mit fließenden Bewegungen versenkt Irina in schneller Folge drei gehäufte Löffel Zucker in meiner Tasse und reicht mir kommentarlos das Getränk.

In großen Plastikschüsseln weicht das Geschirr von gestern ein, in den Töpfen liegen noch mehr Lockenwickler. Der Duft der Pfannkuchen und des schwarzen Tees erfüllt die Küche, und ich frage mich, ob sich diese Szene nicht so auch in unserem Dorf, in Neu-Sudaki am Dnjepr, hätte abspielen können. Dennoch ist es ein fernes, ein fremdes Leben, und wo fängt man an, wenn man wissen und verstehen will, was die Menschen damals erlebt haben, wann und wo beginnt man, sich Notizen zu machen, damit das alles nicht vergessen wird?

Man beabsichtigt, Onkel Willy zu besuchen, 100 Jahre alt, das kollektive Gedächtnis der Familie, man einigt sich auf einen Termin, man schiebt ihn einmal auf, zweimal, dann bekommt man einen Anruf – es wird keinen dritten Termin geben, kann keinen geben, weil Onkel Willy bei bester Gesundheit von einem unachtsamen Autofahrer von den Beinen geholt und damit aus dem Leben befördert wurde.

Man schämt sich und schlägt sich für das Laisser-faire und die Verantwortungslosigkeit ins Gesicht. Nun sind die Geschichten für immer verloren.

Aber dann erfährt man, dass Onkel Willy einen Schüler hatte: Onkel Leo, den Mann mit den vielen vollen Haaren, aber nur dem einen Bein.

Eine Pranke haut mir so heftig auf den Rücken, dass ich meinen Tee fast quer durch den Raum spucke.

»Guten Morgen, mein deutscher Bruder.« Jura kratzt sich über den Bauch, setzt sich und wartet, bis er einen Tee vor sich hat, schüttet sich dann frische Milch von Nachbars Kuh hinein. »Heute feiern wir richtig!«

Galina schaut ihn an: »Als ob das gestern gar nichts war.«

Jura schlürft an seinem Tee, schmatzt mit den Lippen. Zwinkert mir zu. »Richtig«, erwidert er. »Das war noch gar nichts.«

Nachdem er ausgetrunken hat, geht er raus auf die potenzielle Schlammstraße und schrubbt sein Auto. Geni macht das Gleiche mit seinem Wagen, ein paar weitere stellen sich ebenso dazu. Am Ende seift eine ganze Horde Kerle mit nackten Oberkörpern ihre Autos ein – eine Art verkehrter *Hot Car Wash* in der russischen Provinz. Die Männer gehen so liebevoll mit ihren Wagen um wie mit ihren erstgeborenen Söhnen, sie hängen Russlandflaggen über die Heckscheibe und die Motorhauben, scheuchen die Ziegen weg, die versuchen, an den weiß-blau-roten Tüchern zu knabbern.

Um elf Uhr, als alle in ihren Anzügen und Kleidern stecken, fahren wir los, zunächst zu den Pateneltern Aljoschas, des Bräutigams. Im Hof haben sie einen Tisch und Bänke improvisiert, indem sie Bretter auf alte Öltonnen gesetzt haben, aufgehübscht mit einer weißen Tischdecke, die die ganzen Erdtöne in Grund und Boden strahlt.

Am Ende des Gartens, hinter dem Zaun, neben dem Misthaufen, stehen ein paar Plastikeimer mit Wasser, in dem die Frauen später das Geschirr waschen werden.

Die Schuhe und Anzüge der Männer glänzen nicht lange. Dafür glänzen bald die Augen. Ich versuche ja, die Soljanka zu essen, den

Heringssalat und die anderen Salate, von denen jeder großzügig mit Mayonnaise angemacht ist, auch den geräucherten Fisch, aber das ist nicht ganz einfach, wenn dir ständig jemand ein Glas in die Hand drückt und sagt: Trink! Der Wodka fließt mir die Kehle runter, und ich fühle mich wie Konstantin Ljewin bei seiner ersten Begegnung mit Graf Wronski in Tolstois Meisterwerk »Anna Karenina«: Auf dem Lande sei es nie langweilig, wenn man nur etwas zu feiern habe. Na ja, irgendwas in der Richtung sagte er jedenfalls.

Zwei Männer aus dem Dorf bringen in der Zwischenzeit eine große Milchkanne herbei, darin befindet sich das hausgemachte Bier für den Tag. Tschuwaschien ist bekannt für seinen Hopfen und damit auch sein Bier. Aber auf dem Tisch stehen auch prominent Samagon und Wodka, und während ich in eine eingelegte Tomate beiße und einen Schluck nehme, muss ich wieder an den einbeinigen Onkel Leo denken, der den sicheren Kater am nächsten Morgen mit dem Wasser eingelegter Gurken bekämpfen würde. Als ich ihn, seine Frau Lisa und seine Schwester Lora besuchte, wurde ich in ein Wohnzimmer geführt, in dem der Tisch sich unter allem Möglichen bog, was in einem Magen Platz findet, genau wie heute in Rote Armee, genau wie zu Hause bei Alessia in Sankt Petersburg.

Jemand pflanzt mir ein neues Glas in die Hand, und ich gebe mir alle Mühe, mich auf die Gegenwart zu fokussieren. Das Weiß der Männerhemden hat sich auf einen Konkurrenzkampf mit der Tischdecke eingelassen, sie kontrastieren mit dem lehmigen Braun des Bodens, der Zäune und der Holzverschläge um die Wette. Vier Frauen drehen sich im Kreis, ihre Röcke flattern, und sie studieren ein Lied ein, die Stimmen amselhell.

Ich fühle mich leicht und unbeschwert, ergriffen sogar, irgendetwas klingt in mir – bis Galina sich an meine Seite stellt und mir das Glas Schnaps wegnimmt. »Nicht so schnell«, sagt sie, »wir trinken noch den ganzen Tag.«

Dann steigen wir in die Wagen vor den Häusern und fahren hupend durch den Ort. Am Straßenrand bleiben Männer stehen und ziehen den Hut, Frauen stoßen Freudenschreie aus.

Der schwarze Audi mit dem Bräutigam auf dem Rücksitz fährt vor das Tor des Brauthauses und wird sofort von einer Menschenmenge umringt.

Einen Strauß Blumen in der Hand, öffnet Aljoscha das Fenster. Der Bursche ist Anfang 20, nicht größer als 1,65 Meter, aber mit kräftiger Stimme schreit er:»Aljona! Komm raus! Ich liebe dich!« Die Menge johlt, aber das Tor öffnet sich nicht.

Auf dem Boden vor dem Wagen rollen ein Mann und eine Frau einen Teppich aus. Jetzt erst steigt Aljoscha aus, und sogleich wird ihm ein Packen Bettzeug in die Arme gedrückt sowie ein Brot, in das er hineinbeißen muss. Mit vollem Mund schreit er wieder:»Aljona! Komm raus! Ich liebe dich!«

Aber niemand kommt raus, natürlich nicht, stattdessen wird er zu einer Dartscheibe geführt. Nur wenn er die Mitte trifft, dann liebt er sie wirklich, heißt es. Aljoscha trifft noch nicht mal den äußersten Kreis. Aber kein Problem, das lässt sich auch anders regeln. Der Weg ist ihm durch die Menge verstellt, doch er bahnt sich einen Korridor, indem er jedem einen Geldschein in die Hand drückt.

Aljoscha rüttelt am Tor, schreit. Auf seinem Gesicht steht ein Lachen, auf der Stirn der Schweiß. Sein dunkelblauer Anzug leuchtet im Sonnenschein.

Sein Freund Slawa macht kurzen Prozess und klettert über das Tor. Jemand will ihn aufhalten, aber Slawa tritt mit voller Wucht nach hinten aus, erwischt den anderen unterm Auge, das sofort anschwillt und sich blau färbt. Später meint Slawa, das sei *normalna*, und liefert mir damit das Wort, das gemeinhin den russischen Gemütszustand beschreibt: nicht gut, nicht schlecht – eben *normalna.*

Er öffnet das Tor von innen, und endlich ist Aljoscha drinnen und sucht seine Braut. Er schaut in jeden Raum des einstöckigen Hauses, auf den Tischen ist bereits das Essen serviert, warm halten muss man es nicht, es backt bei einer Außentemperatur von 35 Grad vor sich hin. Aljona ist nicht da. Im Stall auch nicht – sehr zum Vergnügen der johlenden Gesellschaft, die über den Holzfußboden ebenfalls durch das enge Haus trampelt. Dabei kommt keiner an Jura vorbei, ohne aus einer Gallone Samagon einen eingeschenkt zu bekommen. Die Suche wird durch die vier singenden Frauen begleitet, die als eine Art unermüdliche menschliche Jukebox der Gesellschaft in den Stall und schließlich ins Hinterhaus folgen, die singen werden bis tief in die Nacht hinein.

Gedrängt wie in einer Bergkapelle, stehen die Leute dann im Esszimmer, während Aljonas Vater Gebete für die Toten spricht. Aljoscha hat seine Braut vor ein paar Minuten im Schuppen gefunden, und jetzt scheint ihr Lächeln, in dem ein, zwei Zähne fehlen, nie mehr aus ihrem Gesicht weichen zu wollen. Sie wiegt sich in ihrem weißen Brautkleid hin und her, als würde sie innerlich vor Freude tanzen.

Der Vater zündet Kerzen an und stellt sie auf den Fernseher. Die Gesellschaft verstummt und neigt den Kopf. Dann setzt sich die erste Gruppe zum Essen. Der Raum ist nicht groß genug für alle, deswegen wird hierarchisch geschmaust. Allerlei Salate (mit Mayo, klar), Lebersuppe, Kaviar, Räucherfisch. Unter der niedrigen Decke staut sich die Hitze, den Leuten hängen die Haare nass ins Gesicht. Wir sitzen eng beisammen, spüren die Wärme des Nachbarn. Bis jeder dran war, wechselt die Tischbesatzung dreimal. Dann brechen wir zum Standesamt in Rote Armee auf, einige schon stark schwankend, auch die Fahrer.

Vor dem SAGC, einem weißen zweistöckigen Betonbau, verkauft eine alte Frau langstielige Blumen an diejenigen, die nicht vorher daran gedacht haben. Die Gesellschaft versammelt sich im Festsaal im zweiten Stock, und die Standesbeamtin verkündet: »Hiermit ernenne ich euch zu Mann und Frau.«

Jeder Moment wird von einer Fotografin und einem Kameramann dokumentiert. In verschiedenen Räumen werden einzeln der Bräutigam und die Braut abgelichtet. Dann im großen Saal Gruppenfotos. Ich will auch eines schießen, stelle mich auf einen Stuhl, und ohne viel nachzudenken, fordere ich die Leute dazu auf, »1-2-3-Tschuwaschia« statt »Cheese« zu sagen. Stunden später noch kommen die alten Männer zu mir und sagen: »Toll, wie du das gemacht hast. Nicht einfach draufgehalten, sondern du hast uns respektiert.«

Erstaunlich, wie wirksam manchmal solch kleine, unbedachte Gesten sein können.

Anschließend fahren wir weiter betrunken durch den Ort und spulen ein typisches Programm ab: Fotos vor dem Kriegerdenkmal. An einer Landstraßenkreuzung knallen Champanskekorken, während Autos und Lkw an uns vorbeirasen. Fotos, auf denen die Frau den Mann an der Krawatte zieht oder die Frau im Auto am Steuer sitzt, während der Mann im Fond Platz nimmt. Fotos an einer Landstraßenbrücke zwischen Bäumen.

Schließlich sind wir am letzten Ziel für heute, einem großen Café mit Festhalle und einer durchgedrehten Moderatorin, die in ihr Mikrofon schreit, als wären wir auf einem Jahrmarkt. Jetzt erst beginnt der Wodka richtig zu fließen, und die Gäste ertränken sich regelrecht darin, greifen in dem einen oder anderen trockenen Moment aber auch mal nach den Trauben und dem Kaviar.

Jedes Mal, wenn ich denke, jetzt ist aber genug, kommt ein Mann mit einem Walrossschnauzer, den sie hier Russki-Iwan nennen, und drückt mir wieder ein Glas in die Hand. Guter Gast, der ich bin, trinke ich aus, trinke immer wieder aus, tanze mit den Frauen vom Singletisch und mit den Babuschkas, flirte mit der Fotografin, haue der Moderatorin auf den Hintern (aber nur, weil sie mich vorher Freddy Krueger genannt hat!), halte stammelnd eine Rede, genieße den Applaus, erhebe mein Glas, schmeiße es an die Wand, Russland ist ein schönes Land, hohoho.

Stille Tage in Tschuwaschien

Mit Kopfschmerzen, die so groß wie Russland sind, und einer Platzwunde, von der ich keine Ahnung habe, woher sie kommt, wache ich am nächsten Tag auf und gelange nach einem kurzen Check meiner Vitalfunktionen zu dem Schluss, dass ich für den Rest meines Lebens zu nichts mehr zu gebrauchen bin. Ich wäre jetzt so weit, Onkel Leos Katerkur auszuprobieren, aber aus der Küche tönt es schon: WIR SIND TSCHUWASCHEN, WIR KÖNNEN IMMER.

Ich schaffe es immerhin noch, mir Aljonas traditionelles Kleid aus alten Kopekenmünzen anzuschauen, mir erklären zu lassen, dass die Tschuwaschen sehr stolz auf ihr kulturelles Erbe sind, ihre Traditionen und ihre Sprache pflegen. Dann falle ich mitten auf einer Couch in einen tiefen, komatösen Schlaf und träume davon, dass dieses Land mich umbringen wird.

Galina weckt mich ein paar Stunden später, es ist bereits Nachmittag, und die Männer sind schon wieder betrunken. Oder besser, immer noch.

»Ich muss Milch holen, kommst du mit?«

Wir gehen um das Haus herum und folgen einem Trampelpfad den Hügel hinunter. Galina trägt heute ein graues Kopftuch und einen grauen Mantel. Sie schiebt den Kinderwagen über die holprige Erde, und er wogt auf und ab, wie ein Segelboot auf hoher See.

Das stille Gras steht hier kniehoch. Jetzt ist es noch möglich, mit dem Kinderwagen hier entlangzufahren, aber wenn erst mal der Winter da ist, geht das nicht mehr, und Galina muss den flachen Weg um das Dorf herum wählen. Ich schaue sie an, aber in der flirrenden Hitze verschwimmt ihr Bild vor meinen Augen, und als ich wieder klar sehe, steht da meine Mutter in einer Schlange für ein bisschen Milch an. Ich bemerke den Ausdruck auf ihrem Gesicht, diesen verächtlichen Ausdruck, den sie immer zeigt, wenn das Gespräch zwischen uns gelegentlich auf Russland kommt, das heißt, wenn ich das Thema zur Sprache bringe. Während ich meine Vergangenheit und die meiner Familie suche, will meine Mutter sie lieber ruhen lassen. Jede Frage, die ich ihr stelle, ist wie ein Presslufthammer in den Beton des Vergessens, in den sie unsere Vergangenheit gegossen hat.

Man hört es meiner Mutter heute nicht mehr an, dass ihre erste Sprache Russisch war. Bei meiner Tante war das ganz anders. Immer wieder fuhr sie nach Russland. Immer wieder forderte ich meine Mutter auf: Komm, lass uns doch gemeinsam fahren. Immer wieder sagte sie vehement: Nein!

Bei Galinas Tante, der alten Frau mit den Goldzähnen, holen wir eine Gallone Milch, der man das Fett ansehen kann. Fast schon sahnig, diese weiße Flüssigkeit. Die Tante hält sich ihre Kuh im Stall neben dem Haus. Manchmal kann man nicht sagen, was hier Stall und was Haus ist.

Galina macht sich ständig Gedanken, was ich wohl über diesen Besuch schreiben werde. »So leben wir«, sagt sie immer wieder, »jetzt weißt du Bescheid.« Ich finde es großartig hier, aber sie scheint mir das nicht ganz zu glauben.

Zurück am Haus, erwartet mich Geni. »Los, gehen wir in die Banja.«

Ich würde lieber darauf verzichten, fürchte, die Hitze wird mir den Rest geben, aber was soll ich machen? Schließlich muss ich mich auch waschen, und im Haus funktioniert die Dusche nicht.

Wenigstens gibt es diesmal kein Bier, stelle ich beruhigt fest. Unter dem Filzhut habe ich das Gefühl zu verkochen, zu ersticken, aber ich kann nicht früher raus, was soll denn Geni dann von mir denken? Ich schaue zu ihm rüber. Er wankt. Streicht sich mit der Hand den Schweiß aus dem Gesicht.

Nach fünf Minuten, noch während des ersten Durchgangs, sagt er: »Genug für heute.«

Dafür hat er sich meine ewige Dankbarkeit erworben. Wir stolpern, immerhin sauber, rüber ins Haus und fallen ins Bett, und ich hoffe, dass ich auf meinem Weg an den Pazifik kein Hochzeitsgast mehr sein werde. Schließlich will ich auch ankommen. Und zwar mit einer halbwegs funktionierenden Leber.

Ich sitze draußen in der Pergola und übe weiter an meiner ersten Sprache. Oder ich spaziere mit der kleinen Katja durch die Straßen, und sie bringt mir die russischen Namen der Blumen und Tiere bei – wir wandern durch eine deutsch-russische Kinderfibel.

Jeden Morgen weckt mich der Duft von Pfannkuchen. Selbst gemachte Erdbeermarmelade steht auf dem Tisch, und die Küche ähnelt einer kleinen Fabrik, in der die Frauen Akkord arbeiten. Überall stehen Töpfe mit Früchten und Gemüse, die verarbeitet, verkocht, eingelegt werden müssen. Das ganze Haus riecht nach dem Inhalt des jeweiligen Topfes, eine kleine Hexenküche, in der es brodelt und dampft.

Mutter Irina bringt mir bei, wie man Milchsuppe kocht. Tante Olga, wie Rassolnik zubereitet wird, eine säuerliche Suppe, deren Basis die Lake von Salzgurken ist. In ihren Bademänteln, die sie manchmal den ganzen Tag lang nicht ausziehen, stehen die Frauen am Herd, rühren mit langen Holzlöffeln in den Töpfen, stecken einen Finger zum Probieren hinein, nicken zufrieden, nehmen die Töpfe herunter, fangen mit dem nächsten Gericht an, legen Gurken und Tomaten ein.

Eigentlich wollte ich schon längst wieder losfahren, aber erstens werde ich hier nicht weggelassen, und zweitens geben mir diese Bilder einen Eindruck, wie die Vergangenheit möglicherweise war. Nicht etwa in Sibirien, aber vielleicht am Dnjepr oder in Kasachstan, die guten Zeiten, als wir ein Haus hatten, ein Schwein, eine Ziege, als es kein Problem war, eine Napoleontorte zu backen und Tomaten einzulegen, als mehr Augen aus der Suppe rausschauten als rein.

Die Sprache tut ein Übriges. Als heranwachsendes Kind dachte ich immer, dass meine Oma einfach »nun« zu »nu« abkürzte, und ahnte nicht, dass *nu* das russische Wort für »so« oder auch »tja« ist. Nun höre ich es überall, ein Füllwort, das seinen Auftritt vor und zwischen den Sätzen hat, manchmal auch am Ende. Ein Wort ist alles, was es braucht, um das Bild einer Person heraufzubeschwören, die sich nun einreiht in das Geschehen am Herd, die ebenfalls im Bademantel den Tag verbringt, weil sie weiß, dass sie von morgens bis abends kochen wird, dass sie Tomaten einlegen, Pfannkuchen wenden und sie mir auf einen Teller stapeln wird, bevor sie das Glas mit frischer Marmelade danebenstellt.

Drittens sollte ich nicht vergessen: Der UAZ ist weg. Nach drei Tagen Feierei sind wir endlich zurück an der Stelle seines Schwächeanfalls, aber weit und breit kein olivgrüner Jeep. Das ist wirklich das Letzte, womit ich gerechnet hätte. Ein kurzer Anruf bei den Behörden bestätigt, dass der UAZ nicht abgeschleppt wurde. Aber verdammt, wer klaut denn einen Wagen mit einer gebrochenen Kardanwelle?

Eines Tages muss ich mich dann doch verabschieden. Ein Sprichwort sagt: Über einen Gast freut man sich zweimal – einmal, wenn er kommt, und einmal, wenn er geht.

Damit ich unterwegs nicht verhungere, packt mir Irina die Tasche voll: Pfannkuchen, Marmelade, gekochte Kartoffeln, gekochte Eier, Äpfel und Birnen – am Ende habe ich fast mehr Lebensmittel als Gepäck, aber gut, es gibt Schlimmeres.

Zum Beispiel den Bus, den ich jetzt nehmen muss. Irgendwie muss ich ja weiterkommen, immer weiter bis zum Pazifik. Nicht ärgern über den UAZ, sondern *dawai, dawai*. Als ich mit dem Bus über den Fahrweg aus dem Dorf holpere, schaue ich zurück und sehe, wie sie immer noch winken, und natürlich muss ich wieder an meine Familie denken. Für einen kurzen Moment verschmelzen beide Bilder zu einem einzigen.

Волга:
Das blaue Band

Einbeiniger Superheld

An den Bahngleisen gehen die Gänse spazieren, Schafe und Kühe bevorzugen die Straße. Ein paar Tannen stehen Spalier, ebenso Apfel-, Mirabellen-, Birnen- und Vogelbeerbäume. Im Hintergrund kleine, runde Birkenwäldchen, eingefasst von sehr viel Wiese. Verschneidungen im Gelände, Flüsschen, dazwischen immer wieder Dörfer aus unverputztem Waschbeton, dann wieder Sonnenblumen- und Weizenfelder.

Ich bin unterwegs nach Saratow an der Wolga, dem ehemaligen Knotenpunkt der Wolgadeutschen. Der Strom hier ist mächtig, seegleich, schon fast wie ein Meer, mit gewaltigen Sandbänken und kleinen Inseln liegt er im Dunst, und ich denke an die ganzen Menschen, die hier ihr Glück suchten, die für die nächsten Generationen arbeiteten und dann in alle Winde verstreut wurden. Damals hieß es: den Ersten der Tod. Den Zweiten die Not. Den Dritten das Brot. Ich denke an Geschichten, die es nie in die öffentliche Tradition geschafft haben, aber untereinander immer weitergegeben wurden, meistens durch einen Hüter des kollektiven Gedächtnisses, so einen, wie Onkel Willy es war, so einen, wie Onkel Leo es war.

Kurz vor der Reise wollte ich ihn erneut besuchen, da lag er schon krank im Bett, mit einem Tumor im Kopf. Ich arbeitete zu Hause gerade an meinem Familienstammbaum und wollte den Hörer

abnehmen, um Leo anzurufen, einen Besuch in Lemgo zu vereinbaren, stattdessen rief mich meine Mutter an und sagte:»Ich habe
schlechte Nachrichten.«

Der Friedhof lag versteckt hinter einem Feldweg, und als ich endlich durch die Tür der Kapelle stürzte, hatte die Trauerfeier schon
angefangen. Tante Lisa saß in der ersten Reihe, ganz in Schwarz ge-
kleidet, ein besticktes weißes Taschentuch in ihrer Hand. Ich begrüßte sie, suchte mir einen Platz in dem vollen Kapellenraum und
setzte mich.

Um mich herum so viele zerfurchte russlanddeutsche Gesichter,
und jedes stand für eine andere, ganz eigene Geschichte. Neben
mir eine alte Frau. In ihren dicken, wolligen Klamotten – draußen
waren es 28 Grad – erinnerte sie mich an Babussia. Während die
Pastorin über Leos Leben sprach, über den Krieg, Sibirien, das große Erdbeben von 1948, lehnte sich die Alte ständig rüber, kam so
nah, dass ihre Falten im Gesicht einem ausgetrockneten Flussdelta
ähnelten, und flüsterte mir ins Ohr:»Jaaaa, so war das damals. Genau so war das.«

Am Sarg lehnten Leos Krücken. Als sichtbarer physischer Rest
seiner Existenz, als Überbleibsel im Diesseits, trieb mir ihr Anblick
die Tränen in die Augen, und ich konnte nur noch denken: Ich bin
zu spät, ich bin zu spät.

Diese Krücken. Als wären sie die Insignien seiner Superkraft gewesen. Als hätten sie ihn überhaupt erst zu dem Leo gemacht, der
er gewesen war, den alle liebten.»Ein Mann mit natürlicher Au-
torität, der jedem geholfen hat, ein Pfeiler seiner Gemeinschaft.«
Einer, der sich selbst gebildet hatte, um anderen zu helfen, der bele-
sen war, es sich selbst angeeignet hatte, um die Anträge der anderen
für die Übersiedlung stellen zu können.

Schluchzen ringsum.»Ein Held für alle, die ihn kannten.« Genau
so kam er mir vor, und obwohl ich in der Trauerrede viel Neues
hörte, wusste ich alles intuitiv von den wenigen Malen, an denen
ich ihn getroffen hatte.

Nach der Rede blieb der Sarg zur Einäscherung zurück, wir Lebenden traten in die Sonne. Tante Lisa umarmte mich.»Ich freue

mich so sehr, dass du gekommen bist.« Immer wieder küsste sie mich auf die Wangen, und ich konnte ihre schweren, dicken Tränen spüren. »*Nu*«, sagte sie, »lasst uns rübergehen nach dem Restaurant, da ist die Trauerfeier.« Aber die Gesellschaft wollte sich nicht bewegen, als würde der Gang aus dem Friedhof das Kapitel Leo endgültig beenden. Am Ende rührten sich die Leute doch, umarmten sich und gingen dann weinend die paar Schritte über den gepflasterten Weg zum Leichenschmaus. Vielleicht hätten sie gerne noch einen abschließenden Blick auf einen Sarg geworfen, der in die Erde gelassen wurde, vielleicht hätten sie gerne noch die Worte »Asche zu Asche, Staub zu Staub« gehört, aber während wir ungern und aufgewühlt in dem griechischen Lokal genau gegenüber Platz nahmen, wurde Leos Sarg eingeäschert.

An einem weiß gedeckten Tisch fächerte sich Tante Lisa Luft zu. Ich schenkte ihr ein Glas Wasser ein, sie stürzte es hinunter. Ich schenkte wieder ein, sie stürzte es wieder runter. »Ich verbrenne«, sagte sie. »Ich verbrenne.«

Auf den Tischen standen Wodkagläser, der glatzköpfige Onkel Rudy machte die Runde und schenkte ein. Er ist der Mann von Erika, Leos Tochter, und saß mir schließlich gegenüber, erzählte mir von meiner Großmutter: »Die Alice, wir denken so oft an sie. Als wir in Frankfurt ankamen, am Flughafen, da hat sie uns gleich zur Seite genommen und mich gefragt: Rauchst du? Und dann hat sie mich in den Tabakladen geschleppt und ein Päckchen Marlboro für mich gekauft. So war deine Oma!«

Einer nach dem anderen stellte sich nach vorn und hielt eine tränenreiche Rede, teils auf Russisch, teils auf Deutsch, und ich fand das alles so liebenswürdig, so herzlich und lebensbejahend.

Unter Tränen wurden Heldengeschichten erzählt – wie Leo das große Erdbeben überlebt hatte, wie er trotz nur eines Beins, das andere hatte er im Krieg verloren, Zehnkilometerspaziergänge unternommen, Kohlen aus dem Keller in den zweiten Stock geschleppt hatte – und mit Wodka begossen.

Tante Lisa hob ihr Glas. »Als es schon nach dem Ende ging, da hat Leo gesagt, trinkt ein Gläschen auf mich.« Ihre Stimme brach, und sie musste sich mit der anderen Hand die Tränen aus den Augen wischen. »Und so wollen wir es machen.«

In einem Zug trank sie aus. Aber auch der Wodka verschaffte ihr keine Kühlung. Erneut fächerte sie sich Luft zu. »Ich verbrenne«, sagte sie immer wieder. »Ich verbrenne.«

Dann Aufbruch, sie bat zu Kaffee und Kuchen in ihre Zweizimmerwohnung. Das Wohnzimmer platzte aus allen Nähten. Tante Lisa machte sich Gedanken, weil manche nur einen Schemel zum Sitzen hatten. Sie schlug die Hände vor der Brust zusammen und rief: »Und Teller hab ich auch nicht genug!«

»Ach, Lisa, haben wir doch früher in Erdhütten gewohnt, haben wir dort auf Eimern gesessen, hatten wir doch gar nichts – und? Waren wir glücklich, wenn wir zusammen waren!«

In der Verbannung, da gab es ein großes Wir, jede Familie eine kleine Festung gegen die Herrscher, die sie zu unterwerfen versuchten.

»Und weißt du noch, wie wir immer beim Tanzen waren, bei Frau Hafermilch, wie sie immer gesungen hat, den ganzen Abend, und dabei einschlief? Mussten wir sie auf die Schulter schlagen, und dann ging es weiter.«

Alle schüttelten sich vor Lachen. Fast alles Frauen, von den Männern in Leos Alter sind nur noch wenige übrig.

Wieder stiegen in Tante Lisa die Tränen hoch, aber Tante Lora, deren Mann auch erst neulich verstorben war, griff sie am Arm: »Lisa, jetzt wird nicht geweint. Wir weinen, wenn die Leute weg sind.«

Später saß ich bei einem Stück Kuchen und Tee mit Sahne und Zucker neben Tante Lora am Tisch. Unter dem Armband ihrer Uhr sah ich eine verblasste Tätowierung.

»Was ist das, Tante Lora?«

»Ach, das hat jeder von uns gehabt. Haben wir uns stechen lassen in Sibirien.«

»Was stand da?«

»Nur mein Name und mein Geburtsdatum. Wollten wir ein bisschen Spaß haben ...«

Sie lachte, hatte noch so viel Energie, fast kindlich. Ich zeigte ihr meine Tätowierung.

»Das ist ja eine ganze Bibliothek! Weißt du, ich finde es toll, wenn die Frauen sich ihr schönes Dekolleté tätowieren lassen … Aber bloß nicht auf den Arsch!«

Wir lachten, und die Lachblasen stiegen unter die Decke. Eigentlich hätte es in diesem Raum traurig sein sollen, aber ich war mir sicher, dass Onkel Leo es genau so gefallen hätte.

Wir stießen auf ihn an, und Tante Lisa sagte: »Wir haben immer gerne ein Gläschen getrunken, so soll es auch jetzt sein.«

Die Gläser klirren.

Ich schaute mir die Bücher in der Schrankwand an, und obwohl Leo nur sechs Jahre Volksschule absolviert hatte, standen dort die Werke von Gogol, Dostojewski und Stefan Zweig.

»Fredy, kannst du dich noch erinnern, als wir hier saßen und die ganze Nacht Wodka getrunken haben? Das war ein Spaß.«

Wie könnte ich diesen Abend vergessen, Tante Lora? Ich kam damals in der Absicht, mir von Onkel Leo all diese Geschichten erzählen zu lassen, und als ich eintrat, stand der schwere Kacheltisch schon voller Essen und Getränke, die Wohnung war erfüllt vom Duft nach Hähnchen und gerösteten Kartoffeln. Wir – Tante Lora, Tante Lisa, Onkel Leo und ich – setzten uns an den Tisch und bewegten uns nicht mehr fort, bis wir tief in der Nacht einfach einschliefen. Was die drei erzählten, wie sie es erzählten, mit diesen falschen Präpositionen, Artikeln und direkten Übersetzungen aus dem Russischen, und was sich darin über ihre Beziehung untereinander offenbarte, hat sich mir unauslöschlich ins Gedächtnis gebrannt.

Da sitzen wir also, und Onkel Leo schiebt mir ein Glas über den Tisch.

Die L-Protokolle

Leo: Ich will fragen: Kannst du trinken, wirst du trinken? Also, wir trinken gerne ein Gläschen.

Lora: Ja? Hast du doch ein bisschen von uns.

Leo: Es gibt einen ziemlich großen Ort, der heißt Kachowka und liegt gleich am Dnjepr. Am anderen Ufer ist auch ein Ort, Berislau, und im Ersten Weltkrieg war da ein wichtiges Kriegstheater. Unsere Eltern haben das erlebt, 1914 und im Bürgerkrieg, da waren bei uns sehr große Kämpfe. Und schon als Kinder wir haben das wiederholt erlebt im Zweiten Weltkrieg. Da war eine Brücke über den Dnjepr, das war ein wichtiger Militärpunkt. Die Deutschen sind mit dem Flugzeug gekommen und haben bombardiert. Die Russen sind zurückgegangen. Und wie die Deutschen sind zurück, haben die Russen dasselbe gemacht. Und wir waren mittendrin, drei Kilometer von dieser Brücke. Das war schrecklich. Wir haben keine Ruhe nicht gehabt, von Anfang an bis in die Zeit, wie wir sind geflüchtet 1943. In Oktober sind wir von Heimat weggezogen.

Lisa: Der Krieg hat angefangen am 22. Juni 1941, und die deutschen Truppen sind ganz schnell voran. In einem Monat waren die schon in unserem Dorf.

Leo: Das, was wir sprechen, das ist Wahrheit. Weißt du, Fredy, ich kann dir erzählen von deiner Mutter ihrer Seite. Ich kann anfangen von die fünfte Generation zurück. Vierzig Familien aus der Schweiz und 20 Familien aus Deutschland, die sind ausgewandert 1911 nach dem Dnjepr, und da haben sie gegründet Neu-Sudaki. Gekommen sind sie von Bessarabien, gezogen waren sie dorthin 1804. Also im Napoleonkrieg. In Bessarabien haben die Türken früher geherrscht. Wie die Russen haben die Provinz erobert, hat Konstantin, Enkelsohn von Katharina die Große, Leute geholt mit einem

Manifest. Katharina hatte schon 1763 erstes Manifest gemacht, da sind die meisten nach Wolga gezogen. Das ging gut bis 1871, dann hat sich Blatt gedreht. Katharina war gestorben, ihr Enkel auch, und andere waren an die Macht. Deutschtum war unterdrückt. Die ganze deutsche Dörfer, die haben alle russische Namen bekommen.

Lisa: Woher weißt du das alles?

Leo: Na, von wo? Von diese Bücher, die ich gelesen habe. Und dann hat die Zarenregierung auch die deutschen Schulen zugemacht. Und in Öffentlichkeit durften die Deutschen nicht mehr Deutsch sprechen. Das hat sich gezogen bis zum Ersten Weltkrieg, da war es schon ganz schlimm. Alle Deutschen an der westlichen Grenze, Westukraine, die Wolhyniendeutsche, 15 000, die wurden deportiert nach Sibirien. Weil die Russen haben den Deutschen da an der Grenze nicht getraut.

Dann kam die UdSSR, und da wurde es noch schlimmer. Aber weißt du, wie die Revolution ausgebrochen ist 1917, da waren die Deutschen in Russland sogar froh. Weil der Zar, der hat schon letzte Zeit sie sehr unterdrückt. Und wie der Lenin ist gekommen, 1924, alle diese Republiken sind entstanden, Usbekistan, Turkmenistan. So haben auch die Deutschen an der Wolga ein Stück Land bekommen und eine autonome Volksrepublik gegründet. Die war bestehend bis 1941, bis der Krieg ist ausgebrochen. Am 28. August 1941 wurde die Wolgarepublik aufgelöst, und die ganze Bevölkerung war deportiert innerhalb von ein paar Wochen. Nach Kasachstan, Sibirien und Mittelasien.

Mit Neu-Sudaki war das so: Da war Sandland, aber das war auch für Weinbau geeignet. Und die Familien haben von diese Zeit angefangen, Wein anzubauen. Die waren schon ziemlich reich, nicht alle, aber viele. Dein Ururopa hat in Sudaki den ersten Bau gemacht, war ziemlich reich. Die Familie von deinem Onkel Ernst auch. Wir haben uns nicht gemischt, wir wollten nichts mit den Russen zu tun haben. Haben sogar unsere eigenen Verwandten geheiratet. So waren wir am Dnjepr geschlossene Gesellschaft.

Na ja, dann ist also Revolution ausgebrochen, und die Kommunisten haben gewonnen, und 1930 ist bei uns auf Sudaki die Kollektivierung ausgebrochen, alle mussten ihr Hab und Gut in ein Kollektiv abgeben. Aber die, was reich waren, da gab es Unterschied. Also dein Urgroßvater, Wilhelm Zwicky, die mussten flüchten. Die sind nach Odessa, nicht direkt, neun Kilometer davon. Damals die Hälfte vielleicht ist geflüchtet von unserem Dorf. Manche waren schon bei Kommunisten, die Kommissare waren befreundet und haben gewarnt: Du und du und du bist auf so einer Liste, da muss man was unternehmen. Und dein Uropa und deine Uroma sind geflüchtet nach Lustdorf. Da haben die gewohnt. Bis 1941 die Rumänen gekommen sind. 1942 ist der Wilhelm zurückgekommen nach Sudaki und hat seine ganze Erbschaft von dem Vater wieder zurückgenommen, und da hat er gearbeitet wieder so wie früher. Aber als das alles bei Stalingrad passiert ist, als die Deutschen sind zurückgegangen, die Zwickys mussten wieder flüchten! Nicht mit uns zusammen, die sind ein paar Tage eher raus und gelandet in der Obersteiermark. Wir sind etwas später geflüchtet, ist uns gelungen, über den Dnjepr rüberzukommen, und wir sind gelandet im Warthegau in Polen.

Lisa: Also, Alice und du wart nur zwei Jahre zusammen.

Leo: Ja, wir können zu deiner Großmutter nur wenig sagen, Fredy, weil wir waren nur zwei Jahre zusammen. Als wir sind geboren, waren wir zusammen, und als wir Jugendliche waren. Sonst war sie in Odessa, und wir waren woanders.

Weißt du, ich will nicht beleidigen deine Ureltern. Aber wir sprechen so, wie es ist. Also, dein Urgroßvater Wilhelm war vielleicht etwas schlauer als wir alle, er hat geahnt, was da auf uns zukommt. Die Russen kommen! Und der hat nicht so lange gewartet, bis man uns hat Fuhrwerk nach Hause beigebracht, dass wir was aufladen konnten. Der hatte Pferde, der war wieder reicher als wir. Und er ist drei Tage früher geflüchtet, nicht mit unserem Treck.

Aber hat nichts gebracht. Nix! Und ich sag dich, warum. Der war ein Heubauer, der hat also gerne getrunken, so wie wir. Und wie die Russen sind gekommen nach Steiermark, da hat er sich mit den Russen und dem Trinken, ich kann nicht sagen, dass er sich befreundet hat, aber mit dem Trinken ist es immer lustig. Die anderen Menschen haben nach Deutschland geflüchtet. Aber er immer am Spieltisch mit den Russen, spielen und trinken, und dann sind sie zu spät raus, und der Zug wurde erwischt. So sind sie nach dem Soda-Sawot in Sibirien gekommen.

Lisa: Leo, ich will mal fragen. Du erzählst jetzt von Alice und ihre Eltern?

Leo: Ja. Und wenn die sind gekommen nach Altairegion, da hat der Wilhelm erst begriffen, dass er hat ein großen Fehler gemacht durch dieses Trinken.

Bei uns war anders, aber auch sehr tragisch. Wir waren 17 Fuhren, und diese Brücke durch den Dnjepr war von uns drei Kilometer. Wir sind beigefahren zu dieser Brücke, aber die Deutschen sind zurück, und die ganze Straße war besetzt. Mit acht Soldaten in der Reihe konnte man mit der Fuhre nicht rein. Wir stehen auf der Seite und gucken, wie die deutschen Truppen gehen auf die Brücke, aber wir konnten nicht. Auf einmal ein deutscher Offizier hat uns erkannt – vorher waren sie stationiert in unserem Dorf. Er hat seine Truppe angehalten und unsere 17 Fuhren reingelassen, und so sind wir in der Nacht über den Dnjepr nach Berislau rüber. Das ist ein Wunder, dass wir überhaupt über den Dnjepr sind gekommen. Wenn also nicht der Offizier wäre, dann wären wir geblieben. Am anderen Tag sind schon die Russen gekommen, und die Brücke wurde gesprengt.

Lora: Kannst dir nicht vorstellen, wir sind den ganzen Tag da gestanden. Ungefähr zwei Kilometer zu der Brücke, und die haben die Brücke bombardiert.

Lisa: Aber Zwickys waren nicht dabei. Wo seit ihr dann mit Alice wieder zusammengekommen?

Lora: Im Warthegau. Wir haben vorher Briefe bekommen. Und nach dem Krieg sind wir auch nach dem Altai gekommen.

Lisa: Der Krieg war zu Ende, wir sind zurück. '46, mit dem großen Zug, 80 Waggons waren das, Viehwaggons, die waren alle voll voll voll beladen mit Kinder und Frauen aus Deutschland. Wir waren in Frankfurt an der Oder, drei Monate, Leo war auch dabei, aber da haben wir uns noch nicht gekannt. Und so sind wir mit dem Transport anderthalb Monate nach Krasnowod am Kaspischen Meer. Da kam der Leiter von einer Ziegelei dahin und hat sich Arbeiter ausgesucht, auch Jugendliche wie mich. Ich war 15, so kamen wir zusammen nach Aşgabat.

Leo: Das war so, wie sie in Amerika haben ausgesucht Neger für die Baumwollplantagen. Ich war da schon 21.

Lisa: Da war er schon ohne Bein und ohne alles.

Leo: Wir sind angekommen im Warthegau in Polen Dezember 1943, da war ich 16. Das nächste Jahr, im Juli 1944, waren die Russen schon an der Grenze zu Polen. Die Deutschen wollten sich wehren und haben uns als Hitlerjugend mobilisiert und in den Schützengraben geschickt und in Panzergräben. War ich eingezogen, 50 Kilometer von Posen haben wir gegraben. Auf einmal kommt ein Militärkommission, und die haben uns alle in Reihe gestellt. Wer von uns mehr als 1,73 Meter war, gleich auf die Liste genommen. Und dann haben sie uns, den 3000 Jugendlichen, erklärt: Sie sind freiwillig einberufen zur Front! Am 24. Oktober sollte ich mich melden, zur Waffen-SS. In Elsass-Lothringen wurden wir eingesetzt. Das hat nicht lange gedauert, am 19. Februar 1945 war ich verwundet.

Passiert ist das so: Es war Morgen, grau, zu zwei Personen wir haben Verpflegung geholt für unsere Kameraden in den Gräben. Da war eine Reihe von Gebüschen und Bäumen, aber da waren zehn bis zwölf Meter frei, und wie wir haben passiert, auf einmal hat ein Schwer-MG sich gemeldet, und ich war getroffen. Das war eine

Blattkugel, so eine, die im Inneren explodiert. Dann bin ich gefallen. Mein Kamerad ist weitergerannt. Von morgens bis 16 Uhr hab ich geschrien: Mama, rette mich! Aber keiner konnte zu mir kommen. Es hat ein Trommelfeuer gegeben. Das war wie in der Hölle. Dann um vier Uhr sind zwei Sanitäter gekommen mit weißer Fahne und rotem Kreuz. Die Amerikaner haben also nicht geschossen. Haben sie mich auf die Trage genommen und drei Kilometer weg zu einem Gefechtsstand, da lag ich weiter, bis ein Saniwagen mich zehn Kilometer weggebracht hat. Der Arzt wollte noch mein Bein retten, hat mir durchgebohrt. Drei Tage später sind meine Zehe schon schwarz geworden, die Wade auch. Da hat er zu mir gesagt: Junge, ich muss dein Leben retten, das Bein muss weg. Und dann haben sie mich genommen in diesen Raum, als ich aufwachte, war ich ohne Bein.

Klar, ich wollte leben. Aber wenn das Leben da zu Ende gewesen wäre, wäre auch nicht schlimm gewesen. So ist das an der Front. Da zählt keiner nicht. Und dann bin ich in ein Reservehospital gekommen, bei Darmstadt-Eberstadt. Im März 1945 sind die Amerikaner gekommen und ich in Gefangenschaft. Vor unserem Zimmer stand ein Amerikaner, schon grau, und nebenan zwei Neger, auch mit Maschinengewehren. Dann hat er geguckt, die anderen fünf waren schon ältere SS-Männer, und ich war 17. Mein Junge, you SS? Jawohl. Und da schüttelte er den Kopf, wie kann das denn sein, die SS wurde ihm immer beschrieben als die Ausgeburt der Grausamkeit, und hier lag ein Kind. Dann wurden wir sechs nach Karlsruhe deportiert, da war die ganze Oberschicht der Kriegsverbrecher. Und ich kann dir sagen, die ganzen Russlanddeutschen, die aus dem Warthegau berufen waren, landeten alle in der SS.

Lisa: Damals habt ihr auch gar nicht gewusst, was das ist, die SS, oder?

Leo: *Nu*, so oberflächlich haben wir das schon gewusst. Dass es eine Elitetruppe gibt, die bei uns hat die Juden erschossen. Weißt du, damals mit 17 habe ich überhaupt nicht überlegt, und vielmal habe ich

schon gesagt, ich konnte ein Verbrecher werden, aber es ist nicht
dazu gekommen. Ich habe nichts gemacht, keinen Menschen habe
ich nicht erschossen. Das war so kurz, und der Krieg ist zu Ende gekommen. Aber wenn es noch weitergegangen wäre, wer weiß, vielleicht hätte ich einen Befehl bekommen, den ich ausführen musste.
Aber warum bin ich überhaupt nach Russland gekommen? Weil
die Russen sind auch in die Krankenhäuser und Feldlazarette gekommen und haben in die Soldbücher geguckt, und wenn da an-
gegeben war, dass du geboren bist in Russland ... Dann wurde ich
deportiert nach Frankfurt/Oder, aber viele andere auch, ohne Arm
und ohne Bein. Wir haben uns schon gefragt: Was wollen die mit
uns, wollen die uns erschießen? Die können uns doch nicht nach
Sibirien schicken, zum Holzfällen. Sie haben uns in ein Zivilsam-
mellager geschickt und dann in einen Transport eingeladen und
unter Bewachung nach Mittelasien gebracht. So bin ich da hinge-
kommen, mit 19 Jahren, ohne Beruf, ohne Eltern, rausgeschmissen,
mach, was du willst.

Ich bin den Russen dankbar, dass die haben mich nicht erschossen. Wozu brauchten die mich denn? Ohne Bein, was kann ich machen? Lieber eine Kugel in den Kopf, dann kriegt ein anderer dein
Stück Brot. Aber die haben mich leben gelassen, und ich habe mich
durchgestoßen, und heute bin ich beinahe 80 Jahre. Jeder Mensch
strebt nach besserem Leben, aber in Russland haben wir das nicht
gedacht. Wir haben im Sinn gehabt, irgendwann kehren wir zurück
nach Deutschland.

Lisa: Im Herzen haben wir daran geglaubt. Und das haben wir
auch immer unseren Kindern gesagt. Unser ältester Sohn, der hatte
eine Russenfrau, und das wollten wir nicht. Wir dachten, irgendwann kommen wir zurück, und wenn er eine Russin hat, muss er
bleiben.

Leo: Ich will mich nicht Nazist nennen. Aber wir sind Deutsche,
und wir sind gestrebt, dass die deutsche Nation so bleiben soll, wie
sie ist. Unsere Vorfahren waren ganz deutsch, und wir wurden in

diesem Sinne erzogen. Als die im Radio hatten gesendet von Moskau, dass Krieg ist gekommen, mein Vater hat gleich gesagt: Wir Deutsche sind kaputt.

Lisa: Wir haben uns sehr gehalten ans Deutschtum. Deine Oma Alice, die war im Altai, sie hat einen deutschen Mann geheiratet. Deine Mama ist nach Tiraspol, hat sich auch einen Deutschen gesucht. Leo war ohne Fuß, egal, er ist ein Deutscher. Und so war es immer bei uns. Kann auch Krüppel sein, Hauptsache, Deutscher. Wir haben sehr zusammengehalten.

Leo: So, jetzt wird getrunken.

> *Liebes Gläschen Brandewein,*
> *du schaust mir so tief ins Herz hinein.*
> *Du hast mich oft hin und her gerissen*
> *und in den Dreck geschmissen,*
> *so hast du es mit meinem Vater getan,*
> *so fängst du es auch schon mit mir an.*
> *Und das soll deine Strafe sein,*
> *marsch mit dir, ins Loch hinein!*

Weißt du, von '41 bis '43, da haben die Menschen im Dorf nur Sorgen gehabt, Essen für den Winter zu beschaffen.

Lisa: Da haben wir noch nicht geahnt, dass wir von da irgendwann wegmüssen. Wir dachten, der Krieg geht gut. Die Deutschen sind vorangegangen, wir haben das nicht so mitgekriegt, wir hatten ja keine Ahnung nicht. Aber als sie zurück sind, haben wir das mitbekommen, dass sie uns mitnehmen wollen.

Leo: Wie die Deutschen sind reingekommen, da war in der Ukraine, in der Sowjetunion Kollektivwirtschaft. Was haben die Deutschen gemacht? Die haben das annulliert. Aber wir waren 16 deutsche Höfe, wir haben das alles noch zusammen gemacht. Ein großes

Feld haben wir mit Roggen und mit Weizen besät. Und dann haben wir, ich war 15, gepachtet eine Dreschmaschine, und mit den Sensen haben wir gemäht und gebunden, so hatten wir das Getreide zu Brot für den Winter. Jeder hat seinen Garten gemacht, aber das Brot haben wir für den Winter zusammen gemacht.

Lisa: Und wo war Alice?

Lora: Die war auch da. Lustig war sie. Und Sommersprossen hatte sie. Züchtig. Und hat so schön Mundharmonika gespielt. Die ganzen deutschen Lieder konnte sie. So schön.

Lisa: Du kannst noch so arm sein, die Jahre 15 bis 17 versuchen alle, Spaß zu haben. Leo und ich wurden ausgesucht und sind zusammen nach Aşgabat gekommen, haben uns aber noch nicht gekannt. In der Ziegelei haben wir in großen Baracken gewohnt, ein Zimmer 60 bis 70 Leute. Da waren auch so junge Leute, da haben wir uns nach der Arbeit gesammelt, einer hat Mundharmonika gespielt, und wir haben getanzt. Eines Tages kam ein Junge mit Leo. Der war so schön, so groß und so schlank. Schöne Haare und weiß im Gesicht.

Leo: Und jetzt nicht mehr?

Lisa: Na, ein kleines bisschen hast du dich schon geändert. Aber ich denke, jedes Mädchen hat gleich auf ihn geguckt. Dann kam er noch mal und noch mal, und so haben wir uns bekannt gemacht. Und dann war es mal so, da waren wir wieder alle zusammen, und beim Tanzen ist das Licht ausgegangen. Da spüre ich so eine Hand, hat er meine Hand genommen, mich zu sich gezogen. Aber ich war erst 17. Leo war 23. Hat mir nichts ausgemacht, dass er nur ein Bein hat. Ich bin ohne Eltern aufgewachsen. Mit meinen Schwestern. Im Mai haben wir uns bekannt gemacht, und so über den Sommer, und dann hat er mir gesagt … Erzähl du mal.

Leo: Na, da ist nicht viel zu erzählen. Ich war ohne Bein, und es war ziemlich schwer nach dem Krieg, und da habe ich so gesagt: Wollen wir heiraten? So kann ich nicht alleine weitermachen. Sie hat Ja gesagt. Das war Zusammenziehen, keine Hochzeit, aber dann sind wir doch nach Standesamt gegangen. Aber sie war noch nicht 18, da haben die gesagt, die soll noch wachsen.

Lisa: Erzähl doch mal, wie du zu meinen Schwestern gegangen bist.

Leo: Sie hat keine Eltern gehabt, die sind erschossen worden, das ist noch anderes Thema. Und da bin ich zu den Schwestern. Na, da bin ich zu der Ältesten und habe um die Hand gebeten, und was haben die gesagt: Blinde, mach die Augen auf. Der ist ohne Bein, und du willst ihn heiraten.

Lisa: Aber ich habe gesagt, wenn ihr Nein sagt, ich gehe doch. Und er war schon so klug, da hat er sich mit einem Kommandant bekannt gemacht, heiraten kann man ja nicht, wo 100 Leute drin wohnen, und der hat ihm ein Zimmer besorgt.

Leo: Da haben wir ein Zimmer bekommen, das war wie ein Hundestall.

Lisa: Ein Monat waren wir dann zusammen, und dann ist das große Erdbeben passiert. Sehr großes. Das haben wir noch nie erlebt, das war eine 9 auf der Richterskala.

Lora: Fünfundachtzig Prozent sind umgekommen.

Lisa: Ich war auf Arbeit, Leo war verschüttet. Die Nachbarin hat ihn rausgeholt.

Leo: Ich war halb tot. Das war so: Ganz plötzlich, die zweite Stunde in der Nacht, das hat angefangen zu zittern. Habe ich gleich begriffen, das ist Erdbeben, und habe mir die Hände so ans Gesicht gemacht.

Und dann hat es alles zusammengeschüttet. Und als es aufgehört hat, probiere ich, mich zu rühren, nicht einen Millimeter konnte ich mich bewegen. Es war alles dunkel. Der Staub und das Blut gibt mir keine Luft, da waren schon Sternchen. Auf einmal habe ich die Stimme von unserer Nachbarin gehört. Habe ich gerufen: Tante, Tante, hilf mir! Das war schon ältere Frau, sie sagte: Oh mal sehen, Kind, ich kann dir jetzt nicht helfen, meine Mutter ist auch verschüttet. Habe ich gesagt: Wenn die Mutter gerettet ist und ich noch am Leben, dann tut mir helfen. Es vergingen 15 Minuten, ich weiß nicht, dann höre ich: Söhnchen, Söhnchen. Und dann hat sie angefangen zu graben, hat mir gleich den Kopf frei gemacht und eine Hand.

Lisa: Und dann er hat sich selbst ausgegraben.

Leo: Meine Krücken standen am Bett. Da bin ich rausgekrochen, und wir haben Lisas Schwester gerettet. Die ganze Stadt war platt. Achtzigtausend Menschen nur in der Stadt zu Tode gekommen. 1948 war das, 5. auf 6. Oktober.

Lora: Meine Familie ist auch nach dem Warthegau gekommen. Ich war 15, musste beim Bauer arbeiten, war in so einem Lager nur mit Mädchen. In diesem Jahr, 1944, ist Leo zur Armee gekommen. Die Deutschen sind zurückgekommen und haben gesagt, wer die Mutter hat ganz nah, kann nach Hause gehen. Dann haben sie uns nach Ostdeutschland gebracht, und Leo war in der Armee, wir haben von ihm erst zu wissen gekriegt nach dem Krieg. 1947 haben wir einen Brief von Leo bekommen, durch unsere Tante, die ist in Sudaki geblieben, alle haben immer dahin geschrieben. Die hat uns mit Vater verbunden, mit Leo, mit meiner Schwester, mit allen. Die hat uns alle zusammengebracht.

Leo: Weißt du, innen waren wir immer Deutsche, bis zum heutigen Tag. Wir haben nix mit den Russen zu tun. Die Russen sind keine schlechte Menschen, bloß das kommunistische Regime, das hat auch den Russen nicht gefallen, da konnten die Menschen nichts machen. Aber deutsch waren wir, vom Geburtstag an. Die Verwandten kann man nicht aussuchen. Das sind die Deutschen, das ist der Nazismus. Sie haben ausgewählt seinen Weg, genauso wie die Russen ihren. Die haben spät begriffen, was das bedeutet, Kommunismus, Revolution. Der Lenin, der Verfluchte, hat gesessen in der Schweiz und hat da alles gemeistert. Die haben ihn erwartet als Gott, weil im Zarenreich haben sie es schwer gehabt. Die Russen haben auf Lenin gewartet. Er kommt, und dann wird alles anders. Und wirklich, er ist gekommen, und es ist alles anders geworden. Die klugen Menschen, die klugen Bauern waren alle vernichtet. Das war ein Sprichwort: Wer war nix, wird alles.

Na ja, die Revolution ist gekommen, diese ganze Geschichte mit der Kollektivierung, und wie die Bande von Bolschewisten begriffen hat, dass das Volk sich besonnen hat, ist der Terror gekommen, '37 und '38. Millionen sind erschossen oder ins Gefängnis gesetzt worden. Ein Beispiel: Lisas Mutter war eine Köchin in Kolchose, und ihr Vater hat im Stall die Pferde gehütet. Der Vater wurde erschossen, die Mutter ist gestorben im Gefängnis. Meine Großeltern: Der Opa war gleich erschossen mit 64 Jahren, die Oma ist gestorben im Gefängnis. Mein Onkel: erschossen. Mein anderer Onkel: erschossen. Und mit diesem Terror haben die Bolschewiki bestimmt: So und nicht anders sollt ihr leben. Und so haben die gelebt, 70 Jahre untertan, ganz ruhig. Wenn ein Wort, bist du weg.

Keiner sagt auch nicht, dass da ein großer Unterschied gewesen wäre. Wir tun dem Hitler nicht einen Ruhm machen. Das war genauso ein Typ wie der Stalin. Das ist richtig. Aber damals wir waren froh in der Ukraine, dass die Deutschen haben uns befreit. Aber was die Faschisten haben gemacht, wir zum Beispiel haben das erfahren schon mit 14, 15. Wir haben gewusst, was ist passiert. Unsere Mutter ist mit dem Kopf schon in Kriegszeiten ganz kaputt gewesen. Weil ringsum waren viel Juden. Wir waren im Dorf als Wirtschaft, haben Kuh gehabt, Butter gemacht. Lora und ich haben Milch und Butter zu den Juden getragen und verkauft. Mal sind die Deutschen gekommen, und die Juden waren weg. Und wir waren eine, zwei Wochen später an die Stelle, wo die Juden waren erschossen, alle, mit Kind, mit Frauen. Da waren zwei Brunnen mit bis zu 60 Meter Tiefe, die waren voll mit erschossenen Juden. Ringsum Klamotten, Schuhe, Taschen, Dokumente, der Brunnen war voll mit Lehm, der war geplatzt, und am Ufer waren Ströme von Blut, das haben wir mit unseren Augen gesehen. Die Mama hat gewusst, dass die Juden waren erschossen, und die Deutschen sind noch mit Lastern gefahren und haben das jüdische Zeug verteilt, die Klamotten.

Lora: Weißt du, Fredy, meine Mutter, die hatte eine große Freundschaft mit den Juden gehabt, und wo sie die erschossen haben, das kannst du nicht überleben.

Leo: Ich kann dir einen Fall erzählen. Meine Mutter, die war mal am Sterben. Bei unserer Stadt, fünf Kilometer entfernt, war ein Arzt, Walinski, ein guter Arzt, ein Jude, der hat die Mutter gerettet. Wie die Deutschen sind gekommen, auf einmal kommt der Walinski, und die Mutter sagt zu ihm: Hinter der Wand sind die Deutschen, und er sagt: Hast du was zum Essen? Wir haben aber nichts gehabt außer gekochtes Welschkorn für die Schweine. Na, dann gib mir welches, hat er gesagt, hat die Tasche vollgestopft und den Beutel und ist fortgegangen. Kannst du dir das vorstellen, ein Mensch, der dich hat gerettet, und du kannst ihm nicht helfen?

Lora: Wir haben Angst gehabt. In dem anderen Zimmer sitzen die Deutschen. Wenn sie ihn erwischen, ist er tot.

Leo: Die Besatzungstruppen hatten sich in unserem Haus einquartiert.

Lisa: Die haben ihn dann ja auch gerettet. Die sind da abgezogen, und als sie zurückkamen, hat der Kommandant die 17 Fuhren gesehen, und da hat er Leos Familie gekannt. Als die Deutschen sind gekommen, sind sie mit Motorrädern gekommen, und ich weiß noch, ich war ja 17, die Kerle waren so gut angezogen, und überhaupt, schöne Frisuren.

Lora: Da war Ordnung. Nicht so wie jetzt. Alles durcheinander hier in Deutschland. Damals, Hitler war nicht so gut, ja, aber er hat Ordnung gehabt.

Leo: Und mit was war die Ordnung geschaffen? Terror. Die, was gegen sind, müssen weg.

Lisa: Soll ich noch was zu essen holen?

Leo: Wir haben schon ganz jung gewusst, was ist passiert. Hier in Deutschland, die vielen haben nicht gewusst, was ist da draußen. Heute weiß jeder, was Hitler und Stalin gemacht haben. Vor Hitler haben die Menschen auch gelitten, große Arbeitslosigkeit, er ist gekommen, hat versprochen, er gibt Arbeit. Er hat sein Wort gehalten. Aber was für Arbeit war das? Die Autobahnen hat er gebaut. Für was? Für Krieg nach Osten. Das war sein Ziel. Genauso war es in Russland. Wie Stalin gesehen hat, dass die Leute ihn nicht unterstützen, da hat er den Terror ausgepackt.

Lora: Trotzdem haben es die Leute in Deutschland besser gehabt.

Leo: Und warum? Weil Hitler schon ganz Europa unter sich gehabt. Die Menschen haben gelitten.

Lora: Ich weiß nicht, ob wir in Russland am Leben geblieben wären.

Leo: Na, Lora, das ist für uns was, aber global ist es ja eine Kleinigkeit, ob wir sterben oder nicht.

Ich hätte Onkel Leo gerne von diesem Buch erzählt, hätte ihm gerne noch am Krankenbett gesagt: Ich werde diese Geschichten weitererzählen, es wird jemanden geben, der weiß, wer diese Menschen auf den alten Fotos in den Alben sind. Aber manchmal muss man verstehen zu finden – und auch zu verlieren.

Ganz normalna

Vor mir tauchen die Vororte von Saratow auf, und das Leben an der Peripherie wird geschäftiger. An der Bahnlinie verschwinden die Menschen in den Büschen, in den Händen tragen sie Eimer mit Beeren, Pilzen und Tomaten. Der Bus hält auf dem Scheitelpunkt des Sokolowaja-Hügels, der sich über der Stadt erhebt. Ich steige aus und verabschiede mich von dem Fahrer, dessen Hemd ihm am Rücken klebt, unter den Achseln hat er tellergroße Schweißflecke. Er grüßt nicht zurück, fährt mit offener Tür weiter, und ich gehe die paar Meter bis zum Park Pobedy, dem Siegespark, dessen Eingang von einem Kampfjet flankiert wird.

Eigentlich bin ich wegen des Blickes auf die Stadt hier. Unter mir windet sich die Wolga wie eine fette Schlange an gold glitzernden Zwiebeltürmen und Industrieanlagen entlang. Einst war das hier die Hauptstadt der Goldenen Horde, später landeten unten am Hafen ganze Hundertschaften Deutscher, die dem Ruf Katharinas der Großen gefolgt waren. Sie ließen sich zwischen Balakowo und Saratow nieder und machten schließlich die Stadt Engels auf der anderen Flussseite zu ihrer Hauptstadt.

Im 19. Jahrhundert erlebte Saratow seine Blütezeit, noch heute erzählen die Jugendstilgebäude in der Innenstadt von der einstigen Pracht. Vom deutschen Erbe blieb allerdings nicht viel. Außer alten, in Deutschland ausrangierten Linienbussen, die für Adelholzer Mineralwasser werben, oder Schuh- und Küchenläden, die sich deutscher Qualität rühmen.

Aber ich werde schnell eingesogen von diesem Park. Es ist einer, wie es ihn in vielen russischen Städten gibt, eine Anlage, die die heldenhaften Leistungen des Großen Vaterländischen Krieges ehrt und ihn durch ständiges Gedenken im Alltag verankert. Sieg. Ein Wort, dass wir in Deutschland nur aus dem Sport kennen. In Russland erwartet es einen an jeder Ecke, jeder Promenade, jedem Bahnhof: Sieg, Sieg, Sieg.

Ich laufe zwischen Eisbuden und Panzerreihen umher, zwischen Hubschraubern und MIGs. Bemerkenswerterweise ziehen diese Erinnerungen an den Krieg, diese Symbole des Patriotismus, reihenweise Hochzeitsgesellschaften an. Ihre Limousinen stellen sie auf dem Parkplatz ab, die Bräute schreiten in ihren weißen Kleidern voran, um sich mit ihrem Liebsten vor dem gepanzerten Eisenbahnwagen und dem Kriegerdenkmal fotografieren zu lassen. Für mich etwas verstörend, für die Russen ganz *normalna*.

Ein Teil des Parks besteht aus dem Dorf der Völker, das die Vielfalt der Nationen abbilden soll, die hier mal gelebt haben und es teilweise noch tun: Tataren, Kosaken, Armenier – und die Deutschen. Jede Nation hat ihren eigenen Bungalow. Bei den Armeniern gibt es Schaschlik und Bier. Das Deutsche Haus sieht zwar sehr ordentlich aus, aber von der beworbenen Bratwurst ist nicht mal ein Zipfel zu sehen, und es wirkt insgesamt so, als gäbe es hier schon lange nichts mehr. Auch unten im Museum für lokale Stadtgeschichte fristet die deutsche Abteilung ein eher kümmerliches Dasein: ein kleiner Raum, in dem das Handwerk der Deutschen präsentiert wird, dazu Informationstafeln über deutsche Konfessionen und ein historisches Dokument: ein kurzer Erlass zur Umsiedlung. Sehr sauber, sehr knapp. Vielleicht zu sehr – und damit zu wenig, gemessen an der Rolle, die die Deutschen einmal in dieser Gegend gespielt haben.

Bald klebt mir mein Hemd genauso am Körper wie dem Busfahrer seines. Die ganzen Jahre habe ich mir von der unbekannten »Heimat« immer nur den Winter vorgestellt, den kalten, unerbittlichen Winter.

Und jetzt das: Die Kinder im Park können ihr Eis gar nicht schnell genug schlecken, schon schmilzt es und tropft ihnen auf die Hände. In der grellen Sonne fahren weitere Hochzeitslimousinen vor, und die rotgesichtigen Fotografen dirigieren die Bräute, denen das Make-up zerläuft, an die besten Stellen. Ich wische mir den Schweiß von der Stirn und verlasse den Park, laufe den Hügel runter Richtung Stadtmitte. Auf der Straße staut sich der Verkehr, und die Abgase vermischen sich mit der Backofenluft.

Vor dem Bahnhofsgebäude treffe ich mich mit Julia, und gemeinsam gehen wir rüber zur Post, um mein Visum zu registrieren. Normalerweise übernehmen das die Hotels, kommt man aber privat unter, muss man zur Post. So zumindest die offizielle Version der Regierung, ob es am Ende nötig ist, wird unter Reisenden heiß diskutiert. Ich halte es mit »ab und zu«.

Aber die Beamtin hinter dem Schalter treibt uns über eine Stunde lang in den Wahnsinn. Erst lässt sie uns alle Dokumente ausfüllen, dann entdeckt sie einen Fehler und lässt uns alles noch mal schreiben, wie eine strenge Lehrerin in alter Zeit. Als wir ihr schließlich den Stapel ein zweites Mal reichen, überfliegt sie die Papiere kurz und sagt: »Das machen wir hier nicht.« Spricht's, steckt sich einen Bleistift in den Dutt, senkt ihren Kopf wieder und würdigt uns keines Blickes mehr.

»Da können wir nichts machen.« Julia zuckt mit den Schultern. *Normalna.* »Manche Dinge haben sich seit dem Ende der Sowjetunion einfach nicht geändert.«

Julia hat rotbraune Haare und trägt ein luftiges Sommerkleid. Sie geht auf den Fußballen, und ich folge ihr aus der Post in den Bahnhof. Drinnen und vor allem auf dem Gleis wimmelt es von halb nackten, rauchenden Männern und Frauen, die mit ihren Kindern an den Kiosken Proviant für die Weiterreise kaufen. Ihr Zug kommt aus Adler auf der Krim und fährt weiter nach Krasnojarsk. Sie tragen den Sommer vom Schwarzen Meer nach Sibirien und vertreten sich braun gebrannt die Beine, während wir uns einen Weg durch ihr noch urlaubsträges Dahintreiben bahnen, um zum Vorortzug zu kommen, zur *elektritschka.*

Wir rattern aus der Stadt hinaus. Julia sitzt mir gegenüber und fächert sich Luft zu. Die 27-Jährige arbeitet bei einer internationalen Studentenorganisation, aber langsam wird es ihr zu eng. Sie ist im Marketing tätig und hat immer mit Menschen aus anderen Ländern zu tun. Sie träumt von Moskau, Dubai oder dem Teil Europas, den sie momentan nur im Sonnenuntergang findet.

Eine Viertelstunde später steigen wir aus und laufen über, wieder mal, zerspringende Betonplatten und durch knöchelhohes Gras an den Bahngleisen entlang. Waren wir eben wirklich noch in der Großstadt Saratow? Über unbefestigte Wege, aus denen die Hitze noch nicht den Schlamm des letzten Regens gesogen hat, folge ich ihr an Datschen vorbei bis zu einem von fünfstöckigen Häusern eingerahmten rechteckigen Vorplatz. Auch hier liegt kein Asphalt, aber mein Telefon hat 3G.

In ihrer Zweizimmerwohnung verschwindet Julia kurz, dann kehrt sie in einem weißen Pullover und einer rot-schwarz karierten Jeans wieder, zieht die Tür auf und sagt: »Komm, ich zeige dir die Gegend, bevor es dunkel wird.«

Wie Kinder hüpfen wir hinein in diese Vorortwildnis, leicht und geübt springt Julia von einem Stein zum anderen, um die Pfützen und Schlammlöcher zu vermeiden. Hinter den Häusern, um die außen Heizungs- und Abflussrohre wie Seile laufen, versinkt die Sonne. Im nun hüfthohen Gras versteckt sich mancher Lada wie ein Osternest, und ich bin wirklich sofort wieder ein kleiner Junge, der einen noch unfertigen Stadtteil entdeckt, wie damals den Hasengrund in Rüsselsheim – heute ein allenfalls zu Aldi-Safaris einladendes Gewerbegebiet –, durch dessen noch grüne Unbezähmtheit ich mit meiner Großmutter lief, wo ich ihr eine Blume pflückte, die sie sich hinters Ohr steckte.

Der Weg schlängelt sich zwischen Datschen hindurch, deren Gärten üppig bewachsen sind.

»Hier sind wir immer mit unserer Jugendbande durch«, erzählt Julia. »Haben Kirschen und Äpfel gestohlen. Wir waren sehr böse.«

»Na ja, das ist doch normal, oder?«

»Stimmt schon. Aber für manche war das nur der Anfang. Dann haben sie richtig geklaut, danach kamen die Drogen. Heute habe ich nur noch mit den wenigsten Kontakt.«

Wir folgen dem Weg durchs Gestrüpp, bis es sich wieder lichtet und den Blick auf drei Seen freigibt. Am Horizont, auf der anderen Seite der Wolga, ragen Hügel empor. Aus Schornsteinen steigt Rauch, Krähen kreisen über den Bäumen. Vom Himmel fällt langsam Dunkelheit herab, und hier am Boden gibt es keine Straßenbeleuchtung, die ihr Einhalt gebieten könnte.

Im Licht des Sonnenuntergangs stehen ein paar Männer auf Sandbänken im Fluss, die Angeln ausgeworfen. Als wir an ihnen vorbeigehen, wirft einer Julia einen verächtlichen Blick zu. »Die Angler hassen mich«, erklärt sie. »Weil ich hier jeden Morgen um sechs ins Wasser springe und ihnen die Stille vermiese.« Durch einen Epochen- und Systemmix aus kleinen Holzhäusern und Plattenbau laufen wir einen Hügel hinauf. In manchen Fenstern geht das Licht an, aber so spärlich, dass die Sterne über uns viel stärker scheinen.

Während wir in den nächsten Stadtteil gelangen, betrunkenen Soldaten vor einer Kaserne ausweichen, ansonsten aber einfach frei durch die Gegend streichen, erzählt sie, warum sie am Ende wahrscheinlich ins Ausland gehen wird.

»Schon zweimal hat mich der FSB zum Gespräch gebeten. Die haben mich doch tatsächlich gefragt, ob ich plane, das Land zu verlassen!«

Hört sich nach vergangen geglaubten Zeiten an. Genau wegen solcher Fragen ist sie einer Oppositionsgruppe beigetreten. Sie möchte kein Russland unter Putin, sie möchte generell kein Russland unter einer zentralen Machtfigur. Ihrer Mutter macht ihr Engagement Angst. Denn als Putin seine Rückkehr ins Präsidentenamt ankündigte, war das auch ein klares Signal, dass in Zukunft Autokratie oder Herrschaft, bis der Leichenwagen kommt, wieder cool ist. Für die Opposition heißt das Willkür, Schikane und Einschüchterung. Im Internet listet die Seite *Predatel.net* die Feinde Russlands auf, darunter den Blogger Alexei Nawalny und den Oppositionspolitiker Boris Nemzow. Doch die Kräfte, die Putins Partei – Nawalny nennt sie die Partei der Gauner und Diebe – die Stirn bieten könnten, sind gleichzeitig zerstritten und zersplittert: Von ultralinks bis rechtsradikal ist alles vertreten. Laut aktuellen Umfragen kann Putin hingegen auf der Habenseite verbuchen, dass 86 Prozent der Bevölkerung mit seiner Arbeit zufrieden sind. Die Ukrainekrise – und auch, wie im Staatsfernsehen darüber berichtet wurde und wird – erzeugt einen Schulterschluss der Menschen. Kritik gilt in diesen Zeiten als unpatriotisch.

»Mutter bittet mich geradezu, ins Ausland zu gehen.«

Weiter durch schwach beleuchtete Straßen. Wir passieren eine Bar.

»Kann ich dich auf einen Drink einladen?«

»Bloß nicht. Hier gibt es immer nur Schlägereien. Außerdem mag mich dort keiner.«

»Warum das?«

»Denen passt einfach nicht, wie ich lebe.«

»Wie meinst du das?«

»All meine Freundinnen sind schon verheiratet und haben Kinder. Sie kümmern sich nur um den Haushalt. Wozu haben die denn studiert? Wir haben uns einfach nicht mehr viel zu sagen. In ihren Augen bin ich eine Aussätzige und in den Augen meiner Nachbarn genauso. Ich will aber stark und unabhängig sein, mein eigenes Geld verdienen.«

Die Nacht wird wieder still, als wir den Bereich der Kaserne verlassen und den Wald betreten. Ich folge Julia, nach 100-maliger Durchquerung dieses Gebiets führt sie mich sicher.

Wir schlagen uns in und durch die Büsche, überqueren einen gluckernden Bach. Dann erreichen wir einen weiteren See. Still und dunkel liegt er da. Auf der anderen Seite steht ein kleiner Kiosk, ich rieche Fleisch, das auf einem Grill brutzelt, und höre die Stimmen von Jugendlichen.

»Das ist mein Lieblingssee.« Julia betritt den Steg, der zehn Meter vom Ufer wegführt. »Gehen wir schwimmen.«

»Schwimmen?«

»Was? Traust du dich nicht?« Ohne zu zögern, zieht sie sich aus, stellt sich an den Rand des Stegs, springt ins Wasser.

Ich schaue mich um. Dann mache ich es ihr nach. Das Wasser ist angenehm warm. Wir treten auf der Stelle. Es ist so dunkel, dass ich sie kaum sehen kann. Julia spricht über Balzac und ihre Vorstellung der romantischen Liebe, die für sie wenig mit der aktuellen Situation in Russland zu tun hat. Hier müssten sich nicht die Männer präsentieren, sondern die Frauen stünden in Wettbewerb. »Die Männer müssen einfach nur ... existieren.«

Während das Geräusch unseres Plätscherns in den dunklen Himmel steigt, erzählt sie auch von ihrem Studium der Anthropologie und ihrer Abschlussarbeit über Sex in der Sowjetunion.

Wie hatte man denn Sex in der Sowjetunion?

»Leise«, sagt Julia, »sehr, sehr leise.«

Von Saratow führt eine fast drei Kilometer lange Brücke auf die andere Seite der Wolga, nach Engels. Dort begrüßt mich dann auch gleich eine Kneipe mit dem Namen Deutsches Bierhaus. Eine Erinnerung an die Geschichte der Stadt, die tatsächlich Engels heißt und Hauptstadt der autonomen Republik der Wolgadeutschen war.

Am Morgen war ich noch draußen vor der Stadt, etwa 25 Kilometer entfernt, fuhr an der Wolga entlang, an den Feuern der Raffinerien vorbei und durch wogende Weizenfelder, um mir das Denkmal zu Ehren eines der größten Momente der Sowjetunion anzuschauen, als man den USA einen Schritt voraus war, als sich alle Versprechen Stalins, das kapitalistische System vernichtend zu schlagen und das leuchtende Licht für den Rest der Welt zu werden, einzulösen schienen.

Während der Fahrt zog sich der Himmel zu, und über der Wolga gingen plötzlich Blitze runter. Die Straße bestand mehr aus Schlaglöchern als aus Asphalt, die Schilder am Straßenrand mehr aus Rost als aus Blech, die Luft mehr aus Mücken als aus Sauerstoff.

Der Minibus ließ mich an einem kleinen Parkplatz raus. Die Gewitterwolken hielten sich zum Glück an der Wolga auf. Ich ging einen Weg über, richtig, aufplatzende Betonplatten entlang, die Bäume lichteten sich, und ich trat auf die Fläche, die Zeugnis über das größte Raumfahrtabenteuer der Sowjets ablegt.

Hier stürzte 1961 Juri Gagarin nach seiner 108-minütigen Umrundung der Erde mitten in ein Weizenfeld. Niemand außer der Führungsriege des Landes hatte von dem Unternehmen gewusst, Gagarins Eltern erfuhren von der (geglückten) Mission aus dem Radio. Für alle Eventualitäten hatte der Kreml drei Pressemeldungen vorbereitet: eine für den Erfolg, eine für den Fall einer Landung außerhalb der Sowjetunion, eine für Gagarins Tod. Der Einschlag seiner Landekapsel blieb am Boden nicht unbemerkt, und als er ausstieg, fand er sich von Bauern umzingelt, die dachten, er sei ein Spion. Aber Gagarin deutete auf den Schriftzug »CCCP« auf seinem Helm und versicherte ihnen, dass er Russe sei und sie soeben den ersten Menschen getroffen hätten, der im All gewesen sei.

Gagarin war schlagartig berühmt, ein gefeierter Held der Sowjetunion, der im offenen Wagen durch Moskau gefahren wurde, Chruschtschow an seiner Seite, der endlich die Chance sah, den überheblichen Säcken aus den USA eins auszuwischen. Der »Kugelblitz vom Kreml«, ein eifriger Verfechter der Systemkonkurrenz, jubelte und mit ihm das ganze Land: »Die arroganten Westler haben gedacht, die Russen mit ihren Schuhen aus Birkenrinde werden nie eine Supermacht, aber die einstigen Analphabeten haben als Erste den Weg ins All gefunden!«

Die Sowjetunion schickte den Kosmonauten auf Welttournee. Er bezauberte das Publikum und die Medien, ließ aber dennoch keinen Zweifel an der Botschaft der Überlegenheit kollektiver kommunistischer Anstrengung. 1968 stürzte er allerdings mit einer MIG ab. Von offizieller Seite hieß es: Pilotenfehler.

In einer Steinstatue steht er hier grüßend verewigt, den Helm unterm Arm, und auf einer Stele rast über ihm seine Rakete in einem eingefrorenen Augenblick in den Himmel. Gerahmt wird das Denkmal von zahlreichen Reliefs der Ingenieure und Architekten des Raumfahrtprogramms, und in diesen paar Quadratmetern steckt die große Vergangenheit der Sowjetunion, der ganze Stolz über einen Moment, in dem die Geschichte versprach, anders zu verlaufen, als sie es am Ende tat. *Normalna.*

Auf dem Weg zurück hielt der Minibus an einem Bahnübergang, geschlagene 15 Minuten war weit und breit nichts zu sehen, bis sich, endlich und unendlich langsam, eine grüne Diesellok ins Blickfeld schob, die höchstwahrscheinlich schon zu Gagarins Zeiten dahingerumpelt war. Es sind die Extreme zwischen Vergangenheit und Gegenwart, zwischen Moderne und Supermachtanspruch zum einen und gleichzeitigem inhärenten Verfall zum anderen, die an diesem Land immer wieder faszinierend sind.

Zwischen Holzhäusern, die langsam in der Erde versinken, streife ich jetzt auf der Suche nach ein paar deutschen Spuren durch Engels. Aber außer dem Deutschen Bierhaus (das kein deutsches Bier ausschenkt) kann ich nichts finden, was nicht innerhalb der Mauern des örtlichen Museums konserviert wäre. Der zentrale Platz wird von einer Shoppingmall dominiert, weitaus schöner ist da die Promenade an der Wolga entlang, auf der die Russen an diesem Sonntag flanieren, sich auf den Bänken für einen Schwatz niederlassen oder am ewigen Feuer Blumen für die Gefallenen des Großen Vaterländischen Krieges niederlegen.

Ich gehe ein paar Treppen hinunter und hocke mich an den Fluss. Es heißt, die Wolga sei wie ein Pferd, weil sie alles schleppe. Aber gerade hat sie nichts zu tun, nur ein paar kleine Fischerboote sind unterwegs. Ich ziehe mir die Schuhe aus, stelle meine Füße ins kühle Wasser und vergesse für einen Moment den ganzen Weg, der noch vor mir liegt.

Урал:
Von Kontinent zu Kontinent

Mein Vater, der Fremde

Wie die Glieder einer Raupe schieben sich die Güterwaggons in langen Reihen bis in den Horizont hinein. Sie sind mit Kohle und Bauxit, mit Benzin und Stahl beladen. Die Gleise des Bahnhofs in Tscheljabinsk werden von Häusern eingerahmt, die fast schwarz sind. In der Ferne stößt ein Stahlwerk seine Atemwolken in den grauen Himmel, und durch die »Schmiede Russlands« laufen Tausende verrosteter Rohre.

Ich schleppe mein Gepäck durch eine Millionenstadt, die noch bis ins 19. Jahrhundert bedeutungslos war. Dann wurde sie an die Transsibirische Eisenbahn angeschlossen und erlebte eine schnelle Industrialisierung, bis sie im Zweiten Weltkrieg als »Tankograd« bekannt wurde, weil hier die russischen T-34-Panzer gebaut wurden – ebenso wie die Katjuscha-Raketenwerfer, deren Optik und Akustik der deutschen Sprache ein neues Wort bescherte: Die Landser nannten sie »Stalinorgel«. Irgendwo in der Nähe befindet sich auch noch die geheime Atomtestsperrzone 70. In ihrem Wappen aber trägt die Stadt immer noch ein Kamel, das von einer anderen Zeit erzählt, als hier noch die reich beladenen Karawanen der Seidenstraße vorbeizogen.

Ich lege mein Gepäck im Hotel ab und laufe etwas planlos die kilometerweiten, in Gitterform angelegten vierspurigen Boulevards entlang. Das Grau der Stadt, die einfach nur ein großer, nichtssagender Ort zu sein scheint, ohne Ästhetik und Magie, drückt mir auf die Stimmung. Hätte mein Vater nicht einfach auf Kuba geboren werden können?

Mit dem Bus fahre ich in den Norden der Stadt und begebe mich in den Metallurgischen Bezirk. Der heißt tatsächlich so. Ganze Straßenzüge mit soliden Backsteinhäusern wurden von den deutschen Kriegsgefangenen des Lagers 68 entworfen und gebaut. Zu Zeiten der Sowjetunion war Tscheljabinsk außerdem ein Standort des Gulag-Systems, in den »Besserungsarbeitslagern« schufteten die Häftlinge in den Stahlhütten, legten Asphalt über die Straßen und brachen Kohle in den Gruben.

Ich suche die Schule 96 und finde sie in einer Seitengasse. Obwohl noch Ferien sind, herrscht Betrieb. Eine resolute Dame am Empfang befiehlt mir, mich hinzusetzen und zu warten. Ich warte ziemlich lange. Bis zwei Mädchen daherkommen, die ich zunächst für Schülerinnen halte, sich aber als Lehrerinnen entpuppen und in astreinem Deutsch über die Geschichte der Schule referieren, mir erklären, dass sie für die verbliebenen Deutschen und alle anderen, die Deutsch lernen wollen, gedacht ist. Mehr gibt es eigentlich nicht zu erzählen, denn die Verbliebenen von einst sind fast alle nach Deutschland gegangen, und das globale Englisch hat Deutsch längst als Favoriten abgelöst. Früher feierte man hier deutsche Feste und lehrte die Gedichte von Goethe und Schiller. Die Schüler unterhielten Brieffreundschaften in die DDR.

Aber mein Besuch ist nicht ganz umsonst. Im zweiten Stock befindet sich in einem dafür hergerichteten Klassenzimmer ein Museum. Alte Kassettenrekorder setzen Staub an, und die Bücher von Marx und Engels hat auch lange niemand mehr in der Hand gehabt. Aber an der Wand hängen Geschichten aus dem Stadtteil, von damals, als die Wolgarepublik aufgelöst wurde und die Menschen deportiert und in die Trudarmija, die Arbeitsarmee, gesteckt wurden. Im Lager in Tscheljabinsk wurden jede Nacht Tote aus den Baracken geworfen, gesammelt und im Schnee verscharrt. 1942 starben im Lager 2727 Menschen, und 1943 lagen von den 27 430 Zwangsarbeitern etwa 30 Prozent in den Krankenbaracken.

Etwas benommen laufe ich weiter durch diese Stadt, immer mit der Frage im Hinterkopf, was ich mir eigentlich davon erhoffe, der Vergangenheit hinterherzujagen, ob es Sinn hat, verstehen zu wollen, wo ich herkomme, oder ob ich mir einen solchen Bezug zu meinem Leben nur einbilde.

Im Stadtzentrum, dessen Attraktion die von Skulpturen gesäumte Fußgängerzone ist, bewege ich mich auf der Suche nach etwas zu essen durch die Untergrundpassagen. Meine Nase folgt dem Fettgebackenen, das man hier an jeder Ecke bekommt, aber dann wird sie abgelenkt von einem anderen Geruch. Leder. Leder, das gerade bearbeitet wird. Der Geruch kommt aus Schustereien, die so klein sind, dass da gerade mal Platz für eine Poliermaschine und einen Miniaturarbeitstisch ist.

Als ich begann, für dieses Buch zu recherchieren, und mir die verschiedenen Lebenswege aufzeichnete, um diesen später zu folgen, fiel mir auf, dass ich mich immer nur mit der Seite meiner Mutter und meiner Großmutter beschäftigte. Diese Einseitigkeit war total offensichtlich, aber wenn man es lange genug so macht, wird es schließlich nicht mehr hinterfragt. Vor der Reise holte ich das also nach, das Hinterfragen – ich wusste noch nicht mal, wo mein Vater herkommt. Meine Mutter hatte sich früh von ihm scheiden lassen, danach hatte ich ihn vielleicht zwei-, dreimal gesehen, das letzte Mal vor 20 Jahren. Aber wenn es schon darum ging, sich die Familiengeschichte anzueignen, zu wissen, wo man herkommt, kompletter zu werden, damit man es später weitergeben kann und damit diese Geschichten nicht sterben, dann war es wohl auch meine Aufgabe, wieder Kontakt zu meinem Vater aufzunehmen und mir diesen Teil der Geschichte anzuhören.

Ich wusste, dass er Schuster ist und sein Laden sich in einer süddeutschen Stadt befindet. Ich nahm mir ein Paar alte Lederschuhe, die aussahen, als wären sie hinüber, und fuhr von Berlin hinunter, ohne Ankündigung. Das Einzige, was ich vorher tat, war, kurz anzurufen, um zu sehen, ob es den Laden überhaupt noch gibt. Nach der zweiten Silbe des Namens legte ich auf.

▼ Der Anfang einer langen Reise:
voller ignoranter Zuversicht

▲ Mit Konrads Spezialkleber wäre das Teil
sicherlich wieder flottzukriegen.

▼ Der Himmel über Sankt Petersburg: heiße Tage und laue Nächte in einer erschlagend schönen Stadt

▲ Am Abend am Newski-Prospekt: Hier zeigt sich »Piter« von seiner mondänen Seite. Die Maseratis donnern über die Straße, während Frauen für Fotos posieren; sei es an Brücken gelehnt oder eben auf Pferden.

▼ Eine Kirche errichtet auf dem Blut eines Attentats
► Alessia und ihr Sputnik

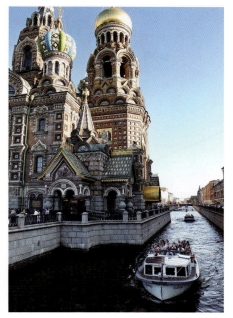

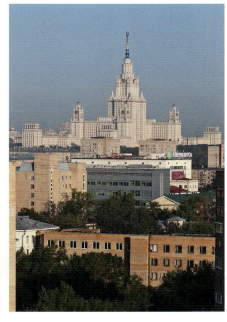

▲ Blick aus der Mercedes Bar
► Stalins architektonisches Vermächtnis in Moskau

▼ ▶ Allgegenwärtig: Liebesdienste und die militärische Hoheit

▲ Gute Freunde und Wodka aus Tassen. Dazu fetter Speck gegen den Kater. So muss das sein.

▼ Kein ADAC unter dieser Nummer, war ja klar.

▲▶ Nach dem Kreislaufkollaps in der Banja: Wir essen, trinken und philosophieren über das Leben.

▼ Eine Hochzeit auf dem Land heißt auch: improvisieren.
▶ Die Braut im traditionellen Kleid an Tag 2

▲ Die Autos sind schon geschmückt und gewaschen;
es fehlt nur noch der Knoten in der Krawatte von Jura.

▼ Jetzt fangen wir richtig an. Zielführender Tipp einiger Männer: bloß keinen Champanske zwischendurch trinken, gibt nur Kopfschmerzen.

▲ 1-2-3 TSCHUWASCHIEN!
Frei nach Tolstoi: Solange es auf dem Land etwas zu feiern gibt, wird es nie langweilig.

▼ Gone fishing: die Ruhe auf dem russischen Land

▲ Pfannkuchen und Marmelade, Alltag in der Datsche
▶ Der legendäre Juri Gagarin, verewigt an der Stelle, wo er aus dem All wieder auf den russischen Boden kam. Fast hätten ihn die Bauern gelyncht.

▼ Leben an der mächtigen Wolga
▶ Im Ural auf der Suche nach Haifischzähnen

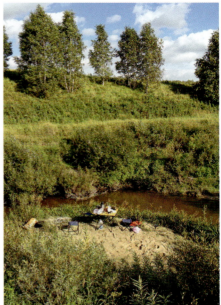

▲ Aber nicht, ohne sich vorher zu stärken.
Der Rauch hält die Moskitos in Schach.

▼ Tscheljabinsk, bekannt für Panzer und Raketen und anscheinend entführte Katzen

▲ Nowosibirsk: eine reiche Stadt, in der es aber nichts zu sehen gibt. Fast nichts.

▼ Peter Sawatzki und sein treuer UAZ
► Leben auf dem Markt in Omsk

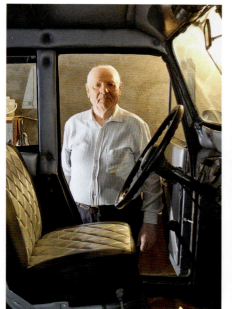

▲ Kurzer Stopp auf dem Weg zum Himbeersee. Die Beschäftigung mit der Vergangenheit ist auch immer eine Beschäftigung mit dem Verlust. Macht müde.

▼ Der Rhythmus der Transsib: essen, aus dem Fenster schauen, schlafen. Wiederholen bis zur Ankunft

▲ Eine Kantine: Es gibt Pelmeni und Kascha
▶ Arthur Jordan erzählt Geschichten aus einer anderen Zeit in Asowo.

▼ In Halbstadt, mit der Leiterin des Museums für deutsche Geschichte

▲ Der gute alte Sowjetrealismus: immer vorwärts, immer weiter

▼ ▶ Rendezvous mit der Vergangenheit: das ehemalige Straflager am Himbeersee

▲ Hinter den stummen und verfallenen Mauern treffe ich Menschen, die mit meiner Großmutter im Arbeitslager geschuftet haben.

▼ Auf der Karte sah die Straße nach Barnaul noch wie eine elegante Abkürzung aus.

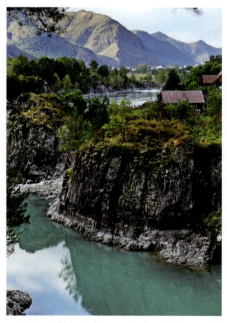

▲ Im Altai-Gebirge, in der Nähe zur Mongolei
▶ Kurz vor der Rasur bei einem hippen Barbier. Hoffentlich können die das.

▼ Irkutsk, das Paris des Ostens.
Abendstimmung am Fluss Angara

▲ Schamanenfelsen auf Olchon im Baikal,
dem tiefsten und ältesten See der Erde

▼ Olchon, die Kirche neben unserer Unterkunft.
Das Licht allein ist die Reise wert.

▲ Sergej bittet zum Gottesdienst, will aber selbst kein
Priester sein: »Ich bin doch noch ein Kind!«
▶ Goldener Herbst am Baikal. Schöner wird's nicht.

▼ Genug jetzt mit der friedlichen Stimmung.
Dawai, Häusle bauen

▲ Was ist das Leben ohne gute Freunde, mit denen man solche Momente teilen kann? Genau: nichts

▼ Es ist immer wieder schön auf dem Markt.
▶ Der größte Lenin-Kopf der Welt in Ulan-Ude

▲ Langsam durch Sibirien. Nur wer die Taiga kennt, heißt es, versteht die Ewigkeit.

▼ Er wollte reden, sie nicht. Kann passieren, ist aber selten in der Transsib.

▲ Das stundenlange Aus-dem-Fenster-Schauen wird regelmäßig belohnt.

▼ Morgens in Jakutsk. Geradezu kuschelig bei minus 30 Grad.

▲ ▶ Während mir die Wangen brennen und die Nase abfriert, ist es für die Kinder herrlichstes Winterwetter.

▼ Die besten Straßen macht der Winter: Die zugefrorene Lena hat nicht ein einziges Schlagloch.

▲ Ust-Nera: auf halbem Weg Richtung Magadan, auf der Straße der Knochen

▼ Willkommene Abwechslung auf dem Eisplaneten: ein Truckstop im Nirgendwo

▲ Minus 50 Grad. Kein Spaß, ehrlich.
▶ Die Hausansicht in Magadan illustriert den Griff nach den Sternen.

▼ Endlich am Pazifik, 12 000 Kilometer später. Meine Heimreise führt mich über Wladiwostok. Eine aufwühlende Reise in die eigene Vergangenheit geht zu Ende.

▲ Ein letztes Mal 100 Gramm Wodka. Es ist ein Abschied, aber es ist kein Ende.

Ich hatte mir einigermaßen ausgedacht, wie der Moment ablaufen sollte. Ich wollte dabei die Deutungshoheit haben. Ich hatte mich nicht angemeldet, weil ich nicht das Risiko eingehen wollte, abgelehnt zu werden. Ich wollte die große Überraschung, einen filmischen Moment, ich wollte der Regisseur dieses Wiedersehens sein. Jetzt stand ich da, die Schuhe in der Hand, und musste erst einmal abwarten, bis der Kundenstrom versiegt war. Durch die immer wieder geöffnete Tür hörte ich seine Stimme. Ich hatte einen Kloß im Hals und wusste nicht, warum. Die ganze Woche lang hatte ich mir außerdem Gedanken gemacht, was ich wohl anziehen sollte.

Schließlich gab es eine Lücke. Ich atmete durch und trat in das Geschäft.

Mein Vater stand nicht am Tresen. Von hinten, von der Werkbank, rief er:»Sofort. Ich komme gleich!«

Ich hörte den schweren Akzent in seiner Stimme. Sah mich um. Betrachtete die Schnürsenkel und die alten Gürtel, die Werbung für Schuh- und Pflegeprodukte, die schon jahrzehntealt sein musste. Ich roch in diesen Laden hinein, und ich roch eine Welt, die mir fremd war und doch hätte meine sein können.

Schnellen Schrittes kam er dann nach vorne, stellte sich hinter den Tresen und schaute mich an.

Ich hatte mich lange gefragt, ob er mich erkennen würde, nach 20 Jahren. Ob er mich vielleicht in der Zwischenzeit mal gegoogelt hatte – im Netz bin ich leicht zu finden –, ob er etwas über mein Leben wusste, ein Interesse daran hatte.

»Was kann ich für Sie tun?«

Ich hielt ihm das Paar Lederschuhe entgegen.»Kann man die noch retten?«

Er nahm mir beide Schuhe aus der Hand, legte einen auf den Tresen, den anderen ließ er durch seine Hand gleiten, drehte ihn zwischen beiden Händen und redete so schnell, wie er zuvor aus dem Werkzimmer hervorgekommen war.

»Hm, ja, die Naht ist gut, die Sohle auch. Gutes Leder. Aber was ist mit der Spitze? Die ist ganz abgestoßen. Arbeiten Sie im Büro, und treten Sie dabei gegen die Wand?«

Ich beobachtete ihn bei der Begutachtung meines Schuhs. Es war schwer, ihm zuzuhören, während ich mich darauf konzentrierte, wie er aussah, was seine Augenbrauen machten, was seine Stirn, seine Hände.

»Im Prinzip ein guter Schuh. Es würde sich noch lohnen.«

Er legte den Schuh zu dem anderen auf den Tresen und sah mich an. Ich schaute zurück. Ich schwieg und versuchte zu bestimmen, von wem ich meine Augenfarbe habe.

»Also?«, fragte er.

Ehrlich gesagt, hatte ich gedacht, dass er mich bis jetzt schon hätte erkennen müssen. Vielleicht musste er noch mehr von meiner Stimme hören. Ich spielte auf Zeit. »Ich habe hier noch ein Paar Schuhe«, sagte ich und meinte die an meinen Füßen.

Er kam um den Tresen herum und wollte sich bücken, um den Schuh zu untersuchen. Das war mir aber unangenehm, und ich wehrte ab. »Moment, ich ziehe ihn aus.«

Wieder ließ er den Schuh flink durch seine Hände gleiten und stellte am Ende noch mal die Frage, was ich bloß arbeiten würde, dass auch hier die Spitze aussehe, als hätte ich im Büro ein unruhiges Bein.

Ich wollte am liebsten laut schreien, aber langsam bekam ich Zweifel, ob das überhaupt mein Vater war. Eigentlich war ich mir sicher, aber kann das wirklich sein, dass man nicht sieht, wer direkt vor einem steht? Einfach nur, weil man es nicht erwartet?

Ich konnte diese Spannung nicht länger aushalten. Während er den Schuh wendete und die Sohle inspizierte, sie für gut befand, fragte ich:

»Erkennen Sie Ihren eigenen Sohn nicht?«

Der Schuh in seinen Händen kam sofort zur Ruhe. Mein Vater schaute mich an. Eine Sekunde, zwei Sekunden, drei Sekunden. Dann legte er den Schuh auf den Tresen, blickte mir in die Augen und erwiderte:

»Wer soll das sein?«

In diesem Moment ging die Ladenklingel, drei Kunden betraten die Schusterei, und ich denke, wir waren beide erleichtert, die Ge-

legenheit auf eine Pause zu bekommen. Möglicherweise war das
für mich sogar besser als für ihn, denn ich setzte mich einfach auf
einen der Stühle, ignorierte das Magazin, das auf dem Tisch lag,
und beobachtete stattdessen den Mann, den ich seit 20 Jahren nicht
mehr gesehen hatte, wie er – vielleicht bildete ich mir das aber auch
nur ein – plötzlich einen blasseren Gesichtston hatte, wie seine Bewegungen nicht mehr so schnell und zuverlässig, sondern fahrig
waren, wie er sich gelegentlich verhaspelte und über seine Zunge
stolperte und wie er mich in der nächsten Viertelstunde nicht einmal ansah, noch nicht mal aus den Augenwinkeln.

Als der vorerst letzte Kunde den Laden verlassen hatte, setzte er
sich auf den Stuhl neben mir.

»Das ist aber eine Überraschung«, sagte er.

»Sind das nicht die schönsten Dinge im Leben? Überraschun-
gen?«

»Ich meinte das weder positiv noch negativ. Sondern eben nur,
dass es wirklich eine Überraschung ist.«

Aha. Ich spürte, wie mir diese Begegnung entglitt. Das Leben ist
kein Film. Aber jetzt saß ich hier, und ich wollte nicht mit leeren
Händen gehen.

Wir redeten über den Grund meines Besuchs, wo ich wohnte,
was ich machte – schnell war klar, dass er wirklich keine Ahnung
hatte, eben nicht mal neugierig die Finger nach der Tastatur aus-
gestreckt hatte.

Die Uhr ging auf zwölf zu, bald war Ladenschluss. Ich sagte meinen vorbereiteten Monolog auf, dass ich mir wünschte, meiner Geschichte nachzuspüren, wir vielleicht ja heute den Tag miteinander
verbringen könnten, ich sei extra 800 Kilometer gefahren und hätte
Zeit bis morgen.

»Das geht nicht«, entgegnete er. »Ich habe heute schon andere
Pläne, und die kann ich nicht einfach deinetwegen umschmeißen.«

Er stand von seinem Stuhl auf, und während er anfing aufzuräu-
men, sagte er, dass er noch fünf Minuten habe, dann werde er den
Laden zumachen und ins Wochenende gehen. Er sagte nicht, dass
es ihm leidtue, er sagte einfach: So ist das eben.

»Was machen wir jetzt mit den Schuhen, willst du mir die Reparatur auftragen?«

Ich nickte. Warum nicht. Ich fragte ihn nach seiner Telefonnummer von zu Hause. Er wollte sie mir nicht geben.

»Ruf hier im Laden an, und dann schauen wir, wann du sie abholen kommst.«

Nachdem er einfach die Tür abgeschlossen, keinen nächsten Besuch vereinbart hatte, noch nicht mal in die Nähe solch eines Vorschlags gekommen war, stellte ich mir auf der Heimfahrt immerhin vor, wie nun meine Schuhe in diesem Geschäft standen und ihn jetzt vielleicht jeden Tag an mich erinnerten.

Aus dem grünen Süddeutschland meiner Erinnerung kehre ich in das mich emotional nicht minder erschlagende graue Tscheljabinsk zurück, dessen Straßen schnurstracks in die Endlosigkeit zu führen scheinen.

Neben der obligatorischen Leninstatue auf dem Platz der Revolution, die immer und überall »vorwärts!« schreit (eigentlich geht es tatsächlich immer vorwärts: vorwärts in die Vergangenheit, vorwärts ins Verderben, vorwärts ins gute und ins schlechte Leben), wird gerade ein World Trade Center gebaut. Fast keine russische Stadt kommt ohne solch ein Center aus, *biznez* ist nach dem Untergang der Ideologie das neue Opiat, von dem sich die meisten bereitwillig benebeln lassen. Auf der Strecke bleiben ausgerechnet die, die gegen seine Wirkung auch immun zu sein scheinen. Und so sieht man wie überall auch hier in Tscheljabinsk die alten Babuschkas, die nur Augen für die Mülltonnen haben und das, was andere für Abfall halten. Vielleicht ist ja ein Schatz dabei, sicherlich aber ein paar Pfandflaschen oder eine weggeworfene, abgebissene Wurst.

Das russische Anderswo

Der Zug rattert wieder über die Gleise, und durch den Dampf meines Tees sehe ich plötzlich, noch außerhalb der Stadt, diesen Obelisken, der 1837 zu Ehren des Thronfolgers Alexander aufgestellt wurde. Auf der linken Seite steht »Europa«, auf der rechten »Asien«, und mit einem Ruck über die Gleise habe ich diese imaginäre Grenze zwischen den Kontinenten überquert – aber es ändert sich, natürlich, nichts. Nur im Kopf, da ändert sich, natürlich, was, denn von hier bis nach Osten erstreckt sich nun Sibirien, und wen bei diesem Begriff nicht die Neugier packt, während ihm gleichzeitig ein Schauer über den Rücken läuft, dem kann ich auch nicht helfen. Diese Landmasse dehnt sich über mehr als 9600 Kilometer Länge, sieben Zeitzonen und ein Drittel der nördlichen Hemisphäre aus.

Hier beginnt das russische Anderswo, der Ort der Verbannung, in den die Dekabristen, Dissidenten, Kriminellen und die Deutschen deportiert wurden. Zu Sowjetzeiten unkten mutige oder leichtsinnige Zungen: In der UdSSR gibt es zwei Parteien, die kommunistische und Sibirien. Aber Letzteres war auch, und das ist weniger bekannt, ein Ort absoluter Hoffnung, ein Ort, der schnelle Reichtümer versprach, ein Ort für einen Neuanfang – ebenso wie der amerikanische Westen übte die sich immer weiter nach Osten verschiebende Grenze eine magnetische Anziehungskraft auf Glücksritter aus. Zunächst lockte Pelz, dann Gold, schließlich Holz, Uran, Öl und Gas. Die Eroberung Sibiriens erst machte Russland zu einer Supermacht. Während im westlichen Teil des Reichs im späten 18. Jahrhundert 17 Millionen Menschen – bei einer Gesamtbevölkerung von 36 Millionen – als Leibeigene an eine Scholle und einen Herrn gebunden waren, vernahm man aus Sibirien nicht nur den Ruf der Wildnis, sondern auch den Ruf der Freiheit. Die Bauern nannten es ihr *belowodje*, versprochenes Land – eines, das, für sich allein genommen, immer noch das größte Land der Erde wäre, mit einer so starken Identität, dass es in den 1990ern Bestrebungen gab, sich tatsächlich vom Mutterschiff abzukoppeln. Ein unvorstellbar gigantischer Ort, größer als die USA und Europa zusammen. Ein Land, in dem man auf dem Trockenen ertrinken kann.

Aber das habe ich nicht vor. Zunächst steige ich in Jekaterinburg aus. Die mit 1,3 Millionen Einwohnern viertgrößte Stadt Russlands mag von außen etwas unscheinbar wirken, hat aber eine turbulente Geschichte hinter sich. Gegründet wurde sie auf Weisung Peters des Großen durch zwei seiner dienstbaren Geister: den Staatsmann und Historiker Wassili Tatischtschew und den gebürtigen Siegerländer Georg Wilhelm Henning, der sich unter dem für russische Zungen leichter auszusprechenden Namen Gennin als Offizier und Ingenieur für den Zaren verdingte. Die Stadt begann als Eisenhütte – man hatte riesige Vorkommen Erz im Ural entdeckt – und wurde von einer Befestigungsanlage umgeben. Von hier aus sollte der Osten erschlossen werden, und je weiter sich dieses »Fenster nach Asien« öffnete, desto wichtiger wurde Jekaterinburg als wirtschaftliches, kulturelles und verwaltungstechnisches Zentrum der Uralregion. Schlagartig und weltweit berühmt wurde die Stadt aber erst, als hier 1918 die Romanows ermordet wurden.

Gegenüber den türkisen Türmen der Himmelfahrtskirche legen die Menschen an der Kathedrale auf dem Blut Blumen für die Zarenfamilie nieder. Genau deswegen ließ Breschnew 1977 das von den Bolschewiki 60 Jahre zuvor für die Unterbringung der entmachteten Herrscher beschlagnahmte Haus, in dem sich die Bluttat ereignet hatte, in einer Nacht-und-Nebel-Aktion dem Erdboden gleichmachen; der ausführende örtliche Parteifunktionär hieß Boris Jelzin. Aber der Abriss änderte nichts an der Tatsache, dass die Menschen nach dem Zusammenbruch der Sowjetunion wieder das Wort »Monarchie« in den Mund nahmen und das Thema eine Renaissance erlebte. Als Märtyrer verehrt, wurden die Romanows von der orthodoxen Kirche Russlands im Jahr 2000 heiliggesprochen, und an der Stelle des einstigen Mordhauses wurde in den Jahren darauf die Kathedrale auf dem Blut errichtet, ein Eins-a-Monarchisten- und Touristenmagnet in strahlendem Weiß und Gold.

Es ist Mitternacht, der Wechsel vom 16. auf den 17. August 1918, als die Zarenfamilie geweckt und in den Keller beordert wird. Angeblich zu ihrem Schutz, in der Stadt seien Schießereien zu erwarten, doch in dem 13 Quadratmeter großen, extra leer geräumten Raum wartet ein Erschießungskommando. Das Todesurteil wird verkündet, die Mörder feuern los. Der Zar ist sofort tot, ein Schuss ins Herz, ebenso die Zarin und die älteste Tochter. Aber manche Kugeln schlagen gegen die Diamanten, die in die Mieder der Mädchen eingenäht sind, und jagen als Querschläger unkontrolliert durch den Raum. Die Mörder werden panisch, sie ziehen ihre Bajonette und stechen auf jeden ein, der sich noch bewegt. Doch auch die Klingen werden teils von den Miedern abgewehrt, und so dauert das Gemetzel entsetzliche 20 Minuten.

Zwei Großstädte hintereinander sind ein bisschen viel, merke ich gerade, ich spüre, wie ich immer kleiner werde, regelrecht in mich zusammenfalle und langsam versinke. Also doch, so schnell. Ich musste noch nicht mal in die Tiefen Sibiriens vorstoßen, dieses Meer aus Asphalt und Beton genügt bereits.

Meine Rettung kommt in Form von Oleg daher, der auch im Büro Outdoorkleidung trägt und darüber schimpft, dass er überhaupt im Büro sein muss. Seine Firma Ural Expedition & Tours bietet viele kleine Abenteuer an, von Hundeschlittenfahrten bis hin zu Ausflügen mit Motorrädern der Marke Ural, die in Irbit produziert werden. Am häufigsten nehmen nichtrussische Europäer seine Angebote in Anspruch, aber seit dem Beginn der Ukrainekrise hat Oleg Einbußen von 50 Prozent zu verzeichnen.

So kann das nicht bleiben, also fahren wir raus aus der Stadt, machen uns auf den Weg zu einem einsamen Fluss, um Haifischzähne zu suchen, genauer, zu schürfen.

»Einfach nur, um etwas zu tun zu haben«, sagt Oleg.

Einen Großteil der 100 Kilometer langen Strecke verbringen wir hinter Lkw, deren Maschinen so schwach sind, dass sie selbst die leichten Steigungen des Urals nicht schaffen. Und immer wieder wechselt der Asphalt mit Schotter ab, die Steine springen hoch und knallen gegen die Windschutzscheibe, bis der Verkehr sich von der sogenannten Autobahn mitten durch die am Weg stehenden Dörfer quält. Eingehüllt in den Smog, der rußig schwarz zwischen den Holzhäusern steht, verkaufen fliegende Händler meterlange Fische und Birkenblattgebinde.

Nach drei Stunden lungenfeindlicher Kriecherei nehmen wir eine Nebenstrecke. Kommen an Häusern vorbei, aus denen verknautschte, missmutige und vor allem misstrauische Männer schauen. Wir verlassen die befestigte Straße und fahren mit dem Allradantrieb quer über Wiesen und Felder, weil wir am Horizont einen Fluss gesehen haben, der Olegs Ansprüchen genügen könnte.

Das Gras steht hier hüfthoch und wiegt sich im Wind. Unten im Bett gluckert der Fluss, etwa ein Meter in der Breite, eher ein Bach also, aber großzügige Sandbänke an beiden Seiten. Die Moskitos sind bereits auf der Jagd.

»Genau richtig«, befindet Oleg, und wir beginnen, den Wagen auszuladen. Neben den ganzen Lebensmitteln, die wir eingepackt haben, natürlich auch die Goldgräberausrüstung: Schaufel, Eimer und Sieb.

Aber bevor es losgeht, stellen wir einen Campingtisch auf und machen ein Feuer. In einen Gusseisentopf legen wir Kartoffeln und geben Fleisch aus der Dose dazu. Der Eintopf wird eine Weile brauchen, deshalb gehen wir rüber zu den Sandbänken und heben mit der Schaufel das lockere Erdreich an, füllen es in das Sieb. Im Bach schüttele ich das Sieb hin und her und wasche so Schlamm und Dreck von den Steinen. Wieder und immer wieder, das wird morgen Rückenschmerzen geben, aber die Suche wird schnell zur Sucht.

Zu Beginn finden wir erst nur kleine Zähne, doch dann werden sie immer größer, und obwohl unsere Hände von der Kälte des Wassers schon taub sind und die Moskitos blutdurstige Angriffe fliegen, gibt es kein Halten mehr. Wir lassen unserer Begeisterung über den Fund dieser jahrmillionenalten Relikte aus einer Zeit, als der Ural noch ein Meer war, freien Lauf. Als ich schließlich den Mund wieder zuklappe, fällt mir auf, dass auch der Sound unserer Freudenschreie etwas sehr Urzeitliches hatte.

»Eigentlich wäre es mir ja lieber, Gold zu finden und mir dann ein neues Auto zu kaufen«, sage ich zu Oleg. Er zuckt mit den Schultern, lacht. »Es ist nicht so, dass hier kein Gold liegen würde. Man muss nur wissen, wo. Das ist natürlich illegal, aber ich kenne schon einige, die sich hier eine goldene Nase geschürft haben.«

Der studierte Geologe kam in den Ural, weil er hörte, dass es hier bald einen Boom für Wildnistourismus geben werde, und tatsächlich eignet sich die Region hervorragend dafür. Noch ein paar Kilometer weiter Richtung Norden, und die Zivilisation hört wirklich auf, über Straßen oder das, was man bis hierher dafür hält, brauchen wir dann gar nicht mehr zu reden.

»Da sind nur noch Geologen oder Holzfäller unterwegs«, erklärt Oleg. Dabei erstreckt sich das Gebirge noch etwa 2400 Kilometer weit nach Norden, bis es am Polarmeer ausläuft.

Wir unterhalten uns über die ganzen Fabriken, die es im Umkreis gibt. Nicht nur die Ural-Motorräder kommen aus der Gegend, auch die weltberühmte Kalaschnikow. Während des Zweiten Weltkriegs wurden etwa 700 Fabriken im Westen Russlands ab- und im Ural wieder aufgebaut.

Der Eintopf dickt langsam ein, und der Rauch des Feuers vertreibt zumindest an dieser Stelle die Moskitos. Das fettig saftige Knacken und Spotzen der Würstchen, die wir über die Glut halten, treibt mir den Hunger in den Magen.

Der Italiener Simone begleitet uns, ein Bär von einem Kerl, der gerade in Permafroststiefeln durch den Bach stapft und seine Theorie testet. Er will nämlich mit seinem Motorrad in den Norden fahren, zu einer Felsformation namens Manpupuner, die auch »das russische Stonehenge« genannt wird. Allerdings führen keinerlei Straßen dorthin, und Simone müsste mit seiner Maschine mehrere Flüsse überqueren. Als wir auf dem Herweg herumspannen, sagte ich, probier's doch mit einem Lkw-Schlauch.

Jetzt hat er also einen kleinen Kanister an einer Angelschnur befestigt und testet, ob die Strömung den Behälter automatisch zum anderen Ufer treibt. Bei diesem Versuch klappt es.

»Denkst du, ich werde sterben?«, fragt er Oleg.

»Nein, das ist eine hervorragende Idee«, antwortet der, kann sich aber das Grinsen nicht verkneifen.

Endlich ist das Essen fertig, und wir setzen uns an den Ausklapptisch. Der Bach gluckert vor sich hin, und in unseren Taschen stecken mittlerweile etliche Haifischzähne. Gefühlt halb verhungert durch die Kälte und die Arbeit, laden wir uns die Teller voll.

»Aber das ist nicht das einzige Problem, Simone«, sagt Oleg. »Kennst du die Geschichte vom Djatlow-Pass?«

Mit vollem Mund schafft es Simone gerade mal, ein »Nein« rauszupressen, also lässt Oleg seine Gabel sinken und erzählt von einer Gruppe junger russischer Studenten. Auch Geologen.

»Sie wollten im Winter, Anfang Februar 1959 war das, über den Pass, waren sehr erfahrene Skitourengeher. Doch dann hörte man nichts mehr von ihnen. Eine Woche später machte sich ein Suchtrupp auf den Weg. Im Winter liegt hier jede Menge Schnee, und es ist saukalt. Die Suche war also nicht ganz einfach. Aber schließlich fand man sie. Alle waren tot. Aber *wie* man sie gefunden hat, war das wirklich Interessante.«

Jetzt sinkt auch Simones Gabel herab. Wir hängen an Olegs Lippen. Der Eintopf im Teller dampft vor sich hin, wird aber kälter und kälter.

»Der Suchtrupp fand sie an verschiedenen Orten, mindestens 500 Meter von den Zelten entfernt, die sie von innen aufgeschlitzt hatten. Und: Sie waren alle nackt. Im meterhohen Schnee. Und einigen fehlte die Zunge.«

»Wow«, stößt Simone hervor. »Hat man denn rausbekommen, was passiert ist?«

Oleg schüttelt den Kopf. »Man weiß es bis heute nicht. Natürlich kursieren allerlei Theorien, wie zum Beispiel ein Angriff von Einheimischen oder dass das Militär in der Nähe eine neue Strahlenwaffe getestet hatte. Eine sehr merkwürdige Sache. Pass also auf.«

Als es später dunkel wird, sitzen wir immer noch auf unseren Campingstühlen, rauchen und trinken Tee. Am Himmel sind die Sterne rausgekommen, in wirklich beachtlicher Menge. Kein Auto ist zu hören, kein Menschengeräusch, die Moskitos machen, was auch immer sie nachts machen, jedenfalls sind sie endlich weg, und ich genieße die Kühle in der Luft, den Duft des frischen Grüns in der Nase.

Sibirien ruft.

Азово:
Die russische Seele braucht Weite

Die Ohrfeige

Aus dem Lautsprecher knallt russischer Schnulzentechno, aber auf der Liege mir gegenüber schläft Georgi tief und fest. Der 75-Jährige hat sich langgemacht und die großen tätowierten Hände über dem Bauch gefaltet, sein Haar ist voll, kräftig und silbern wie ein gebündeltes Spinnennetz. Bis nach Omsk sind wir Genossen in der Transsibirischen Eisenbahn, dieser Metallschlange, die mit höchstens 80 Stundenkilometern beharrlich durch die sibirische Weite klappert.

Ich sitze am Fenster und blicke in die Wälder. Stundenlang sehe ich nichts anderes, Konglomerate schlanker Birken, und das ist so hypnotisch, wie in ein Lagerfeuer zu starren. Dazwischen wachsen windschiefe Dörfer aus dem Boden, Strommasten verrosten, die Straßen ähneln eher Trampelpfaden, Menschen mit Polentaschen und Plastikeimern schälen sich aus der grünen Hölle – oder verschwinden in ihr.

Jeder Halt wird zu einem Ereignis, da ist selbst der Stillstand aufregend. Babuschkas kommen an den Zug und verkaufen Gurken, Kirschen, sogar Mützen, Socken und Kristallgläser, aber natürlich auch Wodka und Bier. Gibt man ihnen zu wenig für eine Flasche, spucken sie einem vor die Füße.

Obwohl wir stehen, schnarcht Georgi immer noch im Rhythmus des Zuges.

Ich steige aus und kaufe einer Babuschka Hühnchen mit Kartoffeln ab. Das Fleisch ist noch warm. Die *prawadnitsas*, die weiblichen Zugbegleiter, spötteln über meinen Enthusiasmus, ich bin der einzige Ausländer im Zug.

Wir fahren weiter. Draußen färben sich die Birkenblätter gelb. Der Zug rattert monoton, und sein Ta-tack-ta-tack-ta-tack wirkt beruhigend auf mich. Das Tempo bleibt gemütlich, der Tee dampft in hohen Gläsern vor sich hin, darin lösen sich zwei Stücke Zucker, groß wie Kiesel, langsam auf. Die Weite der Landschaft tut meinen Augen gut. Birkenwälder, ich wusste nicht, wie schön ihr seid.

Georgi ist wieder wach und fragt, was ich die ganze Zeit schreibe.

»Ein Buch, Georgi.«

Er grunzt anerkennend. »Ein Literat also? Sehr gut.«

Wir unterhalten uns über das gigantische literarische Vermächtnis Russlands, die Schwergewichte Tolstoi, Dostojewski, Puschkin, Tschechow, ein Universum, das voller Rebellen war und der Welt das Bild der russischen Seele näherbrachte. Ein Universum, das für seine Bewohner aber gefährlich war, vor allem in Stalins Russland. 1934 übernahm die Vereinigung der sowjetischen Schriftsteller die Doktrin vom Sozialrealismus, und fortan musste jede Kunst des Menschen Kampf für ein besseres Leben abbilden, musste heroisch sein und dem Proletariat dienen. Alles Experimentelle war unsowjetisch, sozusagen »entartet«. Für die Künstler hieß das: entweder fliehen oder sich Stalins Wünschen beugen. In diesen engen Grenzen bekamen Worte eine ganz neue Macht, sie konnten explodieren und den Tod bedeuten. Der Dichter Ossip Mandelstam, der selbst ins Visier der Diktatur geriet und im Arbeitslager starb, schrieb, dass in Russland Lyrik noch wirklich etwas zähle – hier werde man sogar dafür erschossen. Die kleinste Kritik bedeutete Gulag, und dennoch oder gerade deswegen wuchs die Rolle des Wortes. Manche Gedichte waren so aufrührerisch, dass sie überhaupt nicht niedergeschrieben, sondern mündlich weitergegeben wurden. Trotzdem schaffte es der Diktator, so vielen Künstlerseelen die Luft zum

Schreiben und zum Leben zu nehmen, ihnen ihr Fundament zu rauben, dass sie sich umbrachten.

Eine andere Zeit, sicherlich, auch wenn es heute um die Meinungsfreiheit nicht zum Besten steht, wie nicht nur die Ermordung der russisch-amerikanischen Journalistin Anna Politkowskaja gezeigt hat.

Georgi scheint das allerdings nicht sonderlich zu interessieren. Er will lieber wissen, wo ich hinwill, lacht bei meiner Antwort laut – als wäre das eine wirklich absurde Idee – und enthüllt dabei eine Reihe makelloser Goldzähne. Dieses Lachen kommt tief aus dem Bauch und schüttelt den ganzen Menschen durch. Die Strenge, die er noch zu Beginn ausstrahlte, ist nun Sanftmut gewichen. Ebenso wie bei den *prawadnitsas*, die mich zunächst anherrschten, jetzt aber äußerst geduldig mit mir sind und sich für mich erwärmen. Die Zugfahrt macht uns schon fast zu einer Schicksalsgemeinschaft. Aber so geht es einem oft in Russland, man muss hartnäckig bleiben und sich erst mal durch mehrere *njets* kämpfen, bis man ein *da* bekommt.

Am Bahnhof von Ishim, eine Topdestination für Liebhaber endlos flacher Weiten unter endlos hohem Himmel, warnt ein Schild davor, auf den Gleisen Zeitung zu lesen, und Georgi sagt: »Pass auf, was du fotografierst.«

Er sagt das eher beiläufig, während er sich ein Rasierbesteck aus der Tasche holt und auf dem Tisch auffaltet. Im Unterhemd dasitzend, seift er sich mit einem Pinsel das Gesicht ein, schaut kritisch in einen Handspiegel und führt die Klinge eines Mach 3 im Rhythmus des Zuges. Jede Bewegung abgemessen, ruhig, ordentlich, alles andere als dreifache Schallgeschwindigkeit. Es sei wichtig, erklärt Georgi, sauber und adrett zu sein, das habe ihn die Armee gelehrt, 36 Monate Infanterie auf Kamtschatka, der Halbinsel aus Feuer und Eis im Fernen Osten Russlands, auf der in 29 aktiven Vulkanen Magma brodelt.

Bei einem der nächsten Halte wartet auf dem Gleis gegenüber ein Zug in blauer Farbe und mit kasachischer Flagge. Ankunftsziel: Almaty. Davor eine Mutter, die nachdenklich in hektischen Zügen

raucht. Ihr sich selbst überlassenes Kind dreht sich in Strumpf-
hosen um die eigene Achse.

Das könnten wir gewesen sein, geht mir durch den Kopf: die geis-
tig abwesende Mutter, die nicht weiß, was da kommen wird, und
der kleine Junge, der seine erste große Reise unternimmt, von den
prawadnitsas verwöhnt wird, an jedem Halt voller Zuversicht aus
dem Zug springt.

Meine erste Erinnerung an Deutschland: Wir waren gerade am
Frankfurter Flughafen gelandet. Meine Mutter war ernsthaft erkrankt und musste von einer Ambulanz abgeholt werden. Oma
nahm mich bei der Hand, und wir setzten uns in einen Zug. Ich wein-
te. Oma tröstete mich. An einer Haltestelle wollte sie mir etwas zu
trinken holen, und der Schaffner versicherte ihr, dass genügend Zeit
sei. Doch dann fuhr der Zug einfach ab. Ich saß allein in dem Abteil
und schrie und schrie, bis mir die Lungen versagten. Als Oma bei
der nächsten Station auf wundersame Weise wieder in meinem Abteil auftauchte, wollte ich tagelang ihre Hand nicht mehr loslassen.

Ich habe vergessen, die Luft zu erwähnen: Sie erzählt von der Menschenleere, den Bäumen, Sträuchern und all den anderen Pflanzen,
die wild wuchern dürfen und kein Bundeswaldgesetz kennen. Sie
erzählt von Feuern in Öfen hinter Holzwänden. Von Einsamkeit,
Weite, von Freiheit. Nadelduft mischt sich mit dem nach nassem
Birkenlaub und Erde. Es ist ein Geruch, bei dem den Russen, wie
Vladimir Nabokov schreibt,»die Nüstern aufgehen«. Kann der Horizont denn noch weiter werden? Golden wogt der Weizen, in der
Ferne Birkenwälder, immer wieder Birkenwälder, manche so dicht,
dass sie aussehen wie Kreidefelsen.

Während sie draußen vorbeiziehen, erinnere ich mich an den
Abend in Moskau bei Galina und Jura, als ich ebenso durch ein
Fenster geschaut und mir überlegt habe, wo die Reise wohl hingehen wird. Irgendwo habe ich gelesen, dass die Russen denken,
die Deutschen seien »kurz an Seele«. Ich hoffe, dass die beiden anderer Ansicht sind. Ich habe extra eine Flasche Russian Standard
hinterlassen und stelle mir vor, wie sie sagen: Fredy ist lang an See-

le, er hat ein gutes Herz. Das Leben ist ihm wichtig, ein bisschen ist er wie wir.

Oft habe ich zu Hause von Russlanddeutschen gehört, was für eine Macht das sein könnte, wenn man die Emotionalität der Russen mit der Zielstrebigkeit der Deutschen vereinen würde, so wie es vielleicht Nietzsche schon im Sinn hatte. Vielleicht sind die Russen ja tatsächlich unser Yin und wir ihr Yang. Zumindest theoretisch. Aktuell geht es ja schon wieder in entgegengesetzte Richtungen, zumindest politisch, aber so war das eigentlich die längste Zeit: zwei Völker, die sich gleichzeitig bewundern und bekämpfen. In einer Rede vor dem Deutschen Bundestag 2001 sagte Putin, damals in seiner ersten Amtszeit: »Zwischen Russland und Amerika liegen Ozeane. Zwischen Russland und Deutschland liegt die große Geschichte.«

Gegen Abend lese ich in meinen Unterlagen über die Zugfahrt meiner Oma damals. Ich hatte eine Freundin von ihr ausfindig gemacht, sie hieß Olgeni und wohnte nördlich von Bremen, in einem kleinen Zimmer bei ihrer Tochter, Babussia nicht unähnlich. Sie kramte ihre Erinnerungen hervor und freute sich, dass ich ihr zuhörte, saß auf dem Bett und wollte gar nicht mehr aufhören. Dabei hielt sie einen kleinen Zettel in der Hand, so einen normalen Notizzettel, auf dem stand: »Mein Testament, mein Letzter Wille«.

»Da haben sie uns in Sammellager gesteckt, in Zeldemelk, Ungarn. Von allen Ecken hat man uns zusammengejagt. Deine Oma war damals 17, und ich war 16. Jede hat so gefragt, wo bist du so her, wo bin ich so her, und so haben wir uns bekannt gemacht und zusammengehalten. Den ganzen Sommer '45 waren wir da und noch einen Teil vom Herbst. Dann hat man uns nach Sibirien transportiert.

Altaiski Krai hat die Region geheißen, Barnaul war die Hauptstadt. Da war so ein großer Chemiebetrieb. Michailowski-Soda-Kombinat. Das hat gelebt von Seen, in denen waren Chemikalien, und die mussten wir rausholen. Und da waren so große Öfen, da hat man die Chemikalien gebrannt. Zu Aluminium, Russland braucht das, hat man uns gesagt.

Mit dem Zug sind wir einen ganzen Monat unterwegs gewesen. Rumänien, Bessarabien, durch die Ukraine und dann schön weit nach Barnaul. Auf der Fahrt hat man uns Erbsen gegeben, mit Wasser gekocht. Und in jeder Erbse war eine schwarze Fliege. Ich kann mir gar nicht vorstellen, wie die da reingekommen sind. Konnte man gar nicht essen. Nun ja, da ist man mal stehen geblieben, und dann kamen die Leute zum Zug, und da hat man das Letzte, was man noch hatte, für ein Stück Brot gegeben. Oder man hat auch geklaut, wenn wir gehalten haben. Die Bauern haben die Leute geschlagen, weil man Trauben und Mais geklaut hat. Und da, wo man uns hingebracht hat, nach dem Soda-Sawot, da hat man uns gefüttert zwei Wochen mit Hirsegrütze mit Wasser. Jetzt sagt man, das ist Vogelfutter.

Ich bin in der Ukraine geboren. Deine Oma hat in Odessa gelebt. Dann kamen die Deutschen in '41, und wir waren in Besatzung, und als die mussten Rückzug, haben die uns Deutsche mitgenommen. Unsere Familie kam nach Würzburg, einen Winter, dann hat man uns nach Jugoslawien geschickt, da mussten wir bei den Bauern arbeiten. Dann wieder Rückzug, man hat uns in Güterwaggons eingeladen. Aber es hat nur einen Tag gedauert, da hat man die Strecke kaputt gemacht. Wir hatten keine Lebensmittel und haben gewartet, was von oben kommt. Mit einem Mal hören wir, dass die Partisanen kommen aus den Bergen und singen. Die kamen zu uns und haben gesagt: Der Krieg ist zu Ende, lacht, ihr kommt jetzt heim.

Aber wir wussten schon früher, dass es kein Zurück nach Hause gibt. Dass wir kriegen nur Sibirien. Weil wir als Verräter gezählt wurden von den Russen. Wir haben uns deutsch gefühlt. Wir waren doch Deutsche. Na ja, Krieg war halt Krieg. Man hat uns sortiert, dass wir müssen nach Soda-Kombinat.

Im Lager mussten wir jeden Tag zehn bis zwölf Stunden arbeiten. Und manches Mal auch die Nacht, da kamen die Waggons mit Kohle, dann mussten wir raus, um die auszuladen. Der Winter war so kalt. Manchmal minus 45 Grad, und wir mussten draußen arbeiten. Bei der Kälte hat sich das Soda gesetzt, und dann haben wir das rausgebrochen. Im Lager waren Tausende. Das war so wie eine kleine Stadt. Fliehen hat keinen Zweck gehabt. Die Menschen waren schwach, kein Essen, die wenigsten haben ein Stückchen Brot gekriegt, die sind nicht weit gekommen. Hat man sie sofort gefangen.

Na ja, wir waren jung, tanzen sind wir doch gegangen. Da gab es so einen Klub, da konnte man hingehen, um sich fröhlich zu machen. Ich und die Oma sind da hin. Deutsche Musik durften wir nicht, also gab es russische. Aber einmal haben wir auch deutsche Lieder gesungen. Hat jemand gehört und gleich gemeldet. Da hat man mich gerufen, da war was los. Die haben mich ausgeflucht und gesagt, ich kriege zehn Jahre: Ihr seid Faschisten und habt faschistische Lieder gesungen. Und zuletzt durften wir nicht mehr Deutsch sprechen und haben den Mund geschlossen. Wir durften noch nicht mal Radio hören, sonst hat man spioniert.

Die Alice und ich, wir haben uns gut vertragen. Man kann nicht sagen, dass deine Oma schüchtern war. Dreist war sie sogar. Unter der Kommandantur ist sie nach Moskau gefahren! Das durfte sie gar nicht, aber irgendwie ist sie durchgekommen.

In '56 haben wir die Erlaubnis bekommen, dass wir in Russland überall hinkommen. Aber nach der Ukraine durften wir nicht, weil wir dort herkamen. Waren wir zuerst dreieinhalb Jahre in Wladiwostok. Dann sind wir nach Alma-Ata und haben Alice wiedergetroffen. Das war nicht geplant, aber ein russisches Sprichwort sagt: Die Berge kommen nicht mit den Bergen zusammen, aber die Menschen kommen zusammen. Wir haben auch über die Zeit immer Briefe geschrieben und waren in Kontakt.

Wir haben gefeiert. In Alma-Ata war es ganz gut, da konnten wir ein bisschen was von Wirtschaft haben, haben auch Häuser gebaut. Das Leben war besser. Ist nicht so kalt, da ist alles gewachsen: Kartoffeln, Kürbisse, Weintrauben, Pfirsiche, Äpfel, Birnen. Hatten wir auch schon unseren eigenen Obstgarten. Die Kommunisten haben dort auch schon die Flügel hängen lassen. Das war nicht mehr so streng. Im Herbst mussten alle auf der Kolchose arbeiten. Ernte in die Speicher einbringen. Da konnte man auch die Tasche voll nach Hause bringen, aber früher hätte man zehn Jahre für kriegen können.

In '90 bin ich nach Deutschland. Jetzt bin ich hier, und das Leben ist schon am Ende.«

Ich fragte sie, was da auf ihrem Notizzettel stehe, aber sie lachte nur dieses kehlige Lachen, wie schon mehrmals in ihrer Erzählung, als wäre das alles ein großer Witz der Geschichte, was, wenn man ehrlich ist, auch stimmt – diese Menschen wurden hin und her geschoben wie Figuren auf einem Schachbrett. Was hatten sie alles erleiden müssen, immer wieder hatten sie verloren, was sie sich mühsam aufgebaut hatten.

Aber Olgeni lachte und ließ den Zettel in ihrer Rocktasche verschwinden.

Der Zug hält wieder an, und ich steige aus, um mir die Beine zu vertreten. Laufe die Plattform entlang bis zum östlichen Ende des Bahnhofs, froh um die Gelegenheit, mich etwas bewegen zu können, kaufe noch ein paar Piroggen, da ertönt der Pfiff zur Abfahrt. Ich steige ganz vorne ein, und bevor ich wieder die zehn Waggons nach hinten laufe, nehme ich im selbst in diesem Zug hoffnungslos überteuerten, menschenleeren Restaurant Platz und bestelle mir ein Bier. Es dürfte eine gute Stunde nach Abfahrt sein, als ich endlich an meinen Platz zurückkehre.

Georgi steht auf dem Gang. Als er mich sieht, läuft er auf mich zu, packt mich bei den Schultern, rüttelt mich durch, umarmt mich – dann knallt er mir eine. Der alte Mann hat noch viel Kraft, meine Backe brennt, aber ich verstehe sofort, dass er sich Sorgen gemacht hat und dachte, ich würde nun auf einem Bahnsteig in der Walachei vergammeln.

Wir setzen uns, und ich teile meine Piroggen mit ihm.

Georgis Schnarchen und das Rumpeln der Räder sind später mein Gutenachtlied in der sibirischen Taiga.

Ein Leben zwischen Hammer und Amboss

In Omsk steige ich aus. Westsibirien. Der Vorplatz des minzgrünen Bahnhofs wird dominiert von kleinen Buden, an denen Tee in Plastikbechern und Würstchen im Teigmantel verkauft werden. Eine weitere Millionenstadt auf dem Weg nach Osten. Hier haltzumachen wäre mir nicht immer möglich gewesen – oder aber ich hätte liebend gerne darauf verzichten können. Denn zum einen gehörte Omsk zu Zeiten der Sowjetunion wegen der hier angesiedelten Militär- und Raumfahrtindustrie zu den sogenannten geschlossenen Städten, in die Ausländer keinen Fuß setzen durften. Zum anderen war es noch früher, im 19. Jahrhundert, die bevorzugte Pampa, in die die zaristische Justiz unliebsame Geister schickte. Als Dostojewski hier in der Verbannung landete, schrieb er seine »Aufzeichnungen aus dem Kellerloch«.

Aber wegen alldem bin ich nicht in Omsk. Ich steige in einen *marschrutka* genannten Minibus mit der Aufschrift »Asowo«. Er wird mich in den verbliebenen Deutschen Nationalrajon bringen, einen Landkreis von der Größe Rügens im Südwesten der Metropole.

Wir holpern über leere Straßen, und ich sehe durch das Fenster schwarze, fruchtbare Erde. Vom Süden drückt das Steppenland herein. 360-Grad-Blicke über Landschaften, die früher von deutschen Bauern beackert wurden.

Nach einer Stunde hält der Bus an einer Kreuzung. Das Zentrum von Asowo liegt flach vor mir, und ich laufe die Straße des 1. Mai entlang. Ist es nicht die Straße des 1. Mai, dann ist es die Straße der Partisanen, der Arbeiter, der Komsomolzen oder der Partei, des Sieges, des Jubiläums des Sieges. Immer wieder ewige Flammen, immer wieder die Jahreszahlen 1941–1945.

Die Hauptstraße ist breit und fast ohne Schlaglöcher. Die Menschen laufen in die Magazine und kaufen Honig, Butter und Brot. Ein Krankenwagen fährt vor den Eingang der zweistöckigen Poliklinik.

Früher gab es in diesen Gebieten zahlreiche deutsche Zeitungen. Ich bin auf der Suche nach einer von ihnen, will mir die Redaktion anschauen und in Erfahrung bringen, ob noch ein paar Deutsche hier leben, wenn ja, wie sie leben, was für Erinnerungen sie haben, welche Geschichten sie erzählen.

Am überwucherten Stadion biege ich links ein und steuere über einen Feldweg auf einen weißen Kubus zu, der tatsächlich die Räume von *Ihre Zeitung* beherbergt. Allerdings erscheint sie schon lange nur noch auf Russisch.

Vorsichtig steige ich die Treppen in den zweiten Stock hoch, in den Räumen ist niemand zu sehen, bis ich das letzte Büro in der Ecke betrete, dort sitzt ein alter Herr mit Schiebermütze an einem Schreibtisch und löst ein Kreuzworträtsel. Ich stelle mich auf Russisch vor und frage ihn, ob er mir helfen könne, die letzten Deutschen hier zu finden.

Er legt seinen Stift zur Seite und antwortet mir in meiner Sprache.»Da sind Sie bei mirrr an der rrrichtigen Stelle.« Arthur Jordan heißt der Mann, und auf seiner Visitenkarte steht:»Autor und Interpreter der deutschen Schwänke«. Er reicht mir die Hand und bietet mir einen Platz an.

Noch bevor ich meine Tasche abgelegt habe, fängt er an zu reden und hört lange nicht mehr auf. Meinen Namen hat er anscheinend nicht richtig verstanden, denn er nennt mich immer wieder Friedrich.

»Es ist so, Friedrich: Für die Stiefkinder hat das Land wenig Liebe. Langsam hat sich das Rajon aber herausgeputzt aus der Not und dem Schmutz. Doch zuerst dachten die Leute, hier fallen D-Mark von oben. In der Angst haben vielleicht die Menschen vergessen, dass vom Himmel keine gebratenen Tauben fallen. Jeder Anfang ist schwer. Dann fuhren alle zurück nach Deutschland.

Den Ersten ging es im Leben hier etwas besser, weil da waren noch viele Trudarmisten unter ihnen. Das ist eine poetisch vergleichende Redewendung, das ist die Arbeitsarmee an der Front. Bis heute kann niemand sagen, wie viele Menschen da eigentlich umgekommen sind. Da will sich niemand besonders in die Geschichte hineinlassen. Das geht alles so allmählich in das ewige Schweigen über, aber die Leute mussten viel Hartes erleben. Weil sie kamen in die Gruben des Nordens, alles brauchte Holz, auch an der Front, dann kamen viele nach dem Ural, in die Taiga, die Fichtenwälder. Da waren schreckliche Verhältnisse, da sind am Anfang Tausende zum Tod gekommen

Da war ja der Erlass des Obersten Sowjets: alle Deutschen verbannt, man hat für sie die ›besten‹ Plätze gefunden in der Sowjetunion. Das waren Sibirien, die Wüste Kasachstan und Usbekistan. Diese Menschen kamen weg, und wir haben sie vergessen. Und dann soll man sich wundern, Friedrich, dass so viele nach Deutschland gerannt sind? Sie können vieles nicht vergessen. Und wenn die Deutschen mal ein bisschen die Stimme gehoben haben, dann hieß es nur: Schweigen Sie – die anderen mussten viel mehr leiden als Sie ... Na ja, ist ja auch so. Im Staat mussten alle leiden.

Ich bin Atheist, aber wenn Gott einem was hingab, musste man es mitschleppen. Etwas leichter war es wohl jenen, die Ende des 19. Jahrhunderts nach Sibirien kamen und siedelten. Das erste deutsche Dorf im Omsker Gebiet wurde 1893 gegründet, und die Gründer kamen meistens aus dem Wolgagebiet, das war wohl eine interessante Expedition mit Pferden und Ochsen. Monatelang fuhren sie, und was trieb sie hierher? Sie hatten gehört, dass es hier freien Boden gab und keine Gutsbesitzer, im europäischen Teil hatten die Gutsbesitzer alles in Händen. Und zweitens, hier gab es den märchenhaften Schwarzboden.

Anfangs waren die Siedlungen klein, aber ohne Nachbarn geht es ja auch nicht. Da entstanden gute Verbindungen, es kam zu einer Infrastruktur. So ging es bis 1941 zum Kriegsanfang. Bis dahin war es ein rein deutsches Dorf, da können Sie sich vorstellen, dass das ein Glück war für die dann von der Wolga nach hier Verbannten.

Dann kamen diese wilden Umstände, die Kommandantur. Aus der Grenze der Siedlung durftest du überhaupt nicht wo hingehen, und wer weggelaufen ist, wurde zum Gericht gebracht. Das war eine Tragödie, weil deine Verwandten lebten 20 Kilometer von dir, an der Wolga waren sie Nachbarn, aber hier durften sie dich nicht besuchen. Da ist es gar nicht zu wundern, dass die Menschen alles hinwarfen und alle nach Deutschland gingen.

Aber es ist eine schiefe Statistik. Man sagt, man hat heute 2,5 Millionen Russlanddeutsche in der BRD, also wo kommen sie her? Weil nach der Volkszählung Ende des 20. Jahrhunderts lebten hier 1,8 Millionen. Einige verheimlichten ihre Nationalität, andere wollten keine Deutschen mehr sein. Aber plötzlich hieß es, sie hätten alle deutsche Lieder gesungen und deutsche Kirchen besucht – das war eine schreckliche Lüüüüüge, Friedrich. Wo hatte man hier eine deutsche Kirche, wo sollte man deutsche Lieder aufführen? Man hat ja in der deutschen Volkskunst fast alles vergessen.

Die Sprache geht mit der Zeit in die Vergessenheit. Es heißt doch, man saugt das mit der Muttermilch ein, und wenn die Mutter schon nicht mehr Deutsch spricht, meinen Sie, die Kindergärten und die Schule bringen den Zögling zur Muttersprache? Und jetzt die Zwischenehe, unsere deutschen Weibchen haben nach Deutschland Russen geschleppt und Ukrainer, Weißrussen, Kasachen, Tataren! Können Sie sich so eine Nationalität vorstellen? Und auch die deutschen Männer haben ihre Weiber, erst die Weißgesichtigen, aber dann auch Kasachen, Tataren und so weiter.

Das kann man zwar verstehen – das ist Leben, Friedrich! –, aber schauen Sie mal richtig rein. Was macht denn Ihre Angela? Im vorigen Jahr hörte ich, Deutschland wird Tschetschenier aufnehmen. Sind die verrückt geworden??? Was ist heute Deutschland für die ganze Welt? Alle haben da jetzt ihre Herberge gefunden, da kommt nichts Gutes raus.

Wissen Sie, Friedrich, ich habe mich zweimal in Deutschland umgeschaut. Da habe ich was zu sehen und zu verstehen bekommen: Wer wartet da drüben auf uns? Wie man sagt, die Deutschen haben ihre Nase voll von sich selbst, und dann fallen wir noch ihnen auf den Kopf. In dem russischen Volksmunde gibt es so ein Gesprech: Hast du Geld, bist du Iwan Iwanitsch. Aber hast du kein Geld, bist du Wanka und wirst zur Hölle geschickt.«

Jordan unterbricht sich. Er schaut auf die Uhr, die Zeiger stehen kurz vor eins. Er steckt das Heft mit dem Rätsel in seine Umhängetasche, greift sich seinen Holzstock und steht auf. »Essenszeit«, sagt er nun ungewöhnlich knapp.

Wir müssen nur die Straße queren, da wartet eine kleine *stolowaja*, eine Art Kantine, wie sie zu Sowjetzeiten üblich war. Außen weiße Wände, Flachdach, innen ein paar Tische mit Plastiktischdecke. Wir setzen uns. Neben uns trinken vier Lehrerinnen schon Wodka und feiern das Ende des ersten Schultages nach den Sommerferien. »Wie heißt es bei den Deutschen?«, fragt Jordan. »Mahlzeit?«

Das Menü besteht aus einem handgeschriebenen DIN-A4-Zettel. Wir bestellen Borschtsch, Kascha, Pelmeni, Kartoffelbrei und Kompott. Immer wenn die Tür aufgeht, zieht ein scharfer Wind herein, noch nicht kalt, aber feist.

Die Bedienung bringt das Essen. Statt saurer Sahne schwimmt auf dem Borschtsch eine Haube Mayonnaise. Das gleiche Schicksal erleiden die Pelmeni. Aber mir ist das gerade egal, die Erzählungen von Arthur Jordan haben mich hungrig gemacht. Während ich zu essen beginne, redet er weiter, stochert nur, nippt bloß an seinem Kompott.

»Ich war Sowjetbürger, aber dank der Erziehung meiner Eltern und der ganzen Menschen ringsum fühlte ich mich immer als Deutscher. Weil das deutsche Wort haben wir im Hause nie vergessen, und die deutsche Geschichte und Kultur hat mich interessiert, und ich habe mich immer in diesen Gebieten weitergebildet. Wissen Sie, erst war nach Anfang des Krieges ein bestimmter Hass gegen die Deutschen auf dem Lande, aber dann haben die Menschen doch gesehen, was wir sind, was wir können, und haben sich wieder genähert, wenn es auch manchmal zu einer Reibung kam. Nicht in jeder Familie gibt es Frieden, heute zankt man, morgen sitzt man wieder an einem Tisch.«

Schließlich stehen wir von unserem auf. Ich bin satt, Jordan hat kaum etwas angerührt. Er nickt den Lehrerinnen zu, schiebt sich die Mütze zurecht, dann treten wir auf die Straße. Mit seinem Stock deutet er mal hierhin, mal dorthin, zeigt mir das Viertel, in das so viel deutsches Geld geflossen ist, dass die Häuser doppelt so groß sind wie anderswo. »Schmackhafte Häuser«, nennt Jordan sie.

Wir laufen die Komsomolskaja entlang, er möchte mich zur Bushaltestelle begleiten, sie liegt gleich neben seinem Altersheim. Er ist erstaunlich gut auf den Beinen für seine 86 Jahre, jeden Tag läuft er die zwei Kilometer in die Redaktion und wieder zurück. Vielleicht ein Kreuzworträtsel lösen, vielleicht ein Gespräch mit den ehemaligen Kollegen führen.

Er will mir auch noch den Supermarkt zeigen, der größer ist als die üblichen Magazine, und als Erstes sehen wir die Alkoholregale. »Schauen Sie, hier können Sie sich totsaufen! Und auch das Bier, heute gibt es Tausende Marken, aber früher nur das von Zhiguli. Um die Ecke ist der Kaffee und Tee, das ist auch scheiße, weil ich ja nur eine Tasse am Tag trinken kann, wissen Sie, mein Herz! Und dann die Wurst, so viel Sorten Wurst! Pfirsiche und Zitronen und Orangen. Früher wussten wir noch nicht mal, was das ist. Aber ich darf mich nicht aufregen, mein Herz!«

Missmutig inspiziert er die Regale, als wäre die ganze Auswahl ein Indiz für eine Gesellschaft, die sich mit den falschen Dingen beschäftigt.

Insgeheim stimme ich ihm zu, so wie es auch viele, viele Russen täten, die sich heute fragen, was sie da eingetauscht haben, ob 100 Sorten Wurst wirklich der Weisheit letzter Schluss sind. Hier beginnt die Nostalgie nach der großen Zeit der Sowjetunion, als andere Dinge wichtig waren, einen anderen Wert hatten.

Wieder draußen, kommen wir schließlich an eine Kreuzung und bleiben stehen. Jordan zeigt mit seinem Stock auf einen Gebäudekomplex von Betonhäusern, ein paar Hundert Meter entfernt. Sein Altersheim. »Vera« heißt es, Glaube oder Hoffnung.

»Tja«, sagt er. »Wissen Sie, Friedrich, jetzt ist es schon zu Ende ... tja.«

So viel er vorhin geredet hat, so still wird er nun.

Wir verabschieden uns. Er dreht sich um und geht davon. Schnell verschleppt der Wind das Klacken seines Stockes auf dem Asphalt. Ich schaue ihm hinterher und sehe, wie er langsam, aber stetig immer kleiner wird.

Алтай:
Das magische Licht der Steppe

Katjuschas Gruß

Um endlich wieder einmal der Enge des Zuges zu entkommen und die Reise zum ehemaligen Straflager am Himbeersee unabhängig von öffentlichen Verkehrsmitteln zu gestalten, beschließe ich, mir in Nowosibirsk einen Mietwagen zu nehmen. Schnell lasse ich das Grau der größten Stadt Sibiriens hinter mir; zwar sagt das erste Fünfsternehotel in dieser Gegend einiges über die wirtschaftliche Situation aus, aber dennoch gibt es hier außer jeder Menge Platz nichts zu sehen.

Leicht und unbeschwert, weil ich endlich wieder nach meiner eigenen Zeit reise und nicht mehr nach dem Fahrplan der Transsib, überquere ich den Irtysch-Fluss und fahre in Richtung Slawgorod und der deutschen Rajone im Süden. In jedem kleinen Ort stehen die Frauen auf der Straße und verkaufen getrockneten Fisch, der unterwegs zu meiner Hauptnahrung wird. In der Luft hängt ein schwerer salziger Geruch.

Tankstellen im Nirgendwo. Trostlose Cafés, in denen kein einziges Wort gesprochen wird, die Transaktionen mit einer so deprimierenden Freudlosigkeit abgewickelt werden, dass man sich am liebsten sofort einen Wodka reinschütten würde. Ich muss an einen Spruch denken, den ich in Moskau gehört habe und der mich in solchen Situationen immer wieder mit einem Lacher rettet. Russische Wirtschaftsentwicklung ist folgendermaßen: Die Realisten glauben, es kommen Ufos mit grünen Männchen und Dollarbergen. Die Utopisten glauben, die Russen krempeln die Ärmel hoch und arbeiten.

Breit liegt der Fluss da, an seinen Ufern hacken die Menschen Holz für den Winter. Schließlich erreiche ich eine jener Betonstelen, wie sie überall in Russland Orte und Regionen ankündigen. Ich halte an und steige aus. Endlich kein Verkehr mehr, schon seit einer Stunde ist kein Auto an mir vorbeigefahren. Endlich Ruhe und frische Luft. Auf dem Beton steht »Altai-Region«, und in der Stille der Landschaft höre ich den russischen Begriff, denn meine Großmutter redete immer nur vom »Altaiski Krai«. Dem Altaiski Krai in Sibirien. Dort, wo sie sich hatten unterwerfen müssen, ihr Geschick nicht mehr selbst in der Hand gehabt hatten.

Am Abend komme ich in Slawgorod an und beziehe in einem stillgelegten Eisenbahnwaggon am Ortseingang ein Zimmer ohne Dusche. Im angeschlossenen Restaurant sitze ich allein beim Abendessen vor einem Teller Borschtsch und Pelmeni, während ich versuche, mich zu konzentrieren, daran zu denken, was es heißt, dass Großmutter die Fahrt in dieses Lager überhaupt überlebt hatte und dann auch noch die Arbeit dort, die elf Jahre im Dienste der Sowjetunion und im Dienste Stalins.

Aber aus den Boxen dröhnt so laut russischer Techno, dass ich meine Pelmeni runterschlinge und mit Kopfschmerzen ins Bett gehe.

Peter Genrichowitsch Sawatzki wollte sich nach der Gartenarbeit eigentlich für eine halbe Stunde auf die Holzbank im Vorraum seines Hauses legen. Mit seinen fast 90 Jahren braucht er regelmäßigen Schlaf. Aber wenn schon mal Besuch im 1750-Einwohner-Ort Halbstadt auftaucht, macht der Mann mit der durchsichtigen Haut und der Tätowierung auf dem Arm eine Ausnahme. Auf dem Tisch neben ihm steht ein kleiner Spiegel, und am elektrischen Rasierer hängen noch ein paar Haare der letzten Rasur.

Peter Sawatzki sitzt mit geradem Rücken auf der Bank, die Hände liegen auf den Knien. Die Holzbank ist hart, sagt er. Aber das Leben war härter.

»Ich war 15, als der Krieg hat angefangen. Da haben sie alle genommen in die Armee und Trudarmee, haben Pferde genommen, Wagen, und plötzlich war das Dorf arm und leer. Auch ich bin in die Armee gekommen, da müssen ja auch Soldaten sein, nicht? In Tscheljabinsk haben sie mich gelernt als Tankisten, aber dann hat einer es verzählt, dass ich Deutscher bin. Das wussten die bis dahin gar nicht.

Dann hat sich das gezögert Monate, aber sie wussten jetzt schon alle, dass ich aus Deutschland bin. Dann sollten die Panzer nach die Front rollen, und ich habe noch gedacht, vielleicht geht es durch. Ich wollte unbedingt gegen Deutschland kämpfen. Ich war doch schon Leutnant! Aber es war der letzte Tag, und der Hauptkommandeur hat mich ausgerufen. Du bist doch Deutscher! Papiere waren schon fertig für mich. *Dawai*, zum Flugplatz und ab nach Nowosibirsk.

Dreißig Werst in den Wald rein von der Stadt aus, dort war ein Lager. Ich war noch ganz gesund, aber so verhungert.«

Sawatzki steht ruckartig auf und fordert mich auf, ihm zu folgen. Durch den Garten, in dem alles rechtwinklig angelegt ist, geht er zur Scheune. Holt einen Schlüssel hervor, öffnet beide Türen. Dahinter kommt ein silberfarbener UAZ zum Vorschein, er muss ihn selbst so lackiert haben, das Baujahr ist dasselbe wie das der Kiste, die ich in Moskau gekauft hatte.

»Sollen wir eine Runde fahren?«, fragt Sawatzki.

Für den Zustand des Wagens fällt mir kein besserer Begriff als »scheckheftgepflegt« ein, und vielleicht hat er auch noch nie so gut gepasst wie auf dieses russische Auto eines Deutschen in Sibirien. Den Innenraum hat Sawatzki mit Linoleum ausgelegt, und das Braun bildet einen starken Kontrast zum dicken Silberlack.

Als er den UAZ aus der Einfahrt lenkt, schleicht sich ein Lächeln auf sein Gesicht, es ist ein zahnloses Lächeln, aber ich solle mir keine Sorgen machen, die neuen Zähne kämen nächste Woche.

Der Motor ist ebenso laut, wie meiner war, aber er läuft rund. In gewisser Weise würde ich sagen: Er schnurrt. Wir rumpeln über den Sandweg, bis wir auf den Asphalt der Hauptstraße kommen. Sawatzki lenkt den Wagen aus dem Ort hinaus und fährt einfach zu, ich frage nicht, wohin. Während sich vor uns die Felder in der Sonne ausbreiten, erzählt er mir von seiner Rückkehr in das Dorf, wie er half, es mit aufzubauen, wie er ein »wichtiger Mann«, wie er Kommunist wurde, aber nicht in die Partei eintreten wollte. »Für die Sache war ich! Für das Vorwärts!«

Dieses Vorwärts liegt lange zurück, ebenso wie die guten Zeiten der zwölf Dörfer, die den Rajon aus dem Jahr 1927 bilden. Nach dem Zusammenbruch der Sowjetunion pumpte die deutsche Regierung Geld in diese Gegend, es entstanden Molkereien, Schlachthöfe, eine Bäckerei und ein Krankenhaus. Aber das hinderte die Menschen nicht daran, den Weg nach Westen anzutreten, ebenso, wie man ihn einst nach Osten angetreten hatte.

Nach einer halben Stunde sind wir wieder in Halbstadt. Der UAZ und der Garten, das sind seit dem Tod seiner Frau Sawatzkis letzte Freuden. Auch ihn frage ich, wie er sich selbst sehe.

»Ich bin ein Deutscher! Ich habe niemals geheuchelt … Aber mich hat ja keiner gefragt, bin still gewesen. Aber wer mich fragt, dem sage ich immer: Deutscher. Geboren in Russland, aber in deutschem Dorf, meine Eltern sind von der Ukraine hergezogen.«

Trotzdem war es keine Option für ihn, in den Westen zu gehen, als alle ihre Zelte hier abbrachen. Zumindest nicht dauerhaft.

»Wie die Frau ist gestorben, habe ich auch Papiere gemacht, bin ich auch gefahren. Aber verkauft habe ich nichts. Dieses Dorf habe ich mit aufgebaut, ich wusste hier alles. Dort haben sie mir 600 Mark gegeben. Für die, was in der Trudarmee waren. Und wer will nicht Geld? Ich will auch Geld. Ich bin da hingefahren, um das Geld zu bekommen. Ich sage die Wahrheit, wie es ist. Wie ich habe das Geld bekommen, den Tag bin ich noch zurückgefahren. Ich wollte hierbleiben. Und das Geld, habe ich so gedenkt, ich habe es ja verdient. Jetzt habe ich es bekommen, bin ich zurück. Das Haus war ja leer. Jetzt wohne ich schon 17 Jahre allein.«

Und so sitzt er manchmal hier, auf seiner Holzbank, und singt mit wundervoller, kräftiger Stimme Lieder, die er vom Russischen ins Deutsche übersetzt hat.

Als die Apfelbäume wieder blühten
und auf dem Fluss der Nebel niedersank,

Trat Katjuscha an des Flusses Ufer,
an den hohen, steilen Uferrand.

Und sie sang von ihrem Steppenadler,
sang von ihrem Schatz ein helles Lied,

Seinen Brief hielt sie sorgsam,
denn sie hatte ihn von Herzen lieb.

Du, mein Lied, begleite doch die Sonne,
flieg ihr nach, weit weg von diesem Fluss,

Dem Soldaten an der fernen Grenze
von Katjuscha bringe einen Gruß.

Mag er sich erinnern an sein Mädchen,
mag er hören ihr Liedchen lieb und zart,

Mag er unser Heimatland behüten,
wie Katjuscha ihre Liebe wahrt.

»Schöne Lieder kann ich«, sagt Peter Sawatzki. »Aber ohne Zähne ist schwierig. Musst du nächste Woche noch mal kommen. Klingt dann besser.«

Über die Automatisierung
von Fabrikprozessen

Auf meiner Karte suche ich nach einer Abkürzung in die Regionalhauptstadt Barnaul, will nicht den großen Bogen fahren, den mir die Autobahn vorgeben würde. Am Horizont sehe ich Berge, aber sie sind wirklich noch sehr weit weg, die Ausläufer des Altai-Gebirges, das in die Mongolei übergeht, dort, wo der russische Maler Nicholas Roerich den Eingang zur buddhistischen Mythenwelt Shambhala vermutete. Da wäre ich jetzt auch gerne, aber stattdessen verliere ich ständig die Spur, holpere über Schotter- und Sandstraßen, der Wind pfeift über die Felder und schichtet wellige Sanddünen auf, in denen dick eingepackte Frauen sitzen und Kartoffeln verkaufen, eine lausige Plastikhaube über dem Kopf, sie sind in den Staubwolken kaum zu sehen.

Gelegentlich stehen da auch ein paar Frauen am Straßenrand und halten die Hand raus, und gelegentlich nehme ich eine mit, um mich etwas abzulenken und in meinen Begegnungen mit den Einheimischen nicht immer nur in der Vergangenheit herumzuwühlen. Eine Mitfahrerin belohnt mich dafür mit einer Tüte Tomaten, eine andere mit einem Lied, das mir noch Stunden später nicht aus dem Kopf geht.

Die Männer in den Dörfern, die Männer sind eine andere Sache. Vor den *produktis* und Magazinen halten sie sich schon um elf Uhr vormittags schwankend an der Mauer fest, aber als sie mich sehen, folgen sie mir mutig und wollen sich vor mein Auto schmeißen, um die nächste Dosis Wodka zu erpressen. Doch sie sind schon zu betrunken, um diesen Plan auch zu Ende zu bringen.

Ich fahre nach Kompass, den Bergen entgegen, die Straße ist unerwarteterweise in ausgezeichnetem Zustand, als hätte man sie erst gestern fertig gelegt. Ich muss mich wundern, gebe aber Gas und beschleunige den VW Jetta auf 150 km/h. Aber genauso plötzlich ist wieder Schluss mit der Sause, und mir bleibt wieder nur eine weitere Schotterpiste. Der halbe Tag vergeht bei der Suche nach der Abkürzung, ich krieche mit nur noch zehn Stundenkilometern über diese Straßen, die ihren Namen nicht verdienen. Zu allem Überfluss dringt langsam der Sand in den Wagen ein.

Endlich aber nähere ich mich Barnaul, einer Stadt mit einer halben Million Einwohnern, in der die lokale kommunistische Partei mit dem Porträt Stalins wirbt, Kinder auf den Spielplätzen Armeeklamotten tragen und Schilder auf den stolzen Kampf in Afghanistan in den 1980er-Jahren hinweisen.

Am klobigen Plattenbauquader des zentral gelegenen Hotels Barnaul holt mich Konstantin ab. Ein Mann in den 40ern, hochgewachsen, schwarze Lederjacke, zwei Flaschen Bier in der Hand. Konstantin steigt ein und bietet mir eine Flasche an, und nach diesem staubigen Tag auf Russlands Straßen sage ich nicht Nein.

Wir verlassen das Zentrum, die Datschen fressen sich ins Tal und thronen über der Stadt. Am Straßenrand verkaufen Babuschkas gebundenes Eichenlaub. Wir fahren vorbei an Holzhäusern, großen sowjetischen Plätzen, aufgeräumt, ordentlich und leer. Wir passieren den Bus Nummer 55, der lange nach seinem Export laut Anzeige immer noch zum Rathaus Schöneberg fährt, und erreichen einen Hügel, auf dem im Stadtteil Juschno Hochhäuser wie Bauklotztürme wachsen. Kalter Beton, die Farbe platzt tellergroß von den Fassaden, die Briefkästen hängen lose von der Wand. In einer Ecke steht ein schnauzbärtiger Mann neben seinem Wolga und verkauft aus dem offenen Kofferraum Rippchen.

Ein wenig ähnelt Juschno dem Dicken Busch in Rüsselsheim vor 20 Jahren. Auf einer Wiese spielen Kinder Fangen, sie pflücken Blumen, die sie zu Kränzen flechten, und rufen die Namen ihrer Freunde die Hauswände hoch. Anscheinend sind sie noch nicht Opfer der Computer geworden.

An der Haustür eines jener Hochhäuser angekommen, hält Konstantin seinen Magnetschlüssel an die Sperre. Die bestätigt die Öffnung mit dem Abspielen der Titelmelodie von James Bond. Knaller.

Konstantins Familie empfängt mich in ihrer Dreizimmerwohnung wie einen verlorenen Sohn. Seine blonde Frau Natascha nimmt mir die Jacke ab und reicht mir Hausschuhe, dirigiert mich in die Küche, wo sich, wie so oft in Russland, der Tisch bereits unter den ganzen aufgefahrenen Speisen biegt: Eier mit Kartoffeln, Räucherfisch, Tomatensalat mit Mayo, Wurst, Suppe und Brot, Brot, Brot. Gemeinsam mit den Eltern, die ebenfalls hier wohnen, drängen wir uns an den Tisch. Der Räucherfisch schmeckt so gut, dass ich am liebsten schmatzen würde. Wir trinken Wodka aus dem Altai. Als ich mich für die Einladung bedanke, lautet die einzige Erwiderung: »*Kuschet*, Fredy, *kuschet*.« Iss, mein Junge, iss.

Ich werde hier so liebevoll empfangen, weil ich mit Freunden dieser Familie in Deutschland bekannt bin. Spätaussiedler, deren Vater einst mit meiner Großmutter im Straflager am Himbeersee geschuftet hatte. Jahrelang war es sein Wunsch gewesen, in die Heimat zu ziehen, aber kurz bevor er starb, sagte er, dass es ihm leidtue. Dass er es bereue. Nichts sei so geworden, wie er es sich in Sibirien vorgestellt habe. Seine Kinder hatten nicht nach Deutschland gewollt, aber sie hatten den Wunsch des Vaters respektiert. Er starb in der Gewissheit, den falschen Schritt getan zu haben.

Während seine Kinder, die Freunde von Konstantin und Natascha, nun in Ostdeutschland leben, nachdem sie sich lange überlegt hatten, wieder nach Barnaul zurückzukehren, es aber wegen ihres eigenen Kindes verworfen haben, bearbeiten wir hier die Schüsseln und Teller, die sprichwörtlich niemals leer zu werden scheinen.

Konstantins Mutter Ljudmila zwingt mich geradezu weiterzuessen, dabei bin ich schon lange pappsatt. Das interessiert Ljudmila aber nicht, sie kichert immerzu und sagt: Iss, iss. Ihr Mann Pjotr ist in den 70ern und arbeitet immer noch in einer chemischen Fabrik. Er ist so dünn, wie Ljudmila rund ist, und nach dem fünften oder sechsten Gläschen verschwindet er kurz. Als er wieder auftaucht, steht er in einem Anzug in der Tür, der mit Orden dekoriert ist. Das sind zwar alles Auszeichnungen für seine Verdienste in der Fabrik, aber wie er so stolz dasteht, erinnert er mich doch an einen Kriegsveteranen.

Pjotr setzt sich wieder neben mich und erzählt von der Sowjetunion. Er vermisse sie ein bisschen, sagt er. »Damals hatten wir wenigstens eine Idee. Jetzt geht es nur noch ums Geld.«

Beim Wort »Sowjetunion« leuchten Nataschas Augen auf, und sie beginnt, in einer Schublade zu wühlen, bis sie schließlich ein nur mit Leim verklebtes Büchlein hervorholt. Es sei ein Phrasenbuch, erklärt sie, das man damals ihr und ihren Kolleginnen gegeben habe, zur sprachlichen Begleitung auf einem Arbeiteraustausch mit der DDR.

Natascha räuspert sich, dann setzt sie hoch konzentriert wie eine Sängerin an. »Wir sind sehr interessiert an der Automatisierung dieses Fabrikprozesses.«

Ich falle lachend vom Stuhl und muss aufpassen, dass ich mich nicht tödlich am Räucherfisch verschlucke. Das müssen vielleicht Unterhaltungen gewesen sein. Das Thema Freundschaft erschließt sich mir gerade ganz neu.

Die Stadt Barnaul am Fluss Ob wurde groß durch Kupfer- und Silbervorkommen. Einst war sie nach Jekaterinburg die zweite offizielle Bergbaustadt im Lande.

Wie in Tscheboksary auch stolpere ich an diesem Wochenende mit Konstantin mitten in den Stadtgeburtstag. Eine Parade marschiert durchs Zentrum, und in der Stadthalle findet eine Käseausstellung statt. Die Besucher stehen um mehrere Ecken Schlange, Kinder sind als Mäuse verkleidet. Einmal drinnen, rangeln sie mit vollem Körpereinsatz um die besten Stücke und lassen sich mit rekordverdächtigen Exemplaren fotografieren: niedliche Menschenmäuse neben gewaltigen Lkw-Rädern aus Lab statt Kautschuk.

Um das skurrile Erlebnis komplett zu machen, feiert am Ausgang ein Stand das Werk und Erbe von Timofejewitsch Kalaschnikow. Dokumente in einer Vitrine und an der Wand erklären die Geschichte und Funktionsweise seiner Schöpfung, des Sturmgewehrs AK-47, eines der berühmtesten Protagonisten aus dem Menschheitskapitel »Mord und Totschlag«. Auf Fotos Kalaschnikow selbst, wie er hochdekorierte Entscheidungs- und Würdenträger trifft:

orthodoxe Geistliche, Wirtschaftsbosse, Staatspräsidenten. Käse und Kalaschnikow. Eigentlich logisch, irgendwie müssen die Löcher schließlich reinkommen. Und besser Laib als Leib.

»Komm, Fredy«, sagt Konstantin, »genug von dem Käse. Unten am Fluss gibt es eine Flugshow. Und Bier.« Mir brummt der Schädel noch von gestern, aber vielleicht hilft ein Bier dagegen.

An der Betonpromenade am Fluss, zwischen den Rauchschwaden der brutzelnden Schaschliks, mischen wir uns unter die Menge. Über uns donnern Sikorsky-Hubschrauber durch die Luft, und in Sibirien erscheinen wie schon in Tschuwaschien die russischen Farben in langen Streifen am Himmel.

An einem Stand kaufe ich uns zwei Bier, und wir schlendern zur Anlegestelle, an der ein Ausflugsschiff auf Kunden wartet. Konstantin und ich setzen uns auf die Caféterrasse nebenan, unterhalten uns über den Altai, die glucksenden Gebirgsflüsse, das Angeln und die Banja. Darüber, dass man hier alles machen kann und sich nicht immer Regeln beugen muss wie in Deutschland.

»Angelschein«, sagt Konstantin verächtlich, »so was Blödsinniges.«

Gerade als ich ihm recht geben will, merke ich, wie sich der Boden unter uns bewegt und wir uns von der Anlegestelle entfernen. Da haben die Russen diese Terrasse und das Schiff doch kurzerhand aneinandergebunden. So kann man es natürlich auch machen. Mal wieder russisch improvisiert. Langsam finde ich Gefallen daran.

Jeder Tisch ist voll besetzt, auch auf dem Schiff. Die Menschen haben längst ihr Dörrfleisch, ihre Gurken und ihr Bier ausgepackt, aber kaum tritt ein DJ hinter das Pult am Bug des Schiffes und dreht die Musik auf, stehen alle wie auf ein Kommando hin auf und beginnen zu tanzen. Ich spüre die Vibrationen des Bodens – jeder ist auf den Beinen, von der Fünfjährigen bis zum ordenbehängten Kriegsveteranen. In Deutschland müsste ich auf diesen Zustand stundenlang warten, bis alle ordentlich einen im Tee hätten.

Eine unglaublich schöne rothaarige Frau tanzt langsam mit ihrem Freund. Fast ohne Schritte wiegen sie einfach hin und her wie

Bojen im Meer. Er flüstert ihr etwas zu. Die Sonne reflektiert stern-
förmig von seinen Goldzähnen, wie in einer Werbung für ein Putz-
mittel. Ein Schiff passiert uns in der Gegenrichtung, die Passagiere
johlen sich zu, dann tanzen sie weiter.

Die Herbstsonne streicht in breiten Streifen über die Wälder, das
Licht goldgrün. Es ist vielleicht einer der letzten warmen Tage, bevor der Winter Sibirien überfällt, bevor die Flüsse und Seen schlagartig zufrieren. Als das Schiff wieder anlegt, spielt der DJ immer
weiter, und niemand geht von Bord.

Babuschkas Himbeersee

Mit einer Tüte voller Pfannkuchen und Äpfel, hart gekochten Eiern und Gurken verlasse ich den Plattenbau und begebe mich auf die letzte Etappe auf dem Weg an den Himbeersee. Barnaul erstreckt sich weit über sein Zentrum hinaus, aber hat man erst die Stadtgrenze überquert, ziehen nur noch Felder an einem vorbei, und die Strommasten stehen in gerader Reihe bis zu einem Horizont, der 100 Kilometer entfernt sein muss. Über den Holzhäusern hängen Rauchschwaden wie Novembernebel in der Luft, und selbst in den kleinsten Dörfern gibt es noch einen Laden, in dem man sich Bier in eigene Flaschen abfüllen lassen kann, um dann in die Privatheit der eigenen vier Wände zu verschwinden und sich selbst abzufüllen.

Gelegentlich klaut mir auch hier irgendwer den Asphalt unter den rollenden Rädern weg. Lastwagenfahrer machen am Straßenrand ein Feuer und setzen Tee auf, die hindurchstechenden Sonnenstrahlen verhelfen dem Rauch einer Zigarette zu mystischer Größe, während ich mich tiefer in diese Steppe hineinbegebe, auf einer Reise in die Vergangenheit, von der meine Großmutter am liebsten gehabt hätte, dass sie mit ihr gestorben wäre.

Hinter Michailowskoje, dem Verwaltungszentrum des hiesigen Rajons, wächst aus der Kulundasteppe plötzlich ein Kiefernwald empor, wie er ganz typisch für diese Region so nah an der kasachischen Grenze ist; wie Bänder erstrecken sich diese lang gezogenen Baumzonen über unzählige Kilometer hinweg. Niemand sonst befindet sich auf der sich windenden Straße, und ich jage den VW durch die Kurven. Über einer kleinen Kuppe hebt der Wagen kurz ab, dann endet der Wald, und der Blick öffnet sich auf Hunderte kleiner Seen, die wie Augen in den Himmel starren. An ihren Rändern wachsen himbeerfarbene Sträucher, und zwei Hirten treiben ihre Kuhherden durch diese eigentümliche Seenlandschaft, die wirkt, als wäre ein Siruptanker in den Wellen leckgeschlagen. Dann passiere ich das Ortsschild, es hängt an einer gitterartigen Strebe, die rostend gen Himmel ragt. Weiß auf Rosa steht da: »Malinowoje Osero«, Himbeersee.

Ein bezaubernder Name für einen Ort – in dem einen aber kein lauschiger Kuraufenthalt erwartete, sondern die Hölle der Zwangsarbeit. Ein Ort aus den 1920er-Jahren, als das Soda-Kombinat mitten in der 100 Quadratkilometer großen Senke mit ihren Hunderten Salzseen errichtet wurde. Als Hitler die Sowjetunion überfiel, gewann der Himbeersee ebenso plötzlich an Bedeutung – in den Kriegsjahren deckte dieser Ort 70 Prozent des sowjetischen Bedarfs an calcinierter Soda und bekam schließlich den Status einer »Siedlung städtischen Typs«. Ein offizieller Begriff, der nichts über die Zwangsarbeit hier verrät, die Kommandantur und die geringe Aussicht auf Flucht durch die Kiefernwälder, die sich über Hunderte Kilometer am Rand der Salzseen erstrecken.

Das Sonnenlicht umhüllt das Dorf von etwa 3500 Einwohnern wie eine fotografische Unschärfe. Auf der Suche nach einer Unterkunft frage ich mich durch, bis ich an eine Babuschka gerate, die mir ihre Gartenhütte für eine Handvoll Rubel vermietet. Sie liegt direkt neben der Hauptstraße, der Zentralnaja, auf deren anderer Seite ich die Umrisse des ehemaligen Kombinats erkennen kann.

Sehr lange stehe ich einfach da und schaue hinüber zu dieser Fabrik, die heute »Michailowsker Werk für chemische Reagenzien« heißt, und versuche, in meinem Kopf die Gegenwart mit der Vergangenheit in Einklang zu bringen. Dann gehe ich in die Hütte, lege mich auf eine Couch und schlafe sofort ein.

Als ich später gerade anfangen will, mich in dieser Ansammlung aus sandigen Straßen, Holzhütten und fünfstöckigen Betonbauten umzuschauen, fährt ein Auto vor mir ran, bremst scharf, und zwei Uniformierte springen in einem Tempo heraus, als wollten sie meine unmittelbare Flucht verhindern.

»Grenzpolizei. Was machen Sie hier?«

Bevor ich antworte, lasse ich mir erst mal den Ausweis zeigen, denn Uniformen habe ich hier schon zu Hunderten gesehen. Ich gebe die Plastikkarte zurück und betrachte in aller Ruhe die anscheinend hoch motivierten Beamten. Der eine groß und dünn mit einer ordentlichen Zahnlücke oben rechts, der andere klein und dick mit Schweißperlen auf der Stirn. Ein bisschen erinnern sie mich an Laurel und Hardy, allerdings werde ich bei den beiden hier wohl weniger zu lachen haben.

Der Dicke nimmt meine Personalien auf und weist mich dann an, meine Tasche auszuleeren. Darin befinden sich unter anderem Karteikarten mit russischen Vokabeln. Er geht eine Karte nach der anderen durch. Beim Wort »Regierung« wird er stutzig.

»Sind Sie ein Spion?«

»*Kanjeschna.*« Natürlich.

»Was?«

»Nein.«

»Haben Sie Drogen dabei?«

»*Kanjeschna.*«

Das war wohl einer zu viel. Der Dicke schaut den Dünnen an, schmeißt die Karteikarten auf den Boden – eine davon springt mir ins Auge, »Macht« – und tritt so dicht an mich heran, dass mich die nächste Frage in Tropfenform erreicht.

»WAS WOLLEN SIE HIER?«

Ich wische mir mit der Hand übers Gesicht. »Meine Großmutter hat hier gearbeitet, in der Trudarmija, und ich bin auf der Suche nach Menschen, die sie vielleicht noch kennen.«

»Hier gibt es keine Deutschen mehr. Ihr Aufenthalt ist sinnlos. Packen Sie Ihr Zeug zusammen!«

Während ich meine Karteikarten wieder in der Tasche verstaue, geht die Befragung allerdings doch noch weiter. So einfach sind die beiden nicht loszuwerden. Nach und nach kommt heraus, dass sie unangenehm viel über mich wissen. Ihnen ist bekannt, dass ich Journalist bin, und vor allem wissen sie, dass ich in den vergangenen Tagen in Slawgorod und Halbstadt war. Beunruhigend. Ich habe in den letzten Tagen nirgends meinen Pass verwendet. Ich muss an Alessia in Sankt Petersburg denken und daran, dass ihre Großmutter befürchtet, sie sei durch ihre Recherchen nun im »System«.

Ein paar Leute aus dem Dorf gesellen sich hinzu und gaffen neugierig. Meine eigene Großmutter hatte mir mal erzählt, dass die Wände damals Ohren hatten.

Damals?

Unter der Auflage, keine Fotos von der Fabrik zu schießen, haben sie mich laufen lassen. Die Sonne steht jetzt tief, und das Licht fällt golden wie reifer Weizen auf den Ort. Nur die Zentralnaja ist asphaltiert. Auf den Sandwegen röhren Stiere, Gänseschwärme bevölkern die Teiche, Schmetterlinge tanzen in der samtigen Luft.

Nur diese kläffenden Hunde, Zerstörer des Friedens, sei es in Albanien oder in Russland. Ihre Schnauzen schießen unter den Zäunen hervor und geifern mich an, als wären sie die canine Reinkarnation früherer Grenzbeamter.

Die Hütten neigen sich wie Pflanzen zur Sonne, Holzläden klappern, Scharniere quietschen. In den quadratischen Beeten wachsen Gurken, Tomaten, Kürbisse, Melonen, jeder zieht sich etwas. Aus dem Schlot der Fabrik dringt dunkler Rauch, und der Geruch vermischt sich mit dem von Staub und Kuhmist. Männer treiben das Vieh nach Hause, und die Sonne stirbt heute, indem sie ins Wasser geht. Der See hat jetzt tatsächlich die Farbe von frisch gepflückten Himbeeren.

Zwei Monate nachdem Hitler die Sowjetunion überfallen hatte, begann für die Russlanddeutschen die Deportation. Die an der Wolga waren als Erste dran. »Laut genauen Angaben, die die Militärbehörden erhalten haben, befinden sich unter der in den Wolgarajons wohnenden deutschen Bevölkerung Tausende und Abertausende Diversanten und Spione, die nach dem aus Deutschland gegebenen Signal Explosionen in den von Wolgadeutschen besiedelten Rajons hervorrufen sollen.« So lautete der Beginn des Erlasses des Obersten Sowjets zur Umsiedlung. Die Behörden nahmen die Russlanddeutschen in Sippenhaft, beschuldigten sie, niemanden über diese »Tausende Diversanten« in Kenntnis gesetzt zu haben, und ersannen die Umsiedlung in die Rajons des Nowosibirsker und Omsker Gebiets, des Altai-Gaus und nach Kasachstan.

Dem ersten Deportationserlass folgten über 30 weitere, und schließlich waren alle Deutschen in der Sowjetunion von der Umsiedlung betroffen. Den Angaben des KGB zufolge wurden bereits bis Ende 1941 fast 900 000 Deutsche zwangsweise in den Osten verfrachtet. Auf dem Weg starben viele den Hunger- oder Kältetod, und als sie in den neuen Siedlungsgebieten ankamen, oft nur mit den Klamotten, die sie am Leib trugen, wartete die Trudarmija auf ihren Einsatz: Deutsche Männer im Alter von 15 bis 55 Jahren und deutsche Frauen von 16 bis 45 Jahren wurden für den Einsatz in den Arbeitskolonnen mobilisiert, um mal im offiziellen Jargon zu bleiben.

Insgesamt lag ihre Zahl bei etwa 350 000. Mit dem Kriegsende kamen bis 1946 noch mal genauso viele dazu, diejenigen, die mit dem Rückzug der Wehrmacht eingedeutscht, dann aber von den sowjetischen Repatriierungskommandos geschnappt worden waren. Zug um Zug wurden sie hier am Ende der Bahnlinie ausgespuckt, darunter meine Großmutter und Onkel Leo, Spielbälle der Mächte, Bauernopfer – für ihre Machtlosigkeit und Unfreiheit ließen sich viele Worte finden, und jedes davon stünde im starken Gegensatz zu mir und dem Hier und Jetzt.

Als ich hinunter ans Ufer gehe, rotten sich ein paar Jungs zusammen. Der Größte von ihnen, er geht mir vielleicht bis zur Brust, streckt mir die Hand hin, in der anderen hält er einen Stock. »Igor«, stellt er sich lässig vor und fragt mich, was ich da fotografieren würde. Die drei anderen kommen nun auch näher, einer von ihnen spielt mit einem Nunchaku.

Schnell überlege ich, ob sie zu viert eine Bedrohung darstellen könnten, denke dann aber an meine eigene Kindheit, an die Frechheit und die Liebe zu allen Arten von Waffen. *Boys will be boys.* »Den Sonnenuntergang«, antworte ich, und Igor nickt, sehr schön sei es hier.

Dann rennen sie davon, Stock und Hölzer tanzen durch die Luft, und ich folge ihnen langsam, während das späte Licht eine Korona um ihre Köpfe zeichnet, bis sie ganz mit dem Gegenlicht verschmelzen. Kurz darauf taucht die Sonne endgültig unter und lässt nicht nur einen himbeerfarbenen See, sondern auch einen ebensolchen Himmel zurück.

Brutal schön, dieses Farborchester. Natürlich hat Großmutter nie etwas davon erzählt, wie wundervoll das Licht hier sein kann, wie warm, wie sanft. Sie hatte damals ganz andere Sorgen, aber jetzt stehe ich hier und kann meinen Blick nicht mehr abwenden, selbst als die Nacht heraufgezogen ist, bleibe ich noch an diesem Ort. Die Fenster der Fabrik leuchten wie Katzenaugen an einem Fahrrad. Über mir brillieren die Sterne der Milchstraße, Sirius scheint hell und satt.

Großmutter, denke ich, wenn ich dir das doch noch erzählen könnte. Wenn ich mich doch nur für meine heutige Freiheit bedanken könnte.

Lenin. Da steht er, wie überall in Russland, auf einem unproportional großen Platz, alte sowjetische Leere, bis auf einen kleinen Wagen daneben, aus dem heraus Kastenweißbrot verkauft wird. Hinter dem Genossen Uljanow ein würfelartiges Gebäude, die örtliche Schule.

Ich laufe durch leere Gänge, bis ich zu einer grünen Stahltür komme. Sie ist verschlossen, aber auf ihr klebt ein Sticker mit dem Schriftzug »Klub Edelweiß«. Mein Klopfen verhallt und wird durch das Klackern von Absätzen erwidert. Eine Frau in tannengrünem Rock und Blazer kommt um die Ecke und fragt, was sie für mich tun könne.

Ich erkläre ihr mein Anliegen – ich wolle herausfinden, ob noch ein paar Deutsche hier lebten –, und Swetlana, so heißt die Frau im Forstgewand, überlegt kurz. »Viele sind es nicht mehr«, sagt sie. »Für den Rest geben wir hier Deutschkurse und veranstalten Sprachlager für die Kinder. Ein bisschen singen, ein bisschen tanzen. Aber es werden immer weniger.«

Doch es gebe da jemanden, den ich kennenlernen sollte. *Dawai!*

Ich folge ihr auf die Straße. Zielstrebig läuft sie voran. Wir passieren zwei Tante-Emma-Läden und haben schon fast den Ortsrand erreicht, als sie nach rechts in die Zentralnaja 38 abbiegt.

Vor einem dreistöckigen roten Backsteinhaus sitzt ein Mann mit Hosenträgern, das Kinn auf seinen Stock gestützt. »Herr Jansen«, grüßt Swetlana ihn, »ich habe Ihnen Besuch mitgebracht.«

Wir wechseln ein paar Worte. Herr Jansen schaut sich vorsichtig um. »Kommen Sie, gehen wir lieber ins Haus. Da kann uns keiner hören.«

Okay, vielleicht haben die Wände jetzt wirklich keine Ohren mehr, aber die Neugier draußen ist definitiv nicht von positivster Natur, wie mir der Plausch mit der Grenzpolizei verdeutlicht hat. Zwei Zimmer im ersten Stock, vielleicht 40 Quadratmeter. Ein Wandteppich erzählt von der Jagd, und auf dem Esstisch stehen bald Kekse, Butter und dampfender Tee. Kein Wodka. »Nicht bei uns«, betont Iwan Jansen. »Zu viel Schaden habe ich den Wodka anrichten sehen. Zu viel.«

Auf der Couch sitzt aufrecht seine Frau Anna Petrowna. Ihre Hand umgreift die Armlehne, sie schaut mich interessiert an, sagt aber nichts. »Sie hat die Worte verloren«, erklärt ihre Schwester, die gerade aus der Küche kommt, in reinstem Alemannisch. Elisabeth Schellenberg ist 1996 ausgesiedelt, nach Bad Krozingen, südlich von Freiburg. Jetzt kommt sie jedes Jahr zu Besuch, gemeinsam mit ihrem Mann Josef Ebauer, der ebenfalls Russlanddeutscher ist.

Die alte Dame aus dem Markgräflerland läuft zwischen Küche und Esszimmer hin und her, und bald biegt sich der Tisch, ich wiederhole mich, unter Wurst, Käse, Hefebrötchen, eingelegten Melonen, Sahne und immer wieder Brot.

Während wir uns setzen, atmet Anna Petrowna schwer. Als wollte sie den Lebensodem daran hindern zu fliehen. In ihren über 80 Jahren gingen ihr die meisten Zähne verloren. Sie trägt ein geblümtes Hausfrauenkleid wie einst meine Großmutter, und aus ihren Augen strahlt Güte.

»Dieser Besuch könnte mein letzter sein.« Elisabeth Schellenberg schaut zu Anna Petrowna, die vor 15 Jahren den Krebs in ihren Lungen besiegt hat. Daraufhin sagten ihr die Ärzte: Wenn man so was überlebt, soll man das Klima nicht mehr wechseln.

Ich sitze mit diesen vier Menschen zusammen und komme mir vor wie in einem Museum der Worte. So viele Geschichten, so viele Erinnerungen. Angesichts des ganzen Essens auf dem Tisch und des Sonnenlichts, das friedlich durch die Fenster fällt, ist es einfach nicht vorstellbar, wie es früher einmal für sie gewesen sein muss.

Iwan Jansen, den sie »Wanja« rufen und dessen rote Hosenträger ihm das Beinkleid kurz unter dem Bauchnabel halten, wurde aus der heutigen Ukraine verschleppt. Er zeigt einen Orden, den er für die vielen Jahre Zwangsarbeit erhalten hat, samt Rehabilitierung. Der Orden ist immer noch in Plastik eingeschweißt.

»Fünfzigtausend Rubel habe ich bekommen. Hört sich viel an, aber das waren nur 1,50 Euro. – Jelzin«, schiebt er zur Erklärung hinterher. Die Inflation nach dem Zusammenbruch. Anderthalb Rubel für ein gestohlenes Leben in den Goldminen von Magadan, für die giftigen Dämpfe des Soda-Kombinats am Himbeersee, für den Hunger, der sich sogar heute noch in seine Träume schleicht.

Das Telefon klingelt. Ein altes, mit Wählscheibe. Wanja spricht in die Muschel. »Das war der Mann der Tochter«, berichtet er, als er sich wieder setzt. »Musste dem Krankenhaus einen Sack Kartoffeln vorbeibringen. Weil die haben nichts mehr zum Fressen.« Er lacht. Das Bewusstsein für die Miliz, den KGB ist zwar immer noch stark, zu lange haben deren sichtbarer und unsichtbarer Einfluss die Geschicke und Gedanken der Menschen hier gelenkt, »aber jetzt können wir erzählen. Wir sind ja schon fast tot.«

Also erzählt dieser alte Mann, dessen Schultern vom Leben nach vorne gezogen wurden, während die Sahne Schlieren im Tee zieht, Kekse krachen und Butter auf dicke Hefebrotstücke gestrichen wird.

1941 hatten sie ihn geholt, vom heimischen Hof in die fremde Armee. Die anmarschierenden Deutschen machten die Russen so kirre und wirr, dass sie Wanja erst mal in die Fliegerschule steckten. Er hielt die Klappe. Aber die Russen bemerkten ihren Fehler. Wanja kam zur Arbeitsarmee in Swerdlowsk, dem heutigen Jekaterinburg. Vier Monate baute er mit anderen Gefangenen an einem neuen Alu-Kombinat. Danach wurde er nach Slawgorod geschickt, und von dort schlug er sich durch zum Himbeersee. Er hatte gehört, das Leben sei dort besser, dort gebe es auch mal ein Stück Brot. Das gab es auch, aber nicht lange. Die Russen streuten Misstrauen, spielten die Sträflinge gegeneinander aus, jeder beschuldigte jeden, und einer beschuldigte Wanja.

Schlürfend nippt er an seinem Tee. Auf das linke Handgelenk ist sein Kosename tätowiert, auf das rechte der Name seiner Schwester: Katja. Wanja tippt sich mit einer Hand auf die Schulter. »Das war das Zeichen für den Abtransport«, erklärt er. Abtransport nach Magadan am Pazifik, eine Stadt, von Gefangenen für Gefangene gebaut, um die Goldvorkommen auszubeuten. Sieben Jahre lang. »Weil ich hatte eine lange Zunge«, sagt Wanja. Ein Witz über Stalin, ein paar Zeilen nur, ein kurzer Lacher. Aber die Wände hatten eben Ohren.

Wanja lacht auch jetzt, als er von einer Vergangenheit erzählt, die nicht viele überlebt haben, er lacht, als wäre das Leben ein einziger großer Witz, und insgeheim fürchte ich, er hat recht.

Er schlürft seinen Tee nun laut und wischt sich dann mit der Hand über die Lippen, voller Genuss, den er vielleicht noch stärker empfindet bei den Erinnerungen an die Sklavenarbeit in Magadan. »Oh«, sagt er, »das war ein schönes Leben«, und ich kann nicht anders, als seinen fröhlichen Sarkasmus zu bewundern.

So viel Gold gab es in den Gruben, dass man in den Magazinen Goldzähne kaufen konnte. Drei Rubel pro Gramm bekamen die Arbeiter von den Russen, und die verkauften das Gramm wiederum für 93 Rubel. Damals war der Rubel noch was wert, einen ganzen Tag konnte man davon leben. Das musste reichen, denn wer der Versuchung erlag, den Sowjets Gold vorzuenthalten, zu »rauben«, wurde von den Sowjets des Lebens beraubt: 25 Jahre Zwangsarbeit. »Goldhaft« nannte man das.

Die Arbeit war ein ständig wiederkehrender Kreislauf. Im Winter sprengten sie den Berg in Fetzen, und in den dreimonatigen Sommern wuschen sie das Gold aus dem Sprenggut. Etliche Bulldozer keuchten durch »seine« Grube, erzählt Wanja, und 100 Mann. An jedem Goldwaschband standen sie zu sechst. Ein Bagger fuhr die Bergfetzen heran.

Von den 100 Männern kamen am Ende nur zehn frei.

In den Baracken schliefen sie auf Brettern. Ohne Decken, ohne Kissen. Sieben Jahre sackte der Kopf dumpf auf das Holz, die Kleidung immer läuseverseucht. Wenigstens hatten sie Öfen, wenigstens konnten sie heizen, denn Außentemperaturen um die minus 50 Grad waren Folter genug. Immerhin von einem gab und gibt es in Sibirien mehr als genug: Holz. Die ewige Taiga birgt ein Viertel der weltweiten Waldbestände. »Jeder musste nach der Arbeit ein Stück Holz mitbringen.« Jede Nacht war einer abgestellt, um über den Ofen zu wachen, damit der nicht ausging. Damit sie auch am nächsten Tag das Gold der Sowjets waschen konnten.

»Oh, war das ein schönes Leben«, wiederholt Wanja. Ein schönes Leben bei 200 Gramm Brei, dünner Suppe, abends Tee und einem Stück gesalzenem Hering. Dazu 15 Gramm Hefe, damit die Zähne nicht ausfielen.

Das Leben im Lager will Wanja nicht genauer beschreiben. Es ist schon so lange her wie ein Albtraum, den man als Kind gehabt hat, aber an den man sich noch erinnern kann. Wanja winkt ab und sagt einfach nur: »Mord und Totschlag.«

Elisabeth Schellenberg, die die ganze Zeit zugehört hat, ist unruhig geworden. Sie will spazieren gehen. Mir die Fabrik zeigen. Sie geht gerne dort vorbei. Vielleicht weil sie schon lange nicht mehr dort arbeitet.

Wir gehen über die Zentralnaja. Elisabeth Schellenberg und Josef Ebauer, der uns begleitet, setzen ihre Schritte mit der Gelassenheit zweier Menschen, die wenigstens geografisch auf Distanz zur Vergangenheit sind.

Sie grüßen, und sie werden erkannt. Elisabeth muss mit jedem reden, immer hält sie an, immer bereit für ein kleines Schwätzchen, auch wenn es das Gegenüber nicht ist. Als wollte sie sagen: Seht her, ich bin nur zu Besuch. Ich habe das alles hinter mir gelassen.

Rechts liegt das Kombinat, aber wir biegen links ab, in eine der Sandstraßen. Kühe versperren uns den Weg, es ist ein ständiges Ausweichen. Als die Sonne zu sinken beginnt, verändert sich die

Luft, sie gewinnt an Substanz, beginnt zu schmecken, wird fast essbar. In der duftenden abendlichen Herbstbrise hören die blauen und grünen Fensterläden auf zu klappern, sie flüstern jetzt.

»Da muss es gewesen sein, die Hütte deiner Oma.« Elisabeth zeigt auf einen Stapel Holz. Daneben führt ein Weg zu einem Stall, am Horizont leuchtet der Himbeersee. Die Hütte steht nicht mehr. Hier also. Inmitten von Staub, Sand und Holz. Und könnte dieses absurd schöne Licht, dieses Urtümliche, das ich in Deutschland so vermisse, gegensätzlicher sein zu der Geschichte meiner Großmutter?

Wir gehen weiter. Der Sand, den unsere Füße aufwirbeln, glitzert goldgelb im Licht der Nachmittagssonne. An einem Strommast wirbt eine Partei: »Wo ist die Gerechtigkeit?«

Kurz vor der Fabrik hält Elisabeth an einem Zaun, dahinter liegt ein Haus. »Früher war das ein Krankenhaus. Deine Mutter wurde hier geboren. Aber jetzt ist das Privatbesitz.« Ich mache ein Foto für zu Hause. Geboren im Schatten der Fabrik. Bis heute fällt der Schatten in ihren Pass.

Zwischen Teichen erhebt sich der Sawot; das Kombinat herrscht über das Dorf wie ein König über sein Reich. Oder besser, herrschte. Die Fabrik verfällt, die Stahlzäune wellen sich, und nur noch aus einem Schlot steigt Rauch in den Himmel über dem Himbeersee. Trotzdem ist sie heute der einzige Lieferant in Russland für basisches Magnesiumcarbonat und Kupferacetat. Wofür auch immer man dieses Zeug braucht. Aus dem Backsteinbau glotzen riesige rechteckige Fenster heraus. Als beobachteten sie das Dorf. Nachts sind sie hell erleuchtet. Nur der Polarstern strahlt stärker.

»Im fünften Fenster von links, da habe ich gearbeitet.« Bisweilen schleicht sich ein seltsamer Stolz in Elisabeths Stimme. »Und hier, durch dieses Tor bin ich jahrzehntelang gegangen.«

Es ist aus Gusseisen, mit einem Bogen versehen. Am Eingang blickt mal wieder ein steinerner Lenin forsch in die Zukunft, die längst Vergangenheit ist, in die Tafel neben ihm ist die Anweisung gemeißelt, den Sawot schnell zu bauen, um den Großen Vaterländischen Krieg zu unterstützen.

Acht Sorten wurden hier hergestellt. In den Seen vor dem Dorf, rechts und links der Straße, züchteten die Russen das Soda. Im Sommer. Im Winter bauten die Arbeiter es ab. Mit langen Eisenstangen in der Hand machten sie sich auf den Weg aus dem Dorf zu den Blöcken, die nun weiß waren, ohne dass es geschneit haben musste. Schlugen Brocken ab, Frauen wie Männer, bei eisigen Temperaturen.

Am Anfang gaben die Russen den Arbeitern noch befellte Lederstiefel. Das Soda griff die Haut an, von der Kälte ganz zu schweigen. Doch die Leute hatten so wenig zu essen, dass sie, als sie von der Arbeit nach Hause kamen, das Fell abzogen und das Leder kochten.

Schon für die kleinsten Vergehen gab es drakonische Strafen: Fünf Minuten zu spät zur Arbeit erscheinen bedeutete fünf Monate extra, ein paar Kartoffeln klauen für die dünne Suppe zu Hause ein paar Jahre. Die Deutschen durften das Lager erst nach Stalins Tod verlassen. Die Partei ordnete vier Tage Trauer an, im Radio und über die Lautsprecher wiederholte man immer wieder die zahlreichen ruhmvollen Namen, die Stalin über die Jahre gesammelt hatte wie Spartak Moskau Meistertitel: Führer und Lehrer der Arbeiter der Welt, Vater der Völker, Freund und Lehrer aller Piloten, weiser und intelligenter Führer der Sowjetunion, das größte Genie aller Zeiten, der beste Freund aller Kinder, das scheinende Licht der Menschlichkeit.

Ich stelle mir vor, wie Großmutter Zeugin dieser Trauer war – und innerlich lachte.

Auf dem Dach der Fabrik prangt in großen Buchstaben: »Der Sawot ist unser Stolz«. Die Hände in die Hüften gestemmt, schüttelt Elisabeth den Kopf. Von den acht Sorten Soda, die hier produziert wurden, ist gerade mal eine übrig geblieben. Und von den Arbeiterscharen nur ein paar Frauen, die in weißen Kitteln umherlaufen. Heute wird Soda zum größten Teil künstlich hergestellt, alles liegt darnieder, aber Elisabeth hat noch eine andere Erklärung, die aus ihrem Mund mehr als überraschend ist: »Die Perestroika hat doch alles kaputt gemacht.« Sie sagt das mit all der ihr zur Verfügung stehenden Abfälligkeit.

Rechtzeitig zum Nachmittagstee sind wir zurück in Wanjas Wohnung in der Zentralnaja 38. Brot, Butter, Kekse, Marmelade und eine frische Wassermelone. Streichkäse für Anna Petrowna, weil er gnädig zu ihren restlichen Zähnen ist.

Josef Ebauer schlürft seinen Tee und schmatzt seine Melone. Dazwischen lautes Stöhnen vor Wonne. Der Hunger des Krieges, die Entbehrungen, diese Erfahrungen verschwinden nie ganz. Sie verharren, wenn auch versteckt, in einer Ecke in einem drin, aber regelmäßig kommen sie hervorgekrochen.

»Wir redeten immer über Essen«, sagt Ebauer zwischen zwei Melonenstücken. »Nachts wachte ich auf, weil mir das Wasser im Mund zusammengelaufen war.« Selbst heute denkt er, wenn er manchmal nicht schlafen kann, an den Hunger, der sie dazu trieb, das Gras vom Wegesrand zu essen. Wuhlegras, Sauerampfer, alles, was grün war. »Gerupft und gemampft haben wir es. Wie die Tiere.«

Für Ebauer ist das Glück heute der Butterkeks, den er in die Hand nimmt und mit Butter bestreicht – daumendick, genau so, wie es meine Großmutter immer getan hat. »Ahhh«, stöhnt er, als er den Keks verschlungen hat, und streicht sich über den Bauch. »Jetzt bin ich so satt wie ein Mann aus der Stadt.«

Im gleichen Moment ist für Anna Petrowna Glück ein Stück Streichkäse, das widerstandslos in ihren Mund gleitet. Sie lächelt, ihre Schwester ebenfalls, und Tausende Kilometer von Bad Krozingen entfernt, beginnt Elisabeth, deutsche Lieder zu singen: »Dort drunten stand ein Lindenbaum ...«, aber sie verliert sich im Text. Wanja ist das egal. »So schön klingt die Jugend«, seufzt er.

Elisabeth startet einen weiteren Anlauf: »Lieber Frühling, komm bald wieder ...« Und Anna Petrowna, die gütig schauende Anna Petrowna, die die ganze Zeit kein Wort über die Lippen gebracht hat, stimmt ein: »Komm bald wieder, bald wieder zurück.« Ihre Stimme klingt glockenhell.

Als wir alle zufrieden sind und satt wie Menschen aus der Stadt, will Wanja mich nach Hause begleiten, mir etwas erzählen.

Auf der Straße greift er meinen Arm. »Weißt du, Fredy«, lächelnd schaut er mir ins Gesicht, »früher, da war ich so groß und stark wie du. Dann sieben Jahre in Magadan. Damals dachte ich, ich komme nie wieder raus. Und jetzt bin ich plötzlich 90.« Er schüttelt den Kopf und stößt ein heiseres Lachen hervor. »Als ich hier zum ersten Mal ankam, verliebte ich mich auf der Stelle in Anna Petrowna. Wie sie immer so stolz aus dem Sawot kam, mit ihrer weißen Haube.« Seine Augen glänzen. »Ich fragte sie, ob wir tanzen gehen wollen, aber sie lachte nur und sagte: Du gehst mir doch nur bis zur Schulter!«

Aber Wanja hatte sich festgelegt. Und daran konnten auch die sieben Jahre in Magadan nichts ändern. Im Gegenteil: In der ganzen Zeit – tags an den ratternden Fließbändern, abends, wenn er sich das Stück Hefe zwischen die Zähne schob, nachts, wenn sein Kopf auf das harte Brett sank –, immer dachte er da an Anna Petrowna mit ihren gütigen Augen.

Als er 1954 an den Himbeersee zurückkehrte, ging er sofort zum Sawot und wartete auf das Schichtende. »Irgendwann kam sie dann raus. Sie schaute mich an, und ich sagte: Du gehörst zu mir.«

Anna Petrowna erwiderte nichts. Sie lächelte – und hakte sich bei Wanja ein.

»Auch so was Schönes haben wir erlebt, Fredy. Das solltest du schreiben.«

Қазақстан: Ursprünge

Durch die Steppe

Zu schade, dass ich nicht die Gelegenheit hatte, dem Arsch von Dieb meinen Ellbogen in die Fresse zu rammen und ihm mit dem Stuhl den Schädel zu zertrümmern.

Als ich den Verlust meiner Tasche bemerke, durchläuft es mich heiß und kalt. Ich schaue unter dem Tisch nach, hinter dem Computer, gehe schnell die anderen Computerplätze durch, als hätte meine Tasche Beine bekommen.

Am Eingang des Internetcafés sitzen zwei Wachmänner hinter einem Tresen und schauen auf einen Bildschirm, der die Aufnahmen von sechs Kameras zeigt. Die beiden haben sich träge auf ihren Stühlen zurückgelehnt und schwatzen über den Fußballverein Kairat Almaty.

Hektisch rede ich auf sie ein, warum, weiß ich eigentlich auch nicht, was sollen sie schon machen, jetzt ist es sowieso zu spät. Aber als sie verstanden haben, dass meine Tasche gerade geklaut wurde, werden sie sehr geschäftig und spulen die Aufnahmen der Kameras zurück, bis wir den Täter sehen, wie er, sehr lässig, einfach von hinten an mich herantritt, sich die Tasche, die neben mir auf dem Boden steht, in einer flüssigen Bewegung schnappt, sich umdreht und aus dem Bild läuft.

»*Da, da!*«, schreit der eine Wachmann und haut dem anderen auf die Schulter, anscheinend von einem merkwürdigen Stolz erfüllt, dass die Kameras tatsächlich funktionieren. Er setzt seine Mütze auf und rennt vor das Gebäude in die kasachische Septemberhitze. Draußen stemmt er die Hände in die Hüften und schaut sich mit einem ernsten Gesichtsausdruck um, dann schüttelt er den Kopf. Ein zentralasiatischer Monsieur Hulot, es fehlt nur die Pfeife – diese Szene ist so herrlich absurd, dass ich schon fast wieder lachen muss.

Wenn nur in der Tasche nicht mein Tagebuch und meine Kamera gewesen wären. Auf der Speicherkarte die Bilder von Wanja und seiner Frau Anna Petrowna, die Fotos der unwahrscheinlich schönen Sonnenuntergänge am Himbeersee und der unwahrscheinlich weiten kasachischen Steppe auf dem Weg nach Almaty, in meine Geburtsstadt.

Als ich früh am Morgen im Zug die Grenze überquerte und bevor ich denken konnte: Jetzt bin ich in Kasachstan, da war der Kerl schon da, saß knallwach neben mir, kratzte sich kurz durch den Dreitagebart und sagte: »Oooooh, ich bin Hasan.« Er holte eine Plastiktüte hervor, die zwischen seinen Füßen auf dem Boden stand, nahm eine Konservendose heraus und öffnete sie.

Sofort füllte sich das Abteil mit dem Geruch von Hundefutter. Verstohlen schaute ich auf das Etikett – vielleicht essen sie ja auch in Kasachstan Hunde –, entdeckte aber nur die Zeichnung eines Rinds. »Oooooh«, sagte Hasan, »iss, iss!«

Don't knock it till you try it, heißt es ja. Widerwillig schob ich mir einen Bissen in den Mund und überlegte sofort, wie ich ihn da wieder unauffällig rausbekommen könnte. Keine Chance. Also schnell runterschlucken.

»*Haraschow?*«, fragte Hasan und lachte.

»*Haraschow*«, antwortete ich, gut, lehnte aber jeden weiteren Bissen ab.

Hasan machte sich über den Rest her, als wäre es Kaviar vom Kaspischen Meer, rülpste anschließend zufrieden und legte sich dann hin. Trotz des Hundegeschmacks in meinem Mund schlief ich auch wieder ein. Es war schließlich noch eine ganze Strecke bis in den Südosten des Landes, bis nah an die kirgisische Grenze.

Beim nächsten Halt wachte ich wieder auf. Der kleine Bahnhof war von zehn Imbissständen gesäumt und befand sich mitten im brettflachen Nirgendwo, dahinter lag ein kleines Dorf, das aussah, als wäre es nur für die Bahnstrecke aus dem Sand gestampft worden. Frauen aus der Steppe boten in großen Blechtöpfen Pelmeni feil, eingelegte Gurken, Wodka. Ein Mann in weißem Kittel stand hinter einem Grill, auf dem eine Reihe Schaschlik vor sich hinbrutzelte, und fächerte die Kohlen mit einem Plastikteller an. Ich stürzte hinaus. Irgendwas, ich brauchte irgendwas, um diesen Geschmack zu vergessen. Hasan folgte mir pfeifend, und gemeinsam schritten wir die Stände ab. Jedes Mal, wenn ich etwas kaufen wollte, drängte er sich vor mich, stieß mich regelrecht zur Seite, und wickelte die Transaktion ab.

Als der Zug sich wieder in Bewegung setzte, breiteten wir die Beute auf dem Abteiltisch aus, bis auf dem Holzquadrat keine Lücke mehr sichtbar war. Unsere Hände griffen in die Tüten, schnappten sich die golfballgroßen Pelmeni und die ihnen verwandten Wareniki, die Gurken und Tomaten, das triefende Schweinefleisch, das saftig glänzende Hühnchen.

»Ooooh«, sagte Hasan, »das ist gut, oder, Fredy?« Ja, diesmal tatsächlich. Er schenkte uns explosiv sprudelndes Mineralwasser ein, und aus Teegläsern tranken wir Wodka. »Oooooh, Hasan«, sagte ich, »das ist hervorragend.«

Wir schlemmten synchron, und während wir uns die Finger ableckten, die Bissen mit einem Schluck Wodka runterspülten, durcheinanderredeten, zog die Steppe in ewigem Ocker an uns vorbei. Alle paar Stunden sah ich ein Auto, das eine große Sandschleppe hinter sich herzog.

»Wie ist Almaty, Hasan?«

»Oooh, Fredy, so eine große Stadt, groß und wunderschön.«

Wir gingen der (kleinen) Flasche auf den Grund, und Hasan erzählte von seiner Frau und seiner Tochter, den Problemen, die er in Russland immer mit der Miliz hatte. Er beklagte den alltäglichen Rassismus, der den Kaukasiern und den Bewohnern der »Stans« entgegengebracht werde, *»jolki-palki«*, sagte er immer wieder, verfluchte Scheiße. Das war doch alles Quark. Aber anscheinend hatte er sich schon so daran gewöhnt – was schlimm genug ist –, dass diese Ausführungen wesentlich kürzer waren als die über seinen Wunsch, seinen Toyota Surf irgendwann mal gegen einen Mercedes einzutauschen.

Leicht angetrunken und verbunden gegen alle Vollidioten dieser Welt, die denken, sie seien aufgrund von Hautfarbe oder Herkunft etwas Besseres, wurden wir schließlich vom Lied der Räder in den Schlaf gesungen.

Am nächsten Morgen weckte uns die Sonne, die über der Wüste Mujunkum hochstieg. Auf dem Gang packten die Passagiere ihr Gepäck, manche hatten Polentaschen dabei, die so groß und schwer wie Steinquader waren. Hasan zog seinen Trainingsanzug aus und kleidete sich in ein Jackett, Anzughose und schwarze Schuhe. Wir umarmten uns, enge Gefährten für ein kurzes Stück Weg. »Es hat mich gefreut«, sagte ich. »Oooooh, Fredy«, sagte Hasan und stieg aus in einer Steppenstadt, an deren Namen ich mich nicht mehr erinnern kann.

Zwei kasachische Frauen nahmen Hasans Platz ein. Ich lag weiterhin oben, sie jetzt unten. Der Speck quoll aus ihren rosa Pullovern, ihre Stimmen waren kratzig und hart. Vor sich breiteten sie Tüten mit Lebensmitteln aus, während es sich eine junge Frau auf dem Gang bequem machte. Ihre Stöckelschuhe klackten über den Boden, und als sie sich bückte, um die vorhandene Matratze auf der Liege auszurollen, rutschte ihr ebenfalls rosafarbener Mantel zur Seite. Nicht nur die Männer auf dem Gang verfielen bei dem, was sie gerade taten, in Zeitlupe. Auch die beiden Frauen unter mir hielten inne, schienen schon fast neidisch auf das Hinterteil der Jüngeren zu schauen. Dann legte sie sich hin, und das Schauspiel war vorbei. Damit sie selbst gar nicht erst eines der etwas anderen Art boten, hielten die Kasachinnen unter mir abwechselnd ein weißes Laken als Sichtschutz in die Höhe, als sie sich umzogen.

Wir rollten immer noch irgendwo durchs Nirgendwo, als ein bügelfaltensteifer Uniformierter den Waggon betrat. Sofort nahm er mich als Fremdkörper wahr und fragte nach meinem Pass.

»Tourist?« Er musterte das Dokument und schüttelte dabei den Kopf. Als könnte er sich nicht vorstellen, was es hier zu sehen gebe. Er zog ab, aber fünf Minuten später war er wieder da. Meine Anwesenheit ließ ihm keine Ruhe. »Tourist?« Er murmelte vor sich hin, dann formte er mit seiner Hand eine Waffe. Ob ich eine Pistole hätte. *Yoq,* nein. Wieder schüttelte er den Kopf. Was konnte ich nur hier wollen, und dann auch noch dritte Klasse. Was ich für ein Auto fahren würde. Einen Opel. Sein Interesse ließ schlagartig nach. »Opel«, wiederholte er und spuckte dabei aus. »Ich fahre Mercedes!«

Diese Marke wird mich bis ans Ende der Welt verfolgen. Nicht auszudenken, was es für das deutsche Image bedeutete, wenn der Stern einmal sinken sollte.

Später kam immer wieder ein wahrer Koloss von den Betten im nächsten offenen Abteil an meinen kleinen Tisch und laberte mich an. Ein gutmütiges, aber gelangweiltes und dann zunehmend irritiertes Gesicht, die Leute hier waren es nicht gewohnt, wenn man unterwegs schrieb oder las, also für sich allein blieb. »*Germania*«, sagte er immer wieder und sah ebenfalls ausreichend Grund, darüber den Kopf zu schütteln. Er blieb hartnäckig – an den Tisch kommen, anlabern, »*Germania*«, den Kopf schütteln –, aber ich wollte mich jetzt einfach nicht unterhalten, auch wenn die Sonne unterging und es bald zu dunkel zum Schreiben wäre. Doch keine Chance, endlich kapitulierte ich.

Und so erfuhr ich, dass Koloss und seine Jungs unterwegs nach Atyrau am Kaspischen Meer waren, Ölarbeiter für Agip, sie verdienten 8000 Tenge im Monat, umgerechnet etwa 40 Euro. Einen Monat arbeiteten sie, einen Monat hatten sie frei. Alle kamen sie aus Semei, einer 300 000-Einwohner-Stadt im Osten, dicht an der russischen Grenze, und alle machten sie sich Gedanken, wie ihre Kinder wohl ihre lange Abwesenheit verkrafteten. Zwar verdienten sie sehr gutes Geld, aber dafür bekamen sie daheim viel nicht mit. Koloss erzählte und erzählte, vom Leben in Atyrau, von der Hitze am Kaspischen Meer, den Schlägereien im Frustsuff und der süßen Rückfahrt nach Hause, wenn jeder Kilometer durch die Steppe die Heimat und damit die Familie ein Stück näher brachte.

Wir kommunizierten hauptsächlich, indem wir auf leeren Blättern herummalten. Ich sei aber ein Schreiber, kein Maler, erklärte ich, und Koloss wollte gleich wissen, wie viel ein Schreiber verdiene. Ich druckste herum, aber er ließ natürlich nicht locker. Als ich es ihm sagte, war er enttäuscht. Aus *Germania* und so wenig Geld? Da kannte er Deutschland aber anders. Er hatte in der DDR bei der Roten Armee gedient, »Okkupanten« nannten sie sich.

Ich solle dennoch gut über ihn schreiben, verabschiedete sich der Koloss endlich. »*Kanjeschna*«, erwiderte ich mechanisch und blickte aus dem Zugfenster in den Sonnenuntergang. Aus den Wolken wuchsen Strahlenbüschel in alle Richtungen, und die freien Horizontflächen glommen wie Scheite in einem befeuerten Kamin.

Der Zug hielt an einem einzigen Hof, natürlich mitten in der Steppe. Ein Mann stieg aus, zwei Polentaschen in der Hand. Wahrscheinlich war er in der Stadt gewesen, einkaufen, seine Eltern begrüßten ihn, während die Kühe, unbewegt von Wiedersehensfreude, das letzte Gras vom Boden zupften. War der Hof extra wegen des Zuges hier gebaut worden? Oder war das wie in den Bussen, und man sagte einfach dem Zugführer Bescheid?

Über mir vier Polentaschen, unter mir die zwei Hausfrauen, zu ihren Füßen Melonen so groß wie Bowlingkugeln. Die beiden hatten sich im Abteil ausgebreitet wie Beduinen in ihrem Zelt, ließen sich die Klamotten der durch den Gang gleitenden Händler zeigen, hinter den Laken fand eine Modenschau statt, später kauften sie von einer Steppenbabuschka Honig in Pepsiflaschen.

Sie häuften immer mehr Besitz an und thronten schließlich regelrecht darauf. Da sie zwischen ihren Zähnen unablässig Sonnenblumenkerne knackten, wuchs vor ihnen auch der Schalenberg.

Da tat es einen Schlag, und alle Gesichter schielten nach dem Gang. Einer war von seiner Liege gefallen und hielt sich benommen den Kopf. Nach ein paar Minuten versuchte er, aufzustehen und wieder auf seine Schlafstatt zu klettern, aber die anderen überzeugten ihn davon, dass er sich lieber dauerhaft unten einrichten solle. Hatte ich mir doch gedacht, dass so etwas passieren könnte. Diese kleine Metallschiene am Rande der Liege hatte mir von Anfang an kein großes Vertrauen eingeflößt. Weil der Kollege, der von der Liege gepurzelt war, fortan nichts mehr redete, hielt ich mich bei jedem Ruck an dem Griff fest, der an der Liege angebracht war. Draußen flimmerten die Höfe in der Steppe in einem fast schon wässrigen Licht. Sträucher, Gräser, ein Schild, das für das Jahr 2030 ein goldenes Kasachstan versprach, dann lange nichts.

Genauso ging es mit früheren Verheißungen. »Blühende Landschaften« sind keine Wortschöpfung des bundesdeutschen Wende- und Einheitspoeten, schon früher, noch zu Zeiten des Eisernen Vorhangs, hatte auf dessen anderer Seite Chruschtschow, Stalins Nachfolger, sie seinen Landsleuten versprochen. Überhaupt war er sehr enthusiastisch beim Errichten von Luftschlössern. Als er 1958 als Regierungschef die Macht übernahm, erklärte er, dass das Paradies nahe sei und der Aufbau des Kommunismus im Lande 1980 vollendet sein werde (gut zwei Jahrzehnte später scherzten die Russen dann, man habe nun immerhin die Olympiade bekommen). Chruschtschow legte ein neues Parteiprogramm auf, und in einem 20-Jahres-Plan versprach er kostenlose Wohnungen, Energie, Krankenversicherung, eine 34-Stunden-Woche, keine Einkommenssteuer und gleichzeitig eine 500-prozentige Steigerung der Produktivität.

Eines dieser Wunderwerke sollte seine Kampagne »Jungfräuliches Land« sein. Um die Steppe im südlichen Sibirien und im nördlichen Kasachstan zu kultivieren, schickte er eine Viertelmillion Komsomolzen, organisierte KPdSU-Jugend, in die Region, um daraus eine neue Kornkammer für die Sowjetunion zu machen, damit man nie wieder der Gefahr einer Hungersnot begegnen müsse.

Die örtlichen Bauern und Funktionäre sagten: Das wird nichts. Aber keiner hörte auf sie. Die Kampagne drang schon durch Filme und Literatur in das nationale Bewusstsein, da war er wieder, der russische Enthusiasmus für die großen Projekte des Kommunismus.

Und tatsächlich bearbeiteten die Komsomolzen in den 1960ern Millionen Hektar jungfräuliches Land, und die Kornproduktion stieg um 50 Prozent. Aber die Wüste am Rand der Steppe verfolgte ihre eigene Agenda, fraß sich in das kultivierte Land, das nicht ordentlich vorbereitet worden war, und vernichtete die Ernten. 1962 musste Chruschtschow 20 Millionen Tonnen Korn aus dem Ausland hinzukaufen.

Auch wenn sie riesig waren, 20 Millionen Tonnen brachten die Melonen der beiden Kasachinnen, die jetzt durch den Gang rollten, gewiss nicht auf die Waage. Die Frauen machten sich lustig über mich, weil ich weiterhin las, schrieb und dabei zu wenig redete. Irgendwann nahmen sie es nicht mehr hin und quatschten mich einfach voll wie zuvor der Koloss.

Teetrinken wurde zu einer Tätigkeit, die mich von den beiden ablenkte und ausfüllte.

Die Fahrt mit der Transsib ist, klarer Fall eigentlich, eher ein Marathon als ein Sprint. Die Sonne brannte durch die Fenster, die nicht zu öffnen waren. Mein Körper glühte, meine Beine schmerzten, weil ich sie nicht ausstrecken konnte, Schweiß überzog mich, ich bekam alle Ausdünstungen des offenen Abteils ab.

Wie schnittfähig muss die Luft erst im Sommer gewesen sein, aus dem Schweiß müssen mächtige neue Ströme entsprungen sein, als einst die Unglücklichen nach Sibirien und Kasachstan deportiert wurden. Tagsüber Luft in kleinen Schlucken, nachts metallknirschend kalt. Keine Polster, sondern Bretter. Keine Pelmeni, sondern Erbsensuppe mit Fliegen drin. Keine lockere Plauderei über unwichtige Dinge, sondern angstvolle Spekulationen über eine Zukunft, die sie nicht mehr in der Hand hatten.

Um fünf Uhr morgens waren draußen vor den Fenstern aus Holzhütten schließlich Wellblechhütten geworden. Während wir in die Stadt ratterten, wischte ich mir den Schlaf aus den Augen. Ich hatte von meinen Pateneltern geträumt und davon, wie sie damals ans Gleis in Alma-Ata gekommen waren, um uns zu verabschieden. Natürlich konnte ich mich nicht wirklich daran erinnern, es war eine dieser »falschen« Erinnerungen, die erst durch häufiges Erzählen zu einer werden. Aber im Traum hatte ich ganz genau die Butter und den Rahm in ihren Händen gesehen, ein Abschiedsgeschenk, und den traurigen Ausdruck in ihrem Gesicht. Denn keiner hatte gewusst, ob oder wann wir uns wiedersehen würden.

Und wie war das für ein Kind, diese lange Zugfahrt, die jetzt philosophisch war, aber früher arschlangweilig gewesen sein muss: Steppe, nur endlose Steppe, Wald, nur endloser Wald, und ein paar Mütterchen, die an den Gleisen entlangtrotteten, weil die Straßen im Schlamm versanken.

Schließlich erreichten wir den Bahnhof Almaty-1. In aller Frühe regierten auf dem Bahnsteig die Gepäckträger, auf krummen Rücken schleppten sie die steinquadergroßen schweren Polentaschen, die Säcke und Kisten. Jeder schrie jeden aus dem Weg.

Können nicht einfach alle mal die Klappe halten?

Eine Rückkehr, eine Prophezeiung

Jetzt schleppe ich meinen Rucksack durch die 1,5-Millionen-Metropole, laufe und fahre auf der Suche nach einem Hotel ziellos herum, habe keinen Blick für die schneebedeckten Berge, die hinter der Stadt aufragen. Auf der Straße und im Bus ernte ich misstrauische, fast schon feindselige Blicke. Ein Hotel nach dem anderen ist ausgebucht, wegen einer Konferenz, und ich dränge mich durch den dichten Verkehr. Die Staus erinnern mich an Moskau. Es scheint nicht ums Ankommen zu gehen, sondern ums Fahren, ums Verheizen der eigenen Ölreserven, um den neuen Wohlstand automotivisch darzustellen.

Das Road Hotel ist ein auseinanderfallender Sowjetkasten an einer Hauptstraße hinter dem Grünen Basar. Die Absteige hat ihre eigenen Farben, ist außen grau und innen rosa. Ich bekomme ein Zimmer im zweiten Stock. Den Spuren am Schloss nach zu folgen, wurde die Tür bereits mehrmals aufgebrochen. Die Matratze ist hart wie ein Brett, im Bad schimmelt die Decke, und die Toilettenspülung läuft unablässig. Perfekt.

Ich stelle die Flasche Wodka, die ich mir eben auf dem Basar gekauft habe, auf den Tisch, schmeiße den Rucksack aufs Bett. Dann schenke ich mir einen ein. Feuerwasser. Der Wodka entfacht in meiner Kehle einen verspäteten Steppenbrand. Was will man auch erwarten bei umgerechnet zwei Euro die Flasche. Der Alkohol hier ist noch billiger als in Russland.

Draußen dröhnen die Autos über die achtspurige Straße. Ich trinke noch einen. Und noch einen. Ehrlich gesagt, weiß ich gar nicht, warum, bin aber geneigt, der überfordernden Situation die Schuld zu geben – wie dumm zu erwarten, dass man in seiner Geburtsstadt auf irgendeine Weise willkommen geheißen wird. Wäre vielleicht anders, wenn ich Helene Fischer wäre. Muss aber auch nicht sein.

Langsam wird der Lärm dumpfer, und ich packe die restlichen Tüten vom Basar aus: in Knoblauch eingelegte Auberginen, Rosinen, Nüsse, ein Pitabrot. Aber am Ende trinke ich mehr, als ich esse, und der Wodka macht meine Gedanken flüssig. Bis heute war Alma-Ata nur ein Vermerk in meinem Pass, zwei Wörter, die ich immer mit einem gewissen Stolz aussprach. Ein Rätsel, ein Mysterium, das sich in Gedanken zu einem verheißungsvollen Ort aufgebaut hatte, eine fremde Ferne, die irgendwann entdeckt werden musste.

Ich erinnere mich noch, wie ich eines Tages bei meiner Großmutter war. Sie war gerade von einem Besuch »drüben« zurückgekommen. Eigentlich hatte ich auf diese Reise mitgesollt. Ich war schon ganz aufgeregt gewesen, es wäre meine erste große Reise geworden, und in meinem kindlichen Kopf hatte ich mir als unser Ziel das Ende der Welt vorgestellt. Aber dann war das Atomkraftwerk in Tschernobyl in die Luft geflogen, und ich hatte zu Hause bleiben müssen. Oma war trotzdem gefahren. »Ich bin ja schon alt«, hatte sie gesagt. »Unfair!«, hatte ich gezetert. Aber immerhin hatte sie mir eine Menge Geschenke mitgebracht: Anstecknadeln und Medaillen. Auf den meisten waren Äpfel zu sehen, Apfelbäume und Apfelblüten. Ich fragte meine Oma, warum, und sie erzählte mir von diesem Land des Überflusses, in dem überall Äpfel wuchsen, Aprikosen, Melonen und Trauben. Damals wusste ich noch nicht, dass dieses Paradies in Relation zum Leben im sibirischen Lager zu setzen war, aber ich fuhr mit meinen Fingern über die Anstecknadeln und ihre kleinen rechteckigen Reliefe und flüsterte den Namen »Alma-Ata« vor mich hin.

Wie unzählige andere Städte auch benannten die Kommunisten die Stadt, die einst »Werny« hieß, nach der Revolution um und gaben ihr eine slawisierte Form ihres früheren Namens. *Alma* heißt »Äpfel«, *Ata* »Vater«. Aber da hatten die Russen wieder mal was falsch verstanden, denn aus der kasachischen Endung -*aty* hatten sie kurzerhand den *Vati* gemacht. »Vater der Äpfel« also. Dass die beiden Wörter im Kasachischen gar nicht in Bezug stehen – geschenkt. Immerhin blieb der Stadt so das Schicksal erspart, nach einem kommunistischen Führer benannt zu werden. Die Kasachen hatten diesen Lapsus allerdings nicht vergessen, und kaum war die

Sowjetunion Geschichte und mit ihr ein ganzes Arsenal von Vokabular, änderte die Regierung den Namen in Almaty, »Stadt der Äpfel«. In meinem Pass wird trotzdem bis zu meinem Lebensende die alte Schreibweise stehen bleiben, und ehrlich gesagt, finde ich diese viel besser. Auch wenn sie falsch ist.

Im Road Hotel wächst vor mir der Berg an Pistazienschalen, die Begegnung mit den beiden Hausfrauen im Zug ist doch nicht folgenlos geblieben. Die Flasche leert sich wie von selbst. Wegen der geklauten Tasche werde ich immer wütender, ausgerechnet hier, und schlage mit der Hand auf den schiefen Tisch. Auf dem Basar war ich noch ganz bezaubert von dem Chaos, das so herrlich zur deutschen Ordnung kontrastiert, dem Schreien der Marktfrauen und den Farben und Gerüchen der Speisen, die zu einem anderen Land gehören und denen es gelang, dass ich mir jetzt andere Realitäten vorstelle. Was, wenn ich hier kein Fremder wäre, sondern in Deutschland?

Meine flüssigen Gedanken gerinnen, werden mir schwer. Zur Ablenkung lese ich ein wenig in Nataschas altem Phrasenbuch, das sie mir in Barnaul zum Abschied mitgegeben hat, und lerne Sprüche auswendig, die ich mit Sicherheit nie brauchen werde: »Wo bitte ist ein Philateliegeschäft? Ich bin hier anlässlich der sowjetisch-deutschen Freundschaft. Es leben die kommunistischen Völker!«

Schließlich werden mir auch die Augen schwer, der Wodka hat mich so benebelt, dass das ständige Tropfen des Wasserhahns es nicht mehr in mein Bewusstsein schafft.

Ich streife durch meine Geburtsstadt, die in den vergangenen 200 Jahren mehrfach durch Erdbeben zerstört wurde. Heute ragen hier Hochhäuser in den Himmel und konkurrieren mit den weithin sichtbaren Gipfeln des Transili-Alatau, eines Teilgebirges des mächtigen zentralasiatischen Tian Shan. Knapp 5000 Meter hohe Schneeberge im Panoramahintergrund, aber hier unten in der Metropole sind die Straßenränder begrünt, und der Verkehr ist mörderisch, ein zuweilen eigentümlicher Kontrast. Ständig muss ich

Autos oder Oberleitungsbussen ausweichen und wünsche mich auf einen der 300 Gletscher in der Umgebung.

Auf den Plätzen beobachte ich die jungen Kasachen, wie sie in Grüppchen zusammenhocken, schwatzen und auf den Boden spucken. Soweit ich das beurteilen kann, gibt es drei Formen des Spuckens: langsam über die Lippen nach unten tropfen lassen, mit Tempo aus der Backe heraus und volley über die Schneidezähne. Das spritzende Geräusch begleitet mich auf dem Weg durch die Stadt.

Ich komme an einem Schild vorbei, wie ich es schon unterwegs in der Steppe gesehen habe: Der durch einen soliden Mix aus überwältigenden Wahlergebnissen, verlängerten Amtszeiten und vorgezogenen Neuwahlen seit 1990 amtierende Präsident Nasarbajew verspricht seinem 17-Millionen-Volk, das Land bis 2030 an die Spitze zu führen.

Ein Punkt auf der Agenda des Mannes, der Almaty 1997 den langjährigen, durch die wechselnden Systeme fortbestehenden Rang als Hauptstadt genommen hat, könnte unter anderem sein, aus Imagegründen gleich dem ganzen Land einen neuen Namen zu verpassen: Um im Bewusstsein der Weltgemeinschaft nicht mit der Gewalt und dem Chaos im Süden, in Afghanistan und Pakistan, in einen Topf geworfen zu werden, liebäugelt der Präsident damit, Kasach*stan*, den »Ort der Kasachen«, ins »Land der Kasachen«, *Kasach Eli*, umzubenennen. Ob er mit dieser Maßnahme tatsächlich den westlichen Vorurteilen gegenüber den »Stans« einfach so entgehen könnte, wage ich zu bezweifeln.

Ich begebe mich nun auf die Suche nach unserem ehemaligen Wohnort und dem Krankenhaus, in dem ich geboren wurde, ausgerüstet mit einem Stadtplan und einer vagen Beschreibung meiner Mutter: Ich solle einen Trolleybus vom Bahnhof nehmen, der Stadtteil heiße Elevator, was so viel wie »Anhöhe« bedeutet. So laufe ich am Bahnhof, dem Verkehrsknotenpunkt der Oberleitungsbusse, hin und her und halte Ausschau nach diesem Wort, höre angestrengt durch das Gejaule der Motoren und das Krachen der Gänge auf das, was die Schaffner schreien.

Die wahren Herrscherinnen über die Busse sind allerdings nicht die Schaffner und Fahrer, sondern Frauen mit Klemmbrettern in der Hand. Viele von ihnen sind Russinnen, die nach der Unabhängigkeit im Land geblieben sind, auch wenn sie nun die Minderheit stellen. Davon merkt man ihrem Auftreten allerdings nichts an, diese Matronen führen sich fast schon, gute alte Schule, diktatorisch auf, notieren auf ihren Klemmbrettern die Ankunftszeit, drücken die Stoppuhr, und nach fünf Minuten geben sie dem Fahrer wieder ein Zeichen: Fahr los! *Dawai!*

Ich frage eine dieser resoluten Russinnen – obwohl ich mir schon gar nicht mehr sicher bin –, ob es dieses Elevator überhaupt gebe, da ich in meinem Stadtplan überhaupt keinen Hinweis darauf gefunden habe. Aber sie nickt bestimmt und schiebt mich einfach in den Bus Nummer 256, *dawai, dawai,* und widmet sich dann mit stoischer Miene der nächsten Transportlösung.

Derweil bewege ich mich im Bus durch die schachbrettartig angelegte Stadt, vorbei an den aufstrebenden Hochhäusern und den hübschen Kirchen, bis das Zentrum hinter uns zurückbleibt und industrieller Vorstadt weicht. An einer tosenden Hauptstraße zieht mich der Fahrer am Arm und sagt, hier solle ich aussteigen. Er zeigt auf eine Granitwand auf der anderen Straßenseite: Mit roter Farbe ist dort »Elevator« auf den Stein gesprüht, ein Pfeil zeigt die sandige Straße hinunter in den Schatten der Bäume.

Ich folge ihm und überquere Bahngleise, die in eine verlassene Fabrik führen. Dort hat Großvater einst gearbeitet, jetzt verfällt sie, verschlossen und verriegelt hinter Wellblech und Stacheldraht.

Vor mir erheben sich fünfstöckige Sowjetblocks und verrotten ebenfalls. Der kasachische Fortschritt ist in diesem Stadtteil noch nicht angekommen, aber Nasarbajew hat ja auch noch ein paar Jährchen. Vor einem Magazin wirbelt ein taumelnder Besoffener den Sand auf. Auf dem Laub der Bäume liegt Staub. Wie viele taumeln hier herum? Ich gehe hinein. Die Beleuchtung ist karg, aber die Auslage ist voll. In den Vitrinen liegen Piroggen, Käse und Wurst dicht an dicht, in den Kühlschränken stehen gedrängt Bier-

und Colaflaschen. Ich frage mich, ob meine Mutter vielleicht genau in diesem Laden angestanden hat, in der Hoffnung auf Fleisch und Milch, mich als kleinen Bub an der Hand.

Vor meiner Abreise sagte sie mir: Du musst über einen Bach und dann einen kleinen Berg hinauf. Aber ich kann weder den Bach noch den Berg finden und verliere mich zwischen den Wohnblocks in den staubigen Straßen. An einer anderen Granitwand steht: »Punks not dead«. Dabei habe ich den letzten Punk vor Tausenden Kilometern in Sankt Petersburg gesehen.

Schließlich frage ich einen alten Kasachen, der vor seiner Laube den Eingang fegt. Allerdings scheint er mein Russisch nicht zu verstehen. Ich male ein Krankenhaus in meinen Notizblock, aber er denkt, ich würde den Zirkus suchen. Daher fasse ich mir links an die Brust, simuliere einen Herzanfall und ahme eine Sirene nach. Jetzt hat er mich verstanden und weist mir den Weg, so finde ich den Bach – ein sehr schmales Brackwasser – und den Berg – einen kleinen Hügel. Ein wenig fühle ich mich so wie als Kind in der Schule, als ich noch nicht wusste, was hinter dem dunklen Wald lag, der an das Schulgelände grenzte, und mir in meiner Fantasie ausmalte, auf der anderen Seite der Bäume eine neue Stadt vorzufinden.

Jetzt aber finde ich ein hellblaues Gebäude, von dem der Putz großzügig abblättert. Davor steht ein Linienbus, der für den Tanz Treff Hey in Lemgo und für die Lippische Landesbrandversicherungsanstalt wirbt, Sicherheit im Zeichen der Rose.

Am Schlagbaum vor dem Eingang stecken sich die Sicherheitsleute gegenseitig Zigaretten an. Ich schaue an dem Gebäude hoch und sehe hinter kleinen Fenstern im ersten Stock die Leuchte des Kreißsaals. Zumindest bilde ich mir das ein. Es kann auch ein normaler OP-Saal sein. Ein Arzt geht an mir vorbei, hält sich das eine Nasenloch zu und rotzt aus dem anderen, wie ein Fußballer vor dem Freistoß. Vor der Notaufnahme hält ein Opel. Anscheinend hat sich ein Vater verletzt, aber der Sohn, der ihn hergebracht hat, geht erst mal mit den Sicherheitsleuten eine rauchen.

Innen türmt sich in den Ecken der Staub, die Wände sind türkis, alle Türen stehen offen. Unter den Treppenaufgängen verste-

cken sich ausrangierte Waagen, Betten sind an das Geländer ge-
kettet. Auf den Sitzreihen aus Plastik hockt ein Handwerker im
Blaumann, seine Hand blutet durch den provisorischen Verband,
er weint fürchterlich. Sein Kollege, der ihn begleitet, beobachtet
einen durch die Gänge stolpernden Mann, dessen Gesicht aussieht,
als wäre es geschmolzen.

Als ich mich vor der Reise mit meiner Mutter über Alma-Ata
unterhielt, erzählte sie mir eine Geschichte, die ihr entweder
all die Jahre entfallen war, weil sie mit dem Thema abgeschlossen hatte, oder über die sie einfach Stillschweigen hatte bewah-
ren wollen. Aber meine ganze Fragerei brach schließlich den Beton der Verleugnung auf, und sie erinnerte sich an eine alte Frau
im Krankenhaus kurz nach meiner Geburt. Sie hatte ein Kopftuch
auf und fühlte sich dazu berufen, meine Zukunft vorauszusagen:
»Der Junge hat eine hohe Stirn. Also wird es ein kluger Junge. Aber
ich fürchte auch, er wird sich umbringen.« Sie nickte, als führte
kein Weg daran vorbei, und präzisierte: »Ja, er wird sich erhän-
gen.« Was hatte diese Alte sich dabei gedacht, das einer frisch-
gebackenen Mutter an den Kopf zu knallen? Ich wollte eine witzige
Bemerkung machen, um die Situation zu überspielen. Mir fiel keine ein.

Einige der Krankenschwestern sind mit ihren hochtoupierten
Haaren, den goldenen Brillen, der blassen Farbe ihrer Haut, den
Goldzähnen so durch und durch russisch, dass sie auch gut zur
Zeit meiner Geburt hier hätten Dienst tun können. Vielleicht hatte eine von ihnen ja auch ihren ersten Arbeitstag, als ich geboren
wurde, vielleicht hat mich ja sogar eine von ihnen auf diese Welt geholt.

Da fährt man gezielt Tausende Kilometer, um sich seinen Geburtsort anzuschauen, nur um dann von dem Gedanken überrollt
zu werden, dass alles auch ganz anders hätte sein können. Herkunft
ist eine knifflige Angelegenheit – man sucht sie sich nicht aus, wie
man sich später aus freien Stücken für Freunde oder einen Beruf
entscheidet, und doch prägt sie einen, ob man es will oder nicht.
Aber sie ist auch ein gesellschaftliches Konstrukt, das schnell in

sich zusammenstürzen kann, sobald entsprechende Dokumente auftauchen. So, wie sie in der Mappe meiner Großmutter zum Vorschein kamen. Zunächst war da ja ihr Satz: »Ich bin das Kind deutscher Eltern.« Dann die Urkunde der Einbürgerung durch die Nazis und die Bestätigung der deutschen Abstammung. Aber als ich immer tiefer in diese Mine aus Papier und Vergangenheit stieg, stieß ich auf eine ganz andere Ader: In einem Schreiben der Schweizer Vertretung in Polen vom 9. Januar 1933 – Großmutter war zu jenem Zeitpunkt fünf Jahre alt – wurden ihr und ihren Eltern Wilhelm und Ottilie die Abstammung aus der Gemeinde Obstalden im Kanton Glarus und die damit einhergehende Schweizer Staatsbürgerschaft bestätigt. Wie kamen die Nazis dann zu der Einschätzung, dass es sich bei ihnen um Deutsche handelte? Flunkerte Wilhelm bei der Einbürgerung? Wenn ja, warum – in einer Zeit, als viele andere verzweifelt versuchten, die rettenden Grenzen zur Eidgenossenschaft zu überwinden. Oder dachten die Nazis: Hauptsache, sie sprechen Deutsch? Wieso hat Großmutter in ihrem Lebenslauf geschrieben, dass sie Kind deutscher Eltern sei? Durch die lange gemeinsame Zeit der deutschen und Schweizer Kolonisten in den Weindörfern in Bessarabien könnte sie das natürlich alles als einen gemeinsamen Kulturraum betrachtet haben. Mit ausschließlicher Sicherheit werde ich einige dieser Fragen aber nicht mehr beantworten können.

Jahrelang dachte ich mir überhaupt nichts dabei, dass Tante Walja in der Schweiz wohnte. Schließlich fand ich es in Basel immer sehr schön und konnte das gut verstehen. Onkel Leo hatte die Schweiz auch ein paarmal erwähnt, aber ich kam überhaupt nicht auf die Idee, dass unser Weg uns ebenfalls dorthin hätte führen können.

Und dann waren da ja auch noch die Ehemänner. In Alma-Ata ließ sich meine Großmutter scheiden. Und schrieb daraufhin offenbar gleich an die Schweizer Botschaft in der UdSSR. Die Antwort vom 16. Oktober 1968 war positiv. Bereits ab dem 11. Oktober war Großmutter in das Bürgerrecht der Gemeinde Obstalden und damit in das Schweizer Bürgerrecht aufgenommen worden. Durch die Heirat mit einem Deutschen war es ihr zuvor abhandengekommen. Der Brief schloss, anders als die Dokumente der deutschen Behörden, sehr herzlich: »Ich versichere Sie, sehr geehrte Frau Zwicky, meiner vorzüglichen Hochachtung.« Allerdings stellte sich zwischen meine Großmutter und die Schweiz bald die neue Liebe zu ihrem zukünftigen Mann, wieder ein Deutscher. So gabelte sich der Weg von Neuem, und wenn man eines über das Leben sagen kann, dann, dass es nie aus einer geraden Linie besteht und jede Kurve, jeder Abzweig, jeder Umweg auch schon Folgen für noch gar nicht geborene Generationen hat.

Nach ein paar Stunden verlasse ich Elevator, steige in einen Bus, wieder so ein ausrangierter deutscher. Ich halte mich an der Lederschlaufe fest, wesentlich fester als nötig, und betrachte den Haltestellenplan eines Stadtteils von Reutlingen: so klar in seiner linierten Art, so ordentlich, die Namen so heimelig: Im Efeu, Burgholz, Rübgarten.

Ich habe den weiten Weg hinter mich gebracht, um zu sehen, wo ich herkomme, aber die Herkunft ist nicht nur ein rein geografischer Begriff, und je näher ich meinem Ausgangspunkt kam, desto unsicherer wurde ich, fragte mich, ob die einzige Heimat, die zählt, nicht die eigenen Knochen sind. Wir sind Deutsche, hieß es immer, und in gewisser Weise sind wir das. Aber die Vergangenheit meiner Familie steckt auch voller Identitätsbrüche, es war ein ständiges Fortbewegen, *dawai, dawai,* eine fast schon biblische Suche nach einem besseren Leben, nach einer Heimat – die aus der Ferne vielleicht deutlicher zu sehen ist, als wenn man sich dann dort niederlässt: Heimat als Utopie. In gewisser Weise gilt das Sprichwort der Kolonisten auch für den Rückweg: Den Ersten der Tod, den Zweiten die Not, den Dritten das Brot. Sicherlich nicht in der gleichen Härte, aber gemeinhin habe ich herausgefunden, dass Migration und Immigration wesentlich schwerer zu verarbeiten sind, als die Gesellschaft einem weismachen will. Von wegen, man müsse sich einfach nur anpassen. Manchmal denke ich: *Fuck it. Be whoever you want to be.* Aber das wäre denn mein persönlicher Luxus, die Freiheit, die andere nicht hatten und nicht haben.

Ich drücke auf den Bitte-halten-Knopf. Über dem Fahrer leuchtet die Stoppanzeige auf. Aber es interessiert ihn nicht.

Als ich Almaty, das für mich noch immer Alma-Ata ist, am nächsten Tag verlasse, fällt mir auf, dass ich in der ganzen Zeit nicht einen einzigen Apfel gegessen habe.

Байкал:
Goldener Herbst
am großen See

Die Nacht der Gopniks

Als ich am Morgen aufwache, kreuzt der Zug gerade das blaue Band des Jenissei bei Krasnojarsk. Eine neue Brücke wächst parallel zu unserer langsam über den in der Sonne glitzernden, 3487 Kilometer langen Fluss. An den Ufern macht sich der Herbst mit seinen sanften Pinseln zu schaffen und versieht die Natur mit den Tönen reifen Obsts. Draußen vor den Fenstern ist die Luft golden, die im Zug eher grau und stickig. Die Staubflusen der Betten, die gerade aufgeschüttelt, und der Kissen, die gerade ausgeklopft werden, tanzen zu Hunderttausenden im Gegenlicht, und das Atmen fällt mir bereits beim bloßen Hinsehen schwer.

Doch der Tanz der Partikel im Licht ist wie ein Zeitlupenmoment in der Erinnerung, einer, in dem alle Geschwindigkeiten zusammenkommen und das Denken wie Sirup wird, weil man nichts anderes mehr wahrnimmt. Keiner sagt dem Herbst, den Partikeln oder dem Licht: *Dawai, dawai!* An diesem Morgen herrscht Frieden im Zug. Im Gegensatz zu gestern Nacht.

Es war schon dunkel, und ich hatte mich gerade hingelegt. Draußen funkelte ein wunderbarer und voller Sternenhimmel. Den ganzen Tag – ich saß bereits seit einiger Zeit im Zug – hatte ich auf den Bahnhöfen der kleinen Orte besoffene junge Männer gesehen, die wie Zombies durch die Gegend torkelten, versuchten, Sonnenblumenkerne zu essen, sich dabei aber meistens selbst vollsabberten. In übergroßen Lederjacken, Trainingsanzügen, schwarzen Anzugschuhen. *Gopniks.* Zu nichts zu gebrauchen, aber zu allem bereit. Zwei Exemplare dieser Gattung, der Geißel des ländlichen Russlands, stiegen ein und setzten sich direkt neben mich. Sie waren so blau, dass sie ständig mit den Köpfen gegeneinanderstießen und ihnen die Worte gegen die Zähne knallten, bevor sie benommen aus ihren Mundwinkeln fielen. In der Dunkelheit sahen sie aus wie überdimensionale Marionetten, ihre Köpfe wackelten auf den Hälsen, während sie eine Flasche Wodka mit zitternden Armen, aber erstaunlich zielsicher in sich hineinschütteten. Sie tranken das Zeug wie Wasser, und ich war mir sicher, es war nicht die erste Flasche.

Die beiden trugen Overalls. Montagearbeiter. Ich erfuhr das ungefragt, weil sich der eine zu mir aufs Bett setzte, mich nach meinem Namen fragte und dann nicht mehr aufhörte, mich zum Saufen zu animieren.

»Freeeeeedy ... lass uns trinken.«

Als ich ablehnte, versuchten sie, mich mit einem Kaffee und einem Snickers zu bestechen – das sie mir nach fünf Minuten aber wieder wegnahmen und selbst aßen.

»Freeeeedy ... lass uns trinken!«

Er kam mir so nah, dass ich seinen fauligen, alkoholstichigen Atem roch.

Eine Zeit lang konnte ich sie abwehren, und sie kehrten auf ihre Liegen zurück, diskutierten hitzig, aber ich verstand nichts, weil ihre Sätze voller Schlaglöcher waren. Das Licht war aus, die anderen Passagiere im Waggon hatten schon geschlafen, aber nun konnte man sich nicht mal mehr vom Rat-ta-ta des Zuges zurück ins Reich der Träume befördern lassen, weil die beiden zu schreien begannen. Gleichzeitig zogen sie sich ein Kleidungsstück nach dem anderen aus und wurden umso nackter, je voller sie wurden.

Und je voller, desto lauter. Bis schließlich die *prawadnitsa* kam, ihnen mit der Taschenlampe ins Gesicht leuchtete und sie wie eine strenge Internatslehrerin beim abendlichen Kontrollgang anherrschte. Das Einzige, was sie damit allerdings erreichte, war, dass ihr die Idioten nach den Beinen griffen, ihr an den Hintern grapschten und an ihrem Rock zogen.

Das üble Spiel wiederholte sich fünf-, sechsmal. Ich konnte nicht anders, als die unglaubliche Geduld der *prawadnitsa* zu bewundern, aber zugleich fragte ich mich, ob die Milde nicht an der falschen Stelle gewährt wurde.

Die Geschichten von durch ihre Männer im Suff besinnungslos geschlagenen Frauen könnten ganze Bände einer Enzyklopädie füllen, und ich musste an meine eigene Familie denken, an die Geschichten meiner Großmutter über die saufenden Kerle im Dorf, wie sie nachts nach Hause kamen, das Messer in den Holztisch rammten, nach Essen schrien und, wenn sie nichts Warmes bekamen, den Gürtel herauszogen, das Messer wieder aus dem Holz holten und sagten: Keiner kommt hier lebend raus!

Meine Mutter hat diese Momente des Ausgeliefertseins nie vergessen, die Herrschsucht der Besoffenen und die Irrationalität in ihren Augen. Diese Erfahrung mündete bei uns in einen alkoholfreien Haushalt, auch an den Feiertagen tranken wir nichts zum Essen, mehr als ein Glas Sekt zu Silvester war für meine Mutter nicht drin. Und selbst heute, wenn ich ihr zumindest ein kleines Gläschen anbiete, kann ich beobachten, welcher Prozess in ihr abläuft und wie viele Gegenargumente sie findet.

Natürlich bekam ich kein Auge zu. Die beiden fingen an zu kämpfen, stießen sich wieder die Köpfe, fielen in mein Bett, torkelten vor die Tür, die unsere Liegen vom Klo trennte, und rauchten. Dabei schauten sie immer wieder zu mir her, und so blau, wie sie waren, dachten sie wohl, dass ich sie nicht hören konnte.

»Wo kriegen wir jetzt was zu schlucken her? Ich hab kein Geld mehr.«

»Ich auch nicht.«

»Was sollen wir machen? Ich will trinken. Die Nacht ist noch lang.«

»Was ist mit dem Deutschen?«

»Jaaaa, der Deutsche! Der Deutsche hat bestimmt Geld! Deutsche haben immer Geld. Außerdem schulden sie uns noch was.«

»Was schulden die uns denn?«

»Na, vom Krieg, du Idiot! Also manchmal glaub ich, der Wodka macht dir das Hirn kaputt!«

»Recht hast du, vollkommen recht. Was sollen wir also machen? Ihn wecken und sagen: Gib her?«

»Quatsch. Wir nehmen's ihm einfach ab, er schläft doch schon!«

Und in der Tat schlief ich bereits so fest, dass ich mir mein Messer zurechtlegte, die Klinge aufklappte und mich, ihnen zugewandt, zum Gang drehte.

Jetzt, am Morgen, klettern Babuschkas in ihren Schlafanzügen von den oberen Liegen herunter. Langsam und bestimmt, jede Bewegung muss sitzen. Es gibt hier keine Leitern oder Hilfen, die Füße müssen ein paar Vorsprünge genau treffen, sonst geht es schnell ein paar Meter hinunter auf den Boden wie für den Kasachen auf dem Weg durch die Steppe, aber die alten Damen bewegen sich wie Akrobaten – Akrobaten im Biene-Maja-Schlafanzug.

Ich blinzele den Schlaf weg. Vor meinen Augen flirren noch der Himbeersee und Almaty wie eine Fata Morgana, Orte, die ich jahrelang nur aus Erzählungen kannte.

Mit der einen Hand fühle ich am Fenster die Kälte. Der Winter kommt, zweifellos. Vielleicht ist in Russland nichts so gewiss wie der Winter, wenn Väterchen Frost, Ded Moros, ins Land ein- und es quasi wieder in seinen natürlichen Zustand verfällt. So schön der Herbst gerade ist, länger als ein paar Wochen wird er nicht dauern, und das Gold und das Blau der Flüsse wird von einem unbarmherzigen Weiß abgelöst werden, und selbst die mächtigsten Wasserwege und die größten Seen werden so stark gefroren sein, dass Lkw drüberdonnern und sich die Fahrer endlich über eine Straße ohne Schlaglöcher freuen werden.

Während ich langsam wach werde, denke ich noch mal an die beiden Betrunkenen von letzter Nacht. Zum Glück waren sie so blau, dass sie es schlichtweg vergaßen, mich zu überfallen. Stattdessen fingen sie an zu singen, sodass die Geduld der *prawadnitsa* dann doch riss, sie die Polizei holen und die beiden um fünf Uhr morgens in der dunkelsten Nacht auf einem Bahnsteig im Nirgendwo aussetzen ließ. Da standen sie halb nackt in der Kälte und sangen einfach weiter wie Matrosen auf Landgang, mit einem irren Grinsen im Gesicht, das von der unumstößlichen Gewissheit kündete, dass wir alle, die wir im warmen Waggon weiterfuhren, die wahren Verrückten waren.

Die Frauen legen die Decken zusammen, falten Kante auf Kante und verstauen sie auf den Ablagen unter dem Dach. Danach zupfen sie die Laken zurecht, bis das Weiß wieder glatt ist. Erst dann wird heißes Wasser am Samowar im Gang geholt, erst dann wird das Frühstück auf dem kleinen Tisch zubereitet.

Der Dampf beschlägt die Fensterscheiben, und nur schemenhaft sehe ich, dass draußen die Grundstücke größer werden, das Land weiter und hügeliger. Aber es scheint einfach kein Ende zu nehmen, und immer tiefer noch fahre ich hinein. Mit derselben Kilometeranzahl in eine andere Richtung hätte ich Europa schon längst durchquert, hätte in Marokko den afrikanischen Kontinent betreten und wäre jetzt in Dakar im Senegal.

Mein Frühstück besteht nur noch aus ein paar Keksen – irgendwie habe ich meine Vorräte schneller aufgebraucht als gedacht –, aber das schauen sich die Babuschkas nicht lange an.

»Komm her, wir haben genug.«

»Nein danke, die Kekse langen mir.«

»Jetzt stell dich nicht so an, und setz dich zu uns!«

Als Tischdecken dienen alte Zeitungen. Eierschalen knacken, Kekse bröseln, die Großmütter ziehen fett glänzenden Würsten die Haut ab, schneiden dicke Scheiben, lassen je vier Würfel Zucker in die zinngefassten Teegläser fallen, statt Butter gibt es Mayo. Ich schaue an mir herunter und stelle fest, wie sich Russland auch langsam auf meinen Rippen ausbreitet.

»Worauf wartest du denn noch? Iss!«

Ich befolge den Befehl, gleichzeitig aber schweige ich, beteilige mich nicht an der Diskussion um die Flüchtlinge aus der Ostukraine, von denen mehrere Gruppen im Zug sind. Ich hänge weiter meinen Gedanken über den Alkohol nach, der trotz der Verbannung aus unserem Haushalt auch ein ständiger Begleiter in meinem Leben wurde. Inzwischen ist mir klar geworden, warum er bei uns tabu war. Auch dass meine Mutter jedes Mal die reine Panik erfasst haben muss, wenn ich betrunken nach Hause kam – aus Angst davor, dass es mir genauso ergehen würde wie den Typen, die sie einst erlebt hatte, dass ich nichts Vernünftiges lernen, einen Scheißjob annehmen, die Frau, die mich dennoch wollte, grün und blau schlagen und ihr am nächsten Tag wieder Blumen schenken, alle Ersparnisse versaufen und irgendwann im Glas ertrinken würde.

»Du!«, sagt die Biene-Maja-Babuschka plötzlich. Sie stellt ihr Teeglas ab und schaut mich besorgt an. Anscheinend muss die Erkenntnis in meine Gesichtszüge gefahren sein. »Was ist los, hast du einen Geist gesehen?«

Ich schaue durch das Fensterglas, das vom Sonnenschein warm geworden ist. Wir überqueren die Angara, die von hier aus hoch bis zum Polarmeer fließt, und nähern uns Irkutsk, dem Tor zum Baikalsee.

»Vielleicht«, antworte ich. »Vielleicht habe ich das.«

Tatjanas traurige Augen

Die Flüchtlinge aus der Ukraine stolpern auf die Gleise, geblendet vom grellen Licht, das auf Irkutsk niederstrahlt. Ratlos stehen sie in Grüppchen da, fast 7000 Kilometer von der Heimat entfernt, aber immerhin noch im gleichen Sprachraum. Seit Monaten evakuiert die russische Regierung Ausreisewillige aus der umkämpften Region, bietet einen Freiflug an, viel Mitspracherecht haben die Menschen da nicht, und wenn sie Pech haben, landen sie im Fernen Osten in Magadan.

Sie stellen ihre Polentaschen ab, blinzeln in die Sonne, vielleicht freuen sie sich über das hübsche Irkutsk, bilden eine kleine Menschenburg und warten, bis die Polizei, die den Bahnhof bevölkert, näher kommt und die Papiere entgegennimmt. Vom Rande des Bahnhofs filmen ein paar Beamte das Geschehen. Vertreter der Presse sehe ich hingegen nicht.

Mit der Straßenbahn ruckele ich durch baumgesäumte Straßen in die Stadt. Zwischen den Häusern glitzert das Blau der Angara. Die verschiedenen Architekturstile und seine bescheidene Größe verleihen Irkutsk Charme, und nach Städten wie Nowosibirsk, Barnaul oder Omsk wirkt es tatsächlich wie das »Paris von Sibirien«, als das man es um 1900 herum rühmte.

Irkutsk wurde 1652 von Kosaken gegründet, als Verteidigungsstellung gegen die mongolischen Burjaten, aber mitten auf der gerade wachsenden Handelsroute zwischen Russland und China. Richtung Süden wurde mit Gold, Zobel und Pelz gehandelt, zurück in den Norden kamen Tee, Seide und Porzellan.

Im 19. Jahrhundert wurde die Stadt zu einem zentralen Verbannungsort des Zarenreiches, gleichzeitig entdeckte man im Umland Gold. Irkutsk wurde von einem Rausch nach vorne getrieben, in dem jeder sein Vermögen machen konnte, weit weg von den erdrückenden Armen und langen Fingern der Monarchie. Reichtümer wurden so schnell angehäuft, dass sich eine Bauernhütte von heute auf morgen in einen Palast verwandeln konnte. Es war eine Epoche, in der man alles gewinnen, es aber auch sehr schnell wieder verlieren konnte. Ähnlich den Städten des amerikanischen Goldrauschs und interessanterweise etwa um die gleiche Zeit.

Vor meinem Hotel wartet mein Freund Dennis auf mich. Wir kennen uns von der Journalistenschule in München, wohnen aber beide mittlerweile in Berlin. Mit seinen roten Haaren hätte ich ihn auch im größten Marktgewusel erkannt. Nach sechs Wochen Russland kann ich gut etwas Gesellschaft aus der Heimat vertragen. Wir wollen gemeinsam den Baikal erkunden, aber erst mal brauchen wir hier etwas zu essen und machen uns auf die Suche nach einem echten russischen Lokal, finden aber zunächst nur das Bierhaus, in dem gerade das Oktoberfest gefeiert wird.

An den Straßenfassaden mischen sich rustikale und glamouröse Elemente. Manche Häuser sind im Zuckerbäckerstil errichtet, spielerisch, als wären sie als bewusste Antwort auf all die Zügellosigkeit und Gesetzlosigkeit gebaut worden, die damals in der Stadt herrschten. Die Holzhäuser dagegen sind oft bis zu den ersten Fenstern im Boden versunken, wie aus Scham darüber, das genaue Gegenteil.

Wir laufen die große Marx-Achse entlang, passieren das 200 Jahre alte Weiße Haus, die Oper, und landen schließlich doch in einem dieser Lokale, die die Russen momentan so sehr lieben: die Imitation eines amerikanischen Diners. Es heißt The Rocks, und in der Mitte ist sogar genug Platz für einen US-Polizeiwagen. Aus den Boxen dröhnt die Musik so laut, dass wir uns anschreien müssen, aber wir nehmen dennoch auf den roten Sitzen Platz, auch wenn es hier sicherlich keine russische Küche gibt und auf der Toilette neben dem U-Bahn-Plan von New York auch der von Berlin hängt. Genau das Richtige für Dennis' ersten Tag in Russland.

Wir bestellen also Burger. Am Nebentisch sitzen zwei Russinnen und schauen uns neugierig an. Dennis' natürlich rote Haare sind hier nicht gerade typisch.

Ein paar Minuten später schon haben wir unsere Tische zusammengeschoben und eine Runde Wodka bestellt. Swetlana ist Hochzeitsfotografin. Ihre Haare leuchten kastanienbraun, die linke Seite hat sie sich rasieren lassen. Sie trägt eine Zahnspange, das sei ein neuer Trend, sagt sie, früher habe es so was ja nicht gegeben. Swetlana bestellt Tequila und kippt einen nach dem anderen, und wenn sie nicht trinkt, redet sie wie ein Wasserfall, erzählt von den absurden Ansprüchen der Bräute, die alles kontrollieren wollten. »Das sind die reinsten Biester. Meistens haben sie überhaupt keinen Spaß, sondern kreischen, schreien und heulen.« An so einem Tag schießt sie etwa 5000 Bilder, aber nur die wenigsten Kunden wollen etwas mit Geschmack.

Swetlana redet, als würden wir uns schon seit Jahren kennen, geht nahtlos vom Beruflichen ins Persönliche über, reicht dabei über den Tisch und streicht ihrer Freundin Tatjana die blonden Haare hinters Ohr. In der nächsten Sekunde erzählt sie, dass Tatjana Ärztin in einer kleinen Stadt sei, 50 Kilometer außerhalb von Irkutsk, und dass sie hier gemeinsam ihren Kummer ertränkten, weil Dr. Orlowa gerade eine Abtreibung verbockt habe. Tatjana steigt die Röte ins Gesicht, Swetlana aber bestellt noch eine Runde Wodka beim Kellner und redet einfach weiter, auch wenn ihr die Worte immer undeutlicher über die Zunge kommen. »Frauen haben es nicht leicht«, klagt sie. »Wenn du mit 30 noch nicht unter der Haube bist, kriegst du nur noch den Mist ab oder musst dich als Mätresse durchschlagen. Weißt du, deswegen habe ich Sascha, er ist ein guter Mann, er würde mich nicht verlassen …«

Aber da höre ich schon nicht mehr zu – unhöflich, ich weiß –, denn irgendwas an Tatjana hat meine Aufmerksamkeit gefesselt, ob es die Schamesröte war oder die großen Pupillen mit dem schmalen grünen Rand, kann ich nicht mehr sagen, auf jeden Fall aber blende ich die Umgebung des »Diners« immer weiter zugunsten von Dr. Orlowa aus.

Mittlerweile nützt es nicht einmal mehr, uns über die Tische hinweg anzuschreien, weil vorne an der Bar ein Junggesellenabschied gefeiert wird und die Männer gerade Karaoke singen bzw. lautstark das tun, was sie vielleicht sogar im nüchternen Zustand als Singen bezeichnen würden. Schließlich stolpert einer von ihnen an unseren Tisch und bittet uns, nach vorne zu kommen, um auch ein Lied zu singen.

Aus dem einen werden mehrere, und zu jedem steht ein neues Tablett mit vollen Wodkagläsern da. Dennis und ich verknoten unsere Zungen, indem wir ein paar Klassiker von Alla Pugatschowa mitgrölen, aber anscheinend gefällt es den Kerlen so gut, wie wir uns zum Affen machen, dass sie uns einladen, noch mit in einen Klub zu gehen, weiterzufeiern, mit Livemusik, Wodka, dem ganzen Kopfschmerzprogramm. (Im Nachhinein muss ich sagen, dass ich Schenjas These mehrmals und stichhaltig widerlegt habe.) Wir schauen uns an, zucken mit den Schultern. *Kanjeschna.* Draußen an der frisch gewordenen Luft, in der schon ein Hauch schneidiger Winterkälte liegt, hakt sich Tatjana bei mir ein. Sie lehnt sich so nah an mich, dass ich ihr Parfum riechen kann. An einer Ampel hält sie mich zurück, damit ich nicht bei Rot über die Straße laufe. Nach einem sekundenlangen Blick in ihre Augen merke ich, wie ausgehungert ich nach weiblicher Berührung bin, wie sehr mir die ganze Vergangenheitsrecherche die Kälte in die Adern getrieben hat, ständig von Geistern umgeben, und dazu die begleitenden Schuldgefühle, nicht mehr für das Verständnis getan, wichtige Fragen nicht gestellt, nicht Danke gesagt zu haben.

Ich vergesse all das in dem Moment, als Tatjana laut auflacht, weil Dennis fast von der Straßenbahn überfahren und noch dazu vom Fahrer übel beschimpft wird. Komische Art von Humor. *But I like it.*

Wir laufen durch die Straßen der Innenstadt zu einem Klub am Fluss, ein harmloses Vergnügen, wenn man sich das Nachtleben zur Zeit des Goldrauschs vor Augen führt. Damals war diese Stadt am Rande der Wildnis nicht nur das Licht in der Dunkelheit, was Amüsement anging, sondern in der Dunkelheit wurde hier auch ziemlich vielen das Licht ausgeknipst. Irkutsk hatte die höchste Mordrate in ganz Russland. In manchen Monaten waren es 200 Opfer. So sorglos durch die Nacht zu gehen wie wir jetzt war damals unmöglich. Gesetzlose regierten die Straßen, strangulierten ihre Opfer oder holten sie mit dem Lasso vom Pferd und brachten sie in den dunklen Seitengassen um.

Wir hingegen schaffen es bei lebendigem Leib an den Fluss, werden vom Türsteher in den Klub gewunken, und mit den Blitzen der Discokugeln, der rauen Stimme des Sängers, den Hüftschwüngen der Tänzerinnen auf der Bühne sind Lasso und Würgen vergessen – Nachtleben statt Tod in der Nacht. Tatjana bestellt einen Whisky-Cola, stürzt ihn hinunter, bestellt noch einen. Dann zieht sie mich auf die Tanzfläche, und zwischen all den anderen schmeißen wir unsere Gliedmaßen hin und her, bestenfalls so, dass sie sich kreuzen, kurz aufeinander liegen bleiben und die Hebelwirkung unsere Körper aneinanderzieht. Als die Musik langsamer wird, legt sie ihren Kopf an meine Brust und schmiegt sich an mich. Ich umfasse ihre Taille. Wir küssen uns.

Wieder an der Bar, bestellt Tatjana ein Getränk nach dem nächsten. Sie wird wilder und betrunkener. Ich schaue mir das Publikum an, ab 45 aufwärts. Männer mit Geld (Dennis und ich ziehen den Einkommensschnitt allerdings drastisch nach unten). Frauen, die diese Männer bezirzen. Dazwischen ein paar Professionelle.

»Lass uns nach Hause gehen«, schlage ich vor. Tatjana schüttelt den Kopf, und ich kann sehen, dass ihre Augen inzwischen sehr stark gerötet sind.

»Noch einen«, sagt sie.

Passiert auch nicht so oft, dass der Mann die Frau beim Trinken bremsen muss. Aber vielleicht säuft sie sich mich ja gerade schön, wer weiß. Auf jeden Fall aber überschreitet sie eine Grenze und kippt schließlich von der Bar weg. Ich muss sie festhalten, damit sie nicht zu Boden fällt. Hier können wir nicht bleiben. Ihr Zuhause ist, zumindest für den Moment, endlos weit weg. Ich beschließe, sie in das Hotel Marrakesch zu bringen. Tausendundeine Nacht in Sibirien – warum nicht. Kann überhaupt nicht schlecht sein.

Während ich draußen nach einem Taxi Ausschau halte, lehnt Tatjana sich gegen die Wand wie all jene Säufer, denen ich schon begegnet bin, und sinkt dann in die Hocke, unfähig, etwas zum weiteren Vorgehen beizusteuern. *Shit.* Das hatte ich mir anders vorgestellt. Ich bin kurz davor, sauer zu werden, aber dann schaue ich wieder in ihre Augen, die jetzt auf Halbmast stehen, denke an die Geschichte, die Swetlana ausgeplaudert hat, und daran, welch einsames Leben das für eine junge Frau sein muss, da draußen, weit ab von der Stadt.

Ich ziehe sie hoch. »Wir brauchen ein Taxi. Lass uns zur Hauptstraße gehen. Schaffst du das?« Tatjana nickt langsam. »*Kanjeschna.*«

Aber als wir losgehen, hält sie sich plötzlich am Treppengeländer fest, und ich sehe, was für eine Konzentration es ihr abnötigt, nicht einfach wieder auf den Boden zu sinken. Mir bleibt eigentlich nichts anderes übrig. Also, außer die Ambulanz zu rufen, aber ich bin mir ziemlich sicher, das macht man in Russland in solch einem Fall nicht. Großes No-No.

So sanft wie möglich ziehe ich sie zu mir, greife ihr unter die Hüften, hebe sie hoch und lege sie mir über die rechte Schulter. Sie protestiert nur minimal, aber ich denke: Mannmannmann, wie sieht das denn aus?

Morgen werden wir über die Situation lachen, werden im Marrakesch im Bett liegen, und Dr. Orlowa wird mir russische Anatomieausdrücke beibringen, aber jetzt trage ich sie auf dem Weg zur Hauptstraße durch die Gegend. So ähnlich muss es wohl auch den Bedauernswerten ergangen sein, die damals mit dem Lasso gefangen wurden – und heute wie damals gilt: Niemanden, der Zeuge der Szene wird, interessiert es.

Wer keine Pläne hat, ist ein freier Mann

Auf der anderen Seite der Angara liegt das Znamensky-Kloster. Hinter weißen Mauern und unter türkisfarbenen Türmen werfen Dennis und ich einen Blick nach drinnen: Wie überall wabert dort der Weihrauch, aber draußen im Garten sind ein paar interessante Gräber zu finden.

Heraus ragt ein Obelisk aus Marmor, verziert mit den Symbolen der Seefahrt: Anker, Segel, Sanduhr und Kompass. Hier liegt Grigori Schelichow, der auch der »russische Kolumbus« genannt wurde. 1783 segelte der Pelzhändler mit drei Schiffen und dem Traum, Alaska für Russland zu besiedeln, durch die Beringstraße. Innerhalb von drei Jahren errichtete er Forts und Siedlungen an der südlichen Küste Alaskas und sah schon ein Reich vom hohen Norden bis zum spanischen Kalifornien vor sich.

Dafür starb er mit 48 Jahren allerdings doch zu früh. Die von ihm gegründete Handelsfirma verfolgte den Plan weiter, bis außerhalb von San Francisco tatsächlich ein Außenposten entstand, aber diese Kleinstkolonien waren einfach zu weit weg von Sankt Petersburg. Immerhin wurde später im 19. Jahrhundert ein Saint Petersburg in Florida gegründet. Einer der beiden Stadtväter hatte seine Jugend in der russischen Kapitale verbracht.

1867 verkaufte das nach dem verlorenen Krimkrieg klamme Russland das vermeintlich unrentable Alaska an die USA, für 7,2 Millionen US-Dollar. Heute ist *The Last Frontier*, der 49. und sowohl nördlichste als auch westlichste Bundesstaat, nicht wegzudenken aus dem amerikanischen Narrativ, das Land des Goldrauschs und der unerschöpflichen Wildnis. Aber damals stänkerte die Presse gegen den Kauf, ging hart mit dem verantwortlichen Außenminister William Seward ins Gericht, nannte die Transaktion sogar »Sewards Dummheit«.

Ein wilder Gedanke – was wäre, hätte Russland seine Präsenz auf dem Kontinent, der dem selbst ernannten Land der Freiheit Heimat bietet, nicht aufgegeben? Hätte die Freiheitsstatue zeitweilig

Hammer und Sichel getragen? Oder wären andersherum aus den Trappern und Missionaren in *Russkaja Amerika* knallharte Kapitalisten geworden?

Als die Sonne langsam den Himmel hinuntersteigt, donnern wir in einem Toyota-Minibus durchs Steppenland Richtung Norden. Auf einem blauen Schild steht:»Olchon 50 Kilometer«. Auf unserem Weg zu der auf der Westseite des Baikal gelegenen größten Insel im See sitzt neben dem Fahrer mit den grünen, etwas wirren Augen sein pausbäckiger zehnjähriger Sohn. Dennis und ich sind hinten zwischen Zigaretten, Wassermelonen, Wassergallonen, Keksen, Brot und Kleidung eingequetscht.

Zu beiden Seiten ziehen sich wellige Hügelketten durch die grasige Steppe. Schwarze Erde und auf den Feldern alte Mähdrescher, die aus der Ferne wie verirrte Krabben aussehen.

Beim Blick aus dem Fenster fühlt es sich an, als würden wir in ein anderes Land fahren, in die Mongolei vielleicht, aber dann geht es wieder in die Höhenlage und damit in den herbstlich gelben Wald, in den Pferdeherden vor uns flüchten.

Am blauen Himmel die Wolken wie Pinselstriche. Das Licht so sanft und klar, wie es nur diese Jahreszeit hervorbringen kann. Die Stimmung ist bezaubernd und ruhig – bis auf den immer lauter werdenden Vater. Alle paar Minuten fragt er seinen Sohn wie bei einer Prüfung ab, will wissen, was die Preise für die Waren sind, die sie hinten im Wagen haben, und bei jeder falschen Antwort schreit er ihn an:»Du Idiot, wie kann das denn so schwer sein?«

Nach dem letzten Pass wird aus den bewaldeten Hügeln karges Land. Wir fahren jetzt grobe Piste und wirbeln hoch Staub auf.

In der Mitte dieses Nirgendwo taucht wie eine Oase in der Wüste ein Lokal auf. Ich gehe stark davon aus, dass es sich wirklich um eine Fata Morgana handelt, denn es sieht aus wie ein Irish Pub. Wir halten davor an – und es ist ein Irish Pub. Aus der Küche holt der Fahrer mehrere Säcke mit Teig und wuchtet sie in den Minibus. Derweil stellen Dennis und ich uns an die Theke, direkt vor die vereiste Zapfanlage, und studieren die Karte. Es gibt tatsächlich kein russisches Bier, dafür aber Erdinger und Murphy's, und auf der Toilette steht: »*Ireland is the best, fuck Britain.*«

Der Aufenthalt reicht gerade für ein kleines Bier, dann jagt der Fahrer den Bus und uns wieder weiter. Die Landschaft wird immer karger. Immer sandiger, brauner, felsiger. Nackter.

Dann endlich die ersten Blicke auf den See, als wir einen Fähranleger erreichen. Der Baikal ist von einem tiefen Blau und doch fast durchsichtig.

Auf der Inselseite angekommen, rumpeln wir über Bergketten, Asphalt gibt es auch hier nicht mehr.

»Einen Stopp noch«, sagt der Fahrer.

»Wo denn?«, fragt der Sohn und zeigt mit seinem Finger ins Tal.

»Bei dem Uazik da unten?«

»Genau.« Sein Vater gibt Gas und fährt jetzt so schnell, dass wir hinten jede Erhebung spüren und die Teigsäcke durch die Gegend fliegen.

An einem Haus mitten in dem, was auf der anderen Seite des Pazifiks »Prärie« heißt, hält der Fahrer an, und als sich die Staubwolken gelegt haben, sehen wir einen verrosteten Bauwagen, einen Hund und einen Typen in Arbeitsklamotten. Er bastelt im zweiten Stock an seinem unfertigen Haus herum, ist so vertieft in seine Arbeit, dass er unsere Ankunft gar nicht mitbekommt. Über dem Haus hängt der Himmel aus einem Gemälde, weit und breit ist nichts zu sehen als widerborstiges Land. Erst nach mehrmaligem Rufen schaut der Typ auf, steigt die Leiter runter und kommt zum Tor.

»Wie weit bist du?«, fragt der Fahrer.

»Fast fertig, wie du siehst.«

Eine sehr optimistische Einschätzung, denn außer dem Dach und den Trägern steht noch nichts vom Haus.

Aber der Mann lächelt zufrieden und nimmt die Mütze vom Kopf. Sein Gesicht versteckt sich unter einer Staubschicht. »Hast du mir was mitgebracht?«, fragt er.

Der Fahrer holt eine der Gallonen aus dem Wagen, von denen ich dachte, sie seien mit Wasser gefüllt. In der Zwischenzeit hat der Häuslebauer eine leere Spriteflasche und einen Metallbecher aufgetrieben, und jetzt stehen sie da am Tor. Der Fahrer schüttet die Flüssigkeit in den Becher und dann in die Flasche, bis sie zur Hälfte voll ist. Zweihundert Rubel will er dafür haben.

Sie beginnen zu streiten. Der Fahrer braust auf, spuckt auf den Boden, aber schließlich schüttet er doch noch einen Becher obendrauf.

Der andere grinst und entblößt dabei einen Mund, der nur noch die Hälfte der Zähne hat. Dabei kann er nicht älter als 40 sein. In seinen Armeehosen stapft er davon, Richtung Bauwagen, sein Hund folgt ihm mit heraushängender Zunge.

Am weiten Himmel zündelt die untergehende Sonne herum, und die Wolken fangen Feuer, aber es muss einem nicht bange werden um den grünen, dunklen Wald, der an der Westseite der Insel steht – so weit weg von uns, dass wir, die wir etwas später in das staubige Chuschir einfahren, uns wie am Ende der Welt fühlen.

Morgens, bei Sonnenaufgang, liegt der See spiegelglatt in seinem Becken. Ich schäle mich aus meinem Bett, schaue kurz in den Spiegel – mein Gesicht ist das genaue Gegenteil von glatt – und gehe den Berg hinunter zum Ufer, wasche mich mit dem klaren Wasser. Die Kälte schreckt mir die Müdigkeit aus dem Körper und zieht mir das Gesicht wieder einigermaßen straff. Ich setze mich an den Kieselstrand und schaue über die kobaltblaue Oberfläche des tiefsten und ältesten Sees der Erde. Von den Ufern fällt und fällt sein Boden ab, bis auf den Grund, 1600 Meter unter der Oberfläche. In diesem 25 Millionen Jahre alten Ökosystem tummeln sich 1200 Arten, die nur hier zu finden sind, wie Schwämme und primitive Krustentiere, Relikte des uralten Meeres, das einst fast ganz Sibirien bedeckte.

Für einen See sind 1600 Meter Tiefe genauso unfassbar viel, wie es sich anhört. Hier passt der komplette Inhalt der fünf Großen Seen in den USA rein. Übersetzt heißt das: Der Baikal birgt stolze 25 Prozent der Süßwasserreserven der Welt. Falls also mal diese Wasserkriege losgehen, die einige Experten seit Jahren prophezeien, ist Russland ganz gut aufgestellt. Das Wasser hier ist so sauerstoffdurchsetzt und klar, dass man es tatsächlich einfach trinken kann. Mit meinen Händen schöpfe ich es ab und lasse es mir kalt die Kehle hinunterrinnen.

Dann gehe ich wieder den Berg hoch und erreiche die Kirche, neben der zwei Holzhäuser stehen, die miteinander verbunden sind. In großen Lettern steht darüber:»Philoxenia«, die Liebe zum Fremden.

Ich öffne die Tür des rechten Hauses und treffe auf Sergej, einen schwarzbärtigen Mann von etwa 35 Jahren, der auf seinem Gesicht ein Lächeln trägt wie andere Menschen eine Brille. Dennis und ich haben in Irkutsk von ihm gehört. Wenn ihr nach Olchon fahrt, müsst ihr zu Sergej, hieß es. Zwar hat die Insel, diese über 70 Kilometer lange, aber im Schnitt nur zehn Kilometer breite Felsklinge im See, inzwischen ein Gasthaus, das auch unheimlich gut besucht ist, aber von Sergej wurde uns erzählt, dass man gegen Arbeit auf seinem Grundstück kostenlos übernachten könne.

»Wie sieht's aus?«, fragt er mich. »Was sind deine Pläne?«

»Keine Pläne so weit. Vielleicht erst mal ein Gefühl für die Insel bekommen.«

»Ah, keine Pläne, das ist gut. Wer keine Pläne hat, ist ein freier Mann.«

Gemeinsam gehen wir in das Haus, in dem sich Reisende aus der ganzen Welt gerade zum Frühstück treffen. Dennis hat Tee gemacht, und ich nehme mir eine Tasse und setze mich auf die Holzbank.

Hier unten schlafen um die Küche herum acht Leute in Stockbetten, oben noch mal acht auf Matratzen oder Isomatten. Fließend Wasser gibt es keines, wer kochen will, muss den Berg mit einem Eimer hinabsteigen. Das Klo ist ein kleiner Verschlag auf dem Grundstück, aber der ständige Blick über den Baikal, dessen Farbe im Verlauf des Tages alle Nuancen von Metall durchläuft, entschädigt für den Mangel an Komfort.

»Also«, sagt Sergej, der mit Frau und Kind im Haus nebenan wohnt, »es muss hier keiner arbeiten. Aber wenn ihr wollt, gibt es genug zu tun.«

Dennis und ich drücken uns zunächst und erkunden den Ort, weichen auf den sandigen Straßen regelmäßig Kuhmisthaufen aus, halten uns die Hände vors Gesicht, wenn ein Auto über die asphaltlose Hauptstraße donnert, die zum See hin abfällt und breit wie ein Fluss ist. Jede Sekunde erwartet man, dass aus den Türen der Holzhäuser zu beiden Seiten eine sich prügelnde Menschentraube stürzt und zu Boden fällt, wie rauflustige Wikinger aus einem Saloon. Eine Mischung aus Wildwest und Island.

Quadverleih und Discos bis zum Sonnenaufgang geben zu erkennen, dass selbst auf Olchon ein Touristenboom stattfindet. Jetzt ist die Saison allerdings vorbei, und wir haben die Insel fast für uns, laufen querfeldein auf die Berge zu, wollen auf die andere Seite, auf der es keine Straßen gibt.

Nach etwa zehn Kilometern erwartet uns dort das sogenannte Große Meer. Wir stellen uns ans Ufer, das aus Tausenden, Abertausenden, Hunderttausenden flachen Kieseln besteht, manche so groß und flach wie ein Brotzeitbrett, und versuchen, sein Gegenstück zu entdecken, kneifen die Augen zusammen, aber es ist einfach zu weit weg. Andere Kiesel sind so groß und klobig wie Autobatterien; ich weiß nicht, ob man sie dann überhaupt noch Kiesel nennen kann, aber ich erinnere mich an die Geschichte eines Freundes, der jedes Jahr zum Baikal fährt, weil er am Nordufer des Sees am Bau eines Wanderweges arbeitet. Beim letzten Besuch hatte er sich einen dieser Autobatteriekiesel in den Wagen geladen und wollte ihn als Souvenir über die Grenze bringen. Allerdings wurde er dort gefilzt, und die Zollbeamtin beschuldigte ihn des Schmuggels von Juwelen. Sie forderte ihn auf, den ganzen Weg an den Baikal zurückzufahren, das wertvolle Schmuckstück wieder an genau dieselbe Stelle zu platzieren, wo er es fortgenommen hatte, und anschließend mit einer Bestätigung der lokalen Behörden wieder bei ihr vorzusprechen.

Ohne Ambitionen, etwas davon später heimlich mit nach Deutschland zu nehmen, sammeln wir Treibholz. Viel ist nicht gerade da, aber es reicht für ein Feuer. Bald lecken die Flammen über die Kiesel und geben genügend Wärme ab, damit wir einigermaßen zuversichtlich unsere Klamotten ablegen und unter Flüchen ins Wasser laufen. Das Ufer ist flach, und die glitschigen Kiesel sind so unregelmäßig groß, dass wir den allseits bekannten Vollidiotentanz aufführen. Von der Kälte ganz zu schweigen, da hilft schließlich nur noch reinspringen, sei es nun flach oder nicht. Gerne würde ich schreiben, dass es nach ein paar Minuten kein Problem gewesen sei, alles halb so schlimm. Stattdessen kann ich mir endlich vorstellen, wie es sein muss, auf hoher See Schiffbruch zu erleiden und ohne Hoffnung auf Rettung dem Tod durch Unterkühlung entgegenzutreiben. Endlich wieder draußen, ist meine Hand vor Kälte so taub, dass ich sie einfach so ins Feuer halten kann. Sollte man halt nicht zu lange machen, klar.

Als die Gliedmaßen wieder funktionsfähig – dabei gänzlich unverkokelt – sind, ziehen wir uns an und verbringen noch ein paar Minuten wie die Kinder an diesem Strand, indem wir uns die besten Kiesel suchen und sie flach über das Wasser schippern lassen. Die Sonne ist bereits auf dem Rückzug, und der Wind ist auflandig. Wir hören nur das Plätschern der Baikaljuwelen, den Wind in den Espen, das Knistern des Feuers.

Wir schweigen. Hängen unseren Gedanken nach. Zwei kleine Menschen am Rande eines großen Sees, der in Jahrmillionen schon alles gesehen und gehört hat und immer noch da sein wird, wenn unsere Namen längst in Vergessenheit geraten sind.

Außer wir starten noch eine Karriere à la Dschingis Khan.

Wir stehen mit der Sonne auf und waschen uns am See. Über die nächsten Tage wird das zu einem festen Ritual, und das eiskalte Wasser spült den Schlaf besser aus den Augen als jene Brühe, die hier entschuldigend als Kaffee verkauft wird.

Zurück am Haus, kommt uns, gut gelaunt wie immer, Sergej entgegen.

»Na, wie sind die Pläne heute?«

»Keine Pläne.«

»Das habe ich mir gedacht. Deswegen habe ich einen Plan für euch gemacht.«

Dennis und ich schauen uns an. Wie sagte Dostojewski so schön? Freiheit ist überbewertet.

»Okay, was sollen wir tun?«

Sergej geht rüber auf das angrenzende Grundstück und bedeutet uns, ihm zu folgen. In bester Lage, oder was irgendwann mal die beste Lage in Chuschir sein wird, baut er gerade ein neues Haus. Die Fassade steht schon, rosa leuchtet sie in der Morgensonne. Im zweiten Stock hat er zwei große Fenster eingebaut, und wer auch immer dort oben aufwachen wird, wird diesen Blick nie wieder vergessen und sich, einmal fort von hier, immer danach sehnen.

Allerdings sollen wir nichts am Haus machen, laut Sergej sind wir eher fürs Grobe da. Er zeigt auf einen Graben, der von der Auffahrt bis zum Haus führt. Den sollen wir weiter ausheben, schön tief. Ich schaue mir den Boden an und muss feststellen, dass er sehr hart und mit Steinen durchsetzt ist. Ich erwarte schon, dass uns Sergej eine Kinderschaufel reicht und uns eine Rede über den Wert und die Macht der Geduld hält. Aber so weit geht das ursprüngliche Leben hier dann doch nicht, und er drückt uns einen Presslufthammer in die Hand.

Dennis und ich schauen uns wieder an.

»Ich denke, das war's mit der friedlichen Stimmung am Baikal.«

»Yup.«

Wir machen uns an die Arbeit, wechseln uns beim Presslufthämmern ab, lehnen uns in das Gerät rein und lernen, wie man es am besten bedient. So finden wir heraus, dass uns die ordentliche Bierplauze fehlt, um das ratternde und hüpfende Ding gepflegt zu stabilisieren.

Sergej hat uns auch eine lange Eisenstange gegeben, um die Steine alternativ auszuhebeln. Die Stange ist lang, schwer und angerostet. Während ich stoße und stochere und hebele, mich mit Dennis über unseren Arbeitseinsatz auf Olchon kaputtlache, muss ich aber auch an meine Großmutter denken, an die Eisenstange in *ihrer* Hand, wenn sie im Winter raus zu den Sodaseen lief und erst abends wieder nach Hause kam, durchgefroren, erschöpft, hungrig. Wir werden später einfach in das Magazin gehen, uns Bier und

Fisch holen, so viel wir wollen, und den Muskelkater als eine didaktisch wertvolle Abwechslung vom süßen Nichtstun der letzten Tage und Wochen feiern.

Indes steht Sergej auf einer Leiter und streicht die Wand bzw. die letzten Lücken auf der Wand. Dabei lehnt er sich so weit nach rechts, dass ich mir sicher bin, er wird gleich abstürzen.

»SERGEJ! Wir haben keine Lust, dich vom Boden zu kratzen!«

Doch er lacht nur dieses selige Lachen, das immer aus seinem Einsiedlerbart hervordringt, und sagt: »Gott passt schon auf mich auf.«

Merkwürdigerweise glaube ich ihm das sogar.

In den Arbeitspausen, wenn wir uns wie auf der Baustelle eine Zigarette gönnen, versuche ich, Sergej eine Reihe von Fragen zu stellen, doch jedes Mal, wenn ich anfange, ihm nahezukommen, lacht er meine Bemühungen weg und blockt ab. Über die nächsten Tage wird das ein Spiel zwischen uns beiden: Ich beginne mit unverfänglichen Fragen, bis ich irgendwann die Kurve kriege und auf ein persönliches Gespräch über sein Leben und seine Herkunft umschwenke. Aber ebenso schnell ist er stets zurück auf der Spur und meint lächelnd: »Immer diese Schreiberlinge.«

Dennoch fügt sich unser Bild von Sergej immer weiter zusammen, ein Puzzle, dessen Teile wir so hartnäckig zusammenzusetzen versuchen, wie wir uns bemühen, die Steine im Graben zu zerschlagen. Ebenso eignen wir uns diesen Ort an, seine staubigen Straßen und seine Bewohner. Wir lernen eine dicke alte Russin kennen, die zwar kein Französisch spricht, ihr kleines Lokal aber »Chez Nadine« nennt. Wir sind meist die einzigen Gäste, aber Nadine ist immer sehr gestresst, und als wir einmal noch eine Person mitbringen, schimpft sie, dass das nicht ohne Vorankündigung gehe.

Wir kennen auch die markanten Schamanenfelsen, das wohl beliebteste Fotomotiv auf der Insel, und den Brauch, Geld auf den Boden zu schmeißen, damit die Menschen im Totenreich was zum Verjubeln haben. Wir vergleichen die langen Sandstrände auf der Westseite der Insel mit der französischen Atlantikküste. Wir kennen bald jedes Magazin, wissen, wo es den besten Fisch gibt und wo das beste Brot, wir machen uns so mit allen bekannt, dass wir auch nach 21 Uhr noch Bier bekommen. Wir durchqueren Chuschir von Norden nach Süden und entdecken den alten Fisch-Sawot am unteren Ufer, der einmal der ganze Stolz dieses Orts war, jetzt aber eine Industrieruine mit fiesen zugewachsenen Löchern ist, in die man nachts reinfallen und sich dabei alle Glieder brechen kann. In den alten Bürohäuschen erzählen Hammer und Sichel auch hier noch davon, wie vorwärtsgewandt alles mal geplant war, und Blechschilder preisen den Fisch als den besten der Welt.

Wenn die Sonne scheint, ist es immer noch warm genug, um draußen zu sitzen, und am Ende der Hauptstraße finden wir das größte Magazin am Ort, vor dem zwei Sonnenschirme und zwei Plastikstühle aufgestellt sind. An manchen Tagen bewegen wir uns nicht von hier fort, trinken eiskaltes Baltika, essen getrockneten Fisch, wundern uns über das Etikett der Flasche, auf dem ein Fußballspieler der UdSSR zu sehen ist, und der Schriftzug: »Vergessen wir niemals unseren Sieg.« Wie gesagt, Erinnern ist ganz groß hier. 1972 gewann die Sowjetunion die Europameisterschaft. Der letzte internationale Triumph im fußballerischen Bereich.

Bald kennen wir auch jeden, der hier einkauft; jeden Dorfsäufer, der kurz vor elf schon über die Straße torkelt; Baba Katja, die den Gulag im Norden der Insel überlebt hat; den alten Ranger, der von den ganzen Schamanenlegenden nichts hält: »Das ist alles Quatsch! Der Regen hat die Felsen geformt! Götter, so ein Mist!«

Wir blicken die Straße hinunter auf den See. Es wäre leicht, einfach hierzubleiben, die Zeit zu vergessen, zuzuschauen, wie der Herbst in den Winter übergeht: Das Wasser beginnt zu frieren, und ein strahlendes Weiß löst die Farben von Metall und Sand ab.

Am Abend machen wir auf der Baustelle ein Lagerfeuer und braten in Alufolie gewickelten Omul, die lokale Fischdelikatesse. Über uns ein brillanter Sternenhimmel in einer mondlosen Nacht.

Sergej tritt aus seinem Haus und kommt zu uns, ein Buch in der Hand. »Hier«, sagt er, »schlag auf, egal, wo, die Stelle lesen wir dann.«

Ich schaue mir den Umschlag an. »Der Jäger« von Anton Tschechow. Aber als ich es aufschlagen will, verstehe ich den Witz: Das Buch hat keine Seiten, es ist eine Schatulle, und darin befindet sich ein Flachmann mit Metallbechern.

Sergej lacht. In einem früheren Leben wohnte er in Paris, flanierte über die Boulevards, jonglierte mit Finanzen, bis er müde wurde, sich bei einem Urlaub in diesen Ort verliebte und einfach Wurzeln schlagen musste, fernab von allem. Die Kirche hat ihn sogar gefragt, ob er hier nicht den Priester machen wolle, aber Sergej sagt: Ich bin kein Heiliger. Ich bin immer noch ein Kind.

Vom Haus her hören wir die Stimme seiner Frau: »Sergej, komm rein.«

In schnellen Schlucken trinken wir den Wodka, und Sergej erzählt uns von seiner Idee, die Welt zu ihm kommen zu lassen, dass er glaube, man bekomme immer das, was man brauche. Klar, er hätte auch ein Hostel aufmachen können, wie Nikita ein paar Hundert Meter weiter, bei dem anscheinend die Kasse klingelt, aber das sei nicht sein Ding. Er kritisiert den Kapitalismus und die ewige Hatz nach dem Geld, die Atemlosigkeit der Menschen und ihre Unfähigkeit, den Moment zu genießen.

Er hebt das Glas und will auf mein künftiges Buch anstoßen. »Schreiben geschieht durch Leiden«, sagt er, »genau wie der Glaube.«

Darauf trinke ich, amen.

Da geht die Tür seines Hauses wieder auf. Seine Frau, die ich in den ganzen Tagen nicht ein einziges Mal habe lächeln sehen, streckt den Kopf heraus.

»SERGEJ! NACH HAUSE! JETZT!«

Aber Gott wird schon auf ihn aufpassen.

Якутия:
Die Kälte des Fernen Ostens

Wo Milch geschnitten wird

Für sich allein genommen, ist die Republik Sacha oder Jakutien genauso groß wie Indien, aber nur etwa eine Million Menschen bevölkern dieses Königreich des Permafrostes, dessen nördliche Grenze eine über 3000 Kilometer lange Küste jenseits des Polarkreises bildet. Südlich der Mitte befindet sich das 1632 als Kosakenfort gegründete Jakutsk. Zunächst eine Basis für die östliche Expansion, entwickelte es sich während des Goldrauschs zu einer wilden Grenzstadt an der Lena, in der gespielt, gesoffen und gehurt wurde. Heute schlägt in Jakutsk das Herz einer Region, die ganz weit weg von Moskau ist – knapp 5000 Kilometer Luftlinie – und in der Extreme herrschen wie auf einem anderen Planeten. Im kurzen Sommer erreichen die Temperaturen hier über 30 Grad. Im langen Winter friert die kilometerbreite Lena zu, und das Quecksilber fällt auf bis zu minus 70 Grad.

Am heutigen Februartag ist es mit minus 30 Grad schon fast kuschelig. Unter meinen Füßen knirscht der Schnee, als ich um sieben Uhr morgens aus dem Hotel auf die Straße trete und mir eine Zigarette anzünde. Mein Rucksack oben im Zimmer ist leer, weil ich alle Klamotten am Leib habe. Drei Schichten an den Beinen, fünf am Oberkörper. Der goldene Herbst am Baikal liegt weit hinter mir, das gelbe Laub der Espen ist nur noch eine ferne Erinnerung. Aber nun bin ich hier, bereit, auch die letzte Etappe meiner

Reise in Angriff zu nehmen. Darf nur nicht stehen bleiben, sonst friere ich noch am Boden fest und erstarre zur Eisskulptur. *Dawai, dawai*, der Pazifik ist noch knapp über 2000 Kilometer entfernt.

Auf dem Parkplatz vor dem Hotel stehen fünf Autos und stoßen weiße Abgaswolken aus. Von den Fahrern keine Spur, aber die Motoren laufen. Das tun sie hier immer, denn wenn das Auto ausgeht – dann war's das. Weitere weiße Rauchwolken steigen aus den Ofenrohren eines Tante-Emma-Ladens vor mir auf, dahinter die weitaus größeren eines Heizkraftwerks. Frauen in Pelzmänteln und mit Pelzmützen laufen in kleinen, nach sicherem Tritt fassenden Schritten über den festgetretenen, vereisten Schnee zur nächsten Bushaltestelle; Männer in Lederjacken schließen sich zu Gruppen zusammen und steigen in die Autos auf dem Parkplatz. Eine Stadt stemmt sich gegen den Winter, das eisig weiße Gegenstück zu Kairo, das sich des Wüstensands erwehren muss.

Nach der Hälfte schmeiße ich die Zigarette weg, weil mir die Hand abfriert und ich sie wieder in die Fäustlinge stecken muss. Sollen die Schlote rauchen, für mich ist die Abstinenz hier doppelt gesund. Entschlossen laufe ich los, gegen die Kälte an, so schlimm kann es nicht sein, minus 30 Grad – geradezu lächerlich. Auf den breit angelegten Straßen hat es sich eine Eisschicht bequem gemacht, und die Reifen der Autos und Busse gleiten quietschend über sie hinweg – das ist alles so normal, dass keiner auf die Idee kommen würde, Schneeketten aufzuziehen.

Die Wohnblöcke stehen auf 1,20 Meter hohen Betonstelzen, damit die Gebäude nicht wegen des sich ständig bewegenden Permafrostbodens zusammenstürzen. Die Sonne gibt ihr Bestes, und ihre Strahlen kämpfen sich durch die Wolkenwatte, die aus jedem Haus quillt und der Nachweis funktionierender Heizungen ist. Vor dem Regierungsgebäude sind Eisskulpturen aufgestellt, ebenso auf dem Leninplatz. Auf natürlichen Rutschen stürzen sich die Kinder – dick eingepackt, sehen sie aus wie Mini-Michelin-Männchen – auf dem Bauch herab, ihre Gesichter pflügen durch den Schnee, und ihre spitzen, fröhlichen Schreie steigen in die kristallklare Luft. Im Hintergrund ragt die unvermeidliche Statue Lenins empor, von seinem in großer Geste in Richtung Lena weisenden Arm hängen Eiszapfen, aber Wladimir Iljitsch ist alles andere als ein Weichei, das es nötig hätte, sich wenigstens die Jacke zuzuknöpfen. Schließlich hat er selbst einmal von sich gesagt, dass er einfach keine Musik hören könne, weil er dann schwülstige und dumme Sachen sagen würde, wenn man doch gnadenlos auf die Köpfe der Menschen einschlagen müsse.

Ich hingegen bin nicht so hart wie Lenin. Dementsprechend brennen nach zehn Minuten die Wangen vor Kälte, und ich spüre, wie sie sich meinen Körper greift, von den Füßen emporsteigt, die Beine hochschleicht und sich wie ein Albdruck um meinen Oberkörper legt.

Die Gesichter der Mütter, die über ihre Kinder wachen und Fotos schießen, haben die asiatischen Züge der Jakuten, die sich selbst »Sacha«, Menschen, nennen: hohe Wangenknochen und schmale Augen, ein dunklerer Teint als die Russen. Vor knapp 1000 Jahren, zur Zeit der mongolischen Expansion, wichen sie vom Baikal hierher aus, verloren dabei ihre Schafe und Kamele, aber ihre zottelig zähen Ponys haben sich den Bedingungen mittlerweile angepasst – zum Reiten hält man sie allerdings nicht. Die Jakuten waren nicht nur das einzige der Turkvölker, das im Mittelalter seine Heimat nach Nordosten und nicht Richtung Süden oder Westen verließ, sondern 1922 auch das erste sibirische Volk, das seine zum neuen Zuhause gewordene Region zu einer Republik ausrief.

Einst sicherten die Jakuten sich das Überleben mit gefrorener Milch (und so hat das Wort »Milchschnitte« in den hiesigen Magazinen eine viel wörtlichere Bedeutung als in unseren Supermärkten), heute hilft die Zentralheizung in jedem Gebäude. Im Erdgeschoss bullern die Heizungsrohre, und kaum ist man eingetreten, ist es augenblicklich so heiß, dass man sich nackt ausziehen möchte.

Jakutien, das Reich des Schneekönigs, ist ein unwirtliches Land, das aber voller Bodenschätze steckt: Die Republik Sacha ist nach Südafrika der zweitgrößte Diamantenproduzent der Welt. Und noch östlicher warten weitere Ressourcen auf Ausbeutung: Kohle, Öl, Uran, Seltene Erden, Silber – und Gold. Einst flogen die Götter über dieses Land, heißt es in einer alten jakutischen Sage, aber sie froren sich dabei dermaßen den Arsch ab, dass ihre Hände unkontrollierbar zitterten und sie all ihre Reichtümer fallen ließen. Ich verstehe nicht, warum so etwas nicht mal in meinem Garten passieren kann.

Aufgrund des langsamen, doch stetigen Gefrierens meines Naseninhalts verschiebe ich den Kampf gegen das weiße Element und rette mich in ein Taxi. Ich würde gerne in die Banja, aber mein Ziel ist das Permafrost Kingdom draußen vor der Stadt. Der Fahrer sieht mich schlottern und lacht.

»Das ist doch noch gar nichts«, meint er. »Die Sonne scheint, es ist mild. Sind Sie Tourist?«

»J-j-j-a-a-aa.«

»Was um Himmels willen machen Sie hier bloß?«

»Ich will weiter nach Magadan, auf der Straße der Knochen.«

»Na, da wird es richtig kalt. Mit Ihrer Jacke würde ich mich da nicht raustrauen.«

Ich schaue an meinem durch die ganzen Schichten aufgeblähten Oberkörper herunter. Diese Jacke ist tatsächlich eher für einen deutschen Winter gemacht, aber mein Budget ist ziemlich aufgebraucht, es muss auch so gehen. Größere Sorgen machen mir meine Schuhe, Lederstiefel ohne Fütterung.

Während wir aus der Stadt hinausfahren und die Heizung auf Hochtouren läuft, erzählt mir der Fahrer ein paar weitere Episoden aus der jakutischen Mythologie, in der das Universum horizontal ist und der Schöpfer sich im Westen herumtreibt, während das Böse im Osten lauert. Der Götter waren viele, und jeder Monat war einem anderen gewidmet. Jetzt ist es Februar, der Monat meiner Geburt, und in diesem Monat wurde der Gott angebetet, der über die Zukunft entscheidet.

Der Fahrer verstummt, und ich denke über meine Zukunft nach – die nach dieser Reise und die nach diesem Trip zur Vergangenheitsbewältigung. Wie werde ich damit umgehen? Mit den ganzen Geschichten? Wie werde ich sie weiterführen? Muss ich das überhaupt? Ich weiß es nicht. Zurzeit spüre ich einfach nur eine große

Müdigkeit, als hätte ich mich zu lange an einem Ort aufgehalten, der schwer fassbar ist.

Dreizehn Kilometer vor der Stadt steige ich widerwillig aus dem warmen Auto aus und begebe mich schnurstracks in das Permafrost Kingdom, eine Art Vergnügungs- und Bildungspark über alles, was mit diesem gefrorenen Boden zu tun hat, der bereits wenige Meter unter der Oberfläche hart wie Beton ist und bis zu 400 Meter in die Tiefe reicht. Nur zwei Prozent der Fläche Jakutiens ist nicht permagefrostet, in ganz Russland sind es immerhin 35 Prozent. Zwei neonbeleuchtete Tunnel, tief in einen Berg gegraben. Eisskulpturen der Götter, ein sitzender Buddha, ein Pharao, eine Eisrutsche. Und natürlich ein Mammut, der ausgestorbene Bewohner nicht nur Sibiriens. Bis vor etwa 12 000 Jahren, der letzten Kaltzeit des Pleistozäns, stampfte die Fellfraktion dieser urzeitlichen Elefanten noch auf der gesamten nördlichen Halbkugel umher. Dann begann das große Aussterben, nur einige an Zahl und Körpergröße geschrumpfte regionale Populationen hielten sich noch eine Zeit lang, bis alles etwa 1800 v. Chr. dort sein Ende nahm, wo es Hunderttausende Jahre zuvor begonnen hatte: in Sibirien. Als das Eis sich wieder zurückzog, kamen die Fossilien zum Vorschein, darunter wertvolles Mammutelfenbein, das überall gehandelt wurde. Der Khan der Goldenen Horde saß auf einem Thron aus ebendiesem Material. Bis zum Ende des 19. Jahrhunderts verließen geschätzte 45 000 Stoßzähne Sibirien auf Handelswegen und wurden weiter westlich verarbeitet: zu Ketten, Dolchknäufen, Särgen.

In meinem Hotelzimmer blättere ich durch eine Art Gebrauchsanweisung für Jakutsk. Auf mehreren Seiten sind Restaurants aufgelistet, immer mit dem Vermerk versehen: »In Gehweite, aber nicht im Winter.«

Eine Viertelstunde sollte allerdings okay sein, denke ich, aber als ich wieder meine Schichten angezogen habe, nachdem ich ein paar Stunden halb nackt auf dem Bett entspannt und mich aufgeheizt hatte, warnt mich die Dame an der Rezeption, ich solle aufpassen.

Aber nicht etwa wegen der Temperaturen, die mit der Dunkelheit rasch fallen.

»Warum dann?«

»Wegen der Betrunkenen. Die Jakuten trinken ein Bier, und dann sind sie schon blau und unberechenbar.«

Ich nicke und stapfe hinaus in die Kälte. Gegen den eisigen Wind kämpfe ich mich voran, wieder Richtung Leninplatz, nehme eine Querstraße und lande inmitten einer Ansammlung von Holzhäusern, zwischen denen die goldenen Kuppeln der Kirche der Verklärung des Herrn, eines der drei orthodoxen Gotteshäuser Jakutsks, in die Luft ragen. In einem dieser Holzhäuser befindet sich die Kneipe Wilde Ente, die sich damit brüstet, der erste Pub im russischen Fernen Osten zu sein, und in dem nutzlosen Versuch, die Kälte abzuschütteln, beschleunige ich meine Schritte.

An der Garderobe gebe ich meine Jacke gar nicht erst ab, sondern setze mich schlotternd an einen der Holztische und bestelle mir entgegen meinen üblichen Gewohnheiten kein Bier, sondern einen schwarzen Tee. An den Wänden hängen Emailleschilder der Marke Guinness und Köpfe einer Art Elch, auf der Bühne hat sich ein Gitarrist warm gespielt. An den spärlich besetzten Tischen Jakuten, vor sich eine Reihe leerer Bierflaschen und hohe Gläser mit Whisky-Cola. Ihre Augen sind rot, und ihre sich dahinschleppenden Zungen verwischen die Worte.

Zu allem Überfluss bestelle ich mir gefrorenen Fisch, aber immerhin ein richtiges Glas mit flüssiger Stutenmilch, keine Schnitte. Die Kälte streicht mir immer noch um die Beine, und ich denke an die Strecke, die vor mir liegt – der letzte Teil dieser Reise, noch 2200 Kilometer über die Straße der Knochen bis in die Hafenstadt Magadan am Ochotskischen Meer. Bereits die Temperaturverhältnisse in Jakutsk scheinen nicht mehr zu toppen zu sein, aber die wahre Eiswüste beginnt erst auf dem Weg in den fernsten aller Osten.

Auf der Straße der Knochen

Aus dem Heck des Toyotas höre ich die russischen Passagiere schnarchen. Zusammengequetscht liegen sie in ihren Sitzen, neben ihnen Kisten voller Konserven, Säcke mit Mehl und Wodkaflaschen. Ich schaue durch die Windschutzscheibe und sehe nur eines – bis zum Horizont diese hellste der Farben, eine gigantische Leinwand, auf der ausschließlich Kieslowskis nie gedrehter Film »Drei Farben Weiß« läuft.

Sobald wir Jakutsk verlassen hatten, verschmolzen wir, wurden eins mit diesem Gefährt, das sich durch den sibirischen Winter kämpft, eine kleine Kiste Blech in einer Welt aus Eis.

Unweit der Stadt trennt die mächtige Lena die Zivilisation von der Wildnis, im Sommer stärker als im Winter. Jetzt, das heißt von Oktober bis Juni, liegt sie steinhart gefroren da, wir gleiten über das grünlich milchige Eis und passieren ein darin eingemeißeltes Schild, das »30 t« als Belastungsgrenze ausgibt. Für einen Moment erstarre ich innerlich und rechne rasch nach: Zuletzt so richtig gemästet wurde ich von den Babuschkas im Zug nach Irkutsk, das Zeug hab ich zum Glück längst wieder von den Rippen, Entwarnung. Beruhigt lehne ich mich zurück, als wir mitten hinein in das Nichts fahren.

Die Lena ist der östlichste der drei großen sibirischen Flüsse und einer der längsten der Welt. Auf der Nordwestseite des Sees im Baikalgebirge entspringend, mündet sie nach über 4000 Kilometern in einem stark geaderten Delta ins Polarmeer. Wenn die Eisschmelze beginnt, verwandelt sie sich in einen reißenden Strom, der bis zu 25 Meter ansteigen kann, setzt Städte unter Wasser und verschlingt naive Abenteurer in ihren Fluten.

Der Legende nach benannte sich Wladimir Iljitsch in seinem Münchner Exil nach diesem Fluss, nachdem er Anfang 1900 aus der Verbannung in Südsibirien freigekommen war, zu der ihn die zaristische Justiz drei Jahre zuvor wegen sozialistischer Agitation verurteilt hatte.

Ein anderes in das Eis gehauenes Schild schreibt 70 Meter Sicherheitsabstand vor. So, wie die Einheimischen hier entlangheizen, kommt mir das hochgradig optimistisch vor. Respekt. Zu unserer Rechten, etwa 500 Meter von der Eispiste entfernt, sprenkeln Verschläge aus Holz und dickem Tuch oder Plastik die gefrorene Oberfläche der Lena. Ofenrohre ragen aus ihnen heraus, weißer Rauch kräuselt sich in den blauen Himmel, während drinnen Eisfischer über ihren selbst gebohrten Löchern hängen und darauf warten, dass einer anbeißt.

Zwischen Jakutsk und Magadan verkehren weder Züge noch Busse. Im Sommer ist per Anhalter reisen, um bei den Truckern eine Mitfahrgelegenheit zu ergattern, eine Möglichkeit. Aber sicherlich nicht bei minus 30 Grad, und so sitze ich in einem Langstreckentaxi, die acht Plätze sind alle belegt und einigermaßen warm (bis auf den Fahrer hat jeder seine Jacke anbehalten), während da draußen die Temperaturen immer tiefer fallen, je weiter wir uns von Jakutsk entfernen. Ich blicke in die endlose weiße Weite hinaus und sehe, wie auf dieser leeren, reinen Bühne die Ereignisse und Begegnungen meiner Reise ihren Platz einnehmen und mit der Vorführung beginnen. Eine Tragikomödie, an deren Ende ich aufstehen und lange klatschen werde, weil das Leben nun mal so spielt und mich seine Metaphern haben schlauer werden lassen.

Ein Ruck reißt mich aus meiner Grübelei, wir verlassen die Eispiste und setzen wieder auf Land auf. Die Straße ist sofort schlechter. Sind wir eben noch dahingeglitten, rumpeln wir jetzt über den aufgebrochenen, nur stellenweise vorhandenen Asphaltuntergrund, vorbei an eichenstammdicken Pipelines und Tannenhainen, das letzte Grün auf dieser Strecke.

Die M56 ist die einzige Fernstraße hier draußen. Von den Russen auch *trassa* genannt oder, so wurde sie berühmt-berüchtigt, »Straße der Knochen«. Häftlinge des SewWostLag-Gulag-Systems haben den ersten Teil dieser Route 1932 gebaut. SewWostLag stand unter der Verwaltung von Dalstroi, der staatlichen Bauhauptverwaltung für den Fernen Osten, später des Fernen Nordens, gegründet von der Sowjetkommission Rat für Arbeit und Verwaltung. Für den Nachschub an »Arbeitern« sorgte der NKWD. Dalstroi schuf in Jakutien und anderen Regionen des russischen Nordostens einen gigantischen, albtraumhaften Ausbeutungsapparat mit etwa 80 Gulags. Insgesamt hielt das Staatsunternehmen so bis zu drei Millionen Quadratkilometer unter Kontrolle, man ließ die Häftlinge unter anderem nach Gold schürfen – und diese Straße bauen. So viele starben bei der Schinderei, dass die Arbeiter für ihre umgekommenen Kameraden nicht extra Löcher in den Permafrost graben konnten. Stattdessen vergruben sie ihre Leichname einfach unter dem Straßenbelag.

Wir holpern über die Gebeine von Menschen, die als Opfer der sowjetischen Ideologie und Paranoia starben wie die Fliegen. Die heutigen Arbeitstrupps sind in dicke Mäntel gehüllte Angestellte der Gemeinde oder des Kreises, sie laufen die Straße der Knochen auf und ab, zumindest hier noch, in der Nähe der Zivilisation, und treten mit ihren schweren Stiefeln den Schnee von der Leitplanke.

Die meiste Zeit sind wir Passagiere still, nur wenn wir im Nirgendwo an einem Imbiss am Rande der Straße halten, wenn wir aus- und die Atemwolken sofort in den Himmel steigen, wenn der Boden uns die Kälte sofort in die Füße leitet wie elektrischen Strom, wenn wir uns durch die abgedichteten Türen zwängen, uns am Büfett Pelmeni aussuchen, Kohlrouladen und Schokoladenriegel, wenn wir an den Holztischen sitzen und die Gläser heißen Tees vor uns dampfen, erst dann unterhalten wir uns, erst dann kommt eine Verbindung zustande, und ich lerne, warum die Leute so weit rausfahren, was sie in Ust-Nera wollen, dem Übernachtungsort auf gut der Hälfte der Strecke, an dem wir noch lange nicht angekommen sind.

Als wir später den Aldan-Fluss überqueren, verschwindet am Horizont die Sonne in der geraden Linie aus Luft, Schnee und Eis. Die Kälte scheint selbst die Farbentwicklung zu hemmen, nur ein schwaches rotes Licht strahlt kurz auf, ein misslungenes rettendes Lagerfeuer, dann läuft die Umgebung fast so bläulich an wie die Haut eines Erfrierenden.

Der Fahrer eines entgegenkommenden Autos gibt Lichthupe, und wir halten an. Seit Stunden haben wir kein anderes Fahrzeug gesehen, aber jetzt treffen sich Bekannte. Unser Fahrer steigt aus, gerade mal mit einem Pulli bekleidet, und schüttelt die Hand seines Gegenübers. Beide arbeiten für dasselbe Unternehmen, und sie schwatzen im schwindenden Licht, während sie von einem Fuß auf den anderen treten, sich ansonsten aber von der Kälte nicht groß beirren lassen. In ihren Augen ist es ja wahrscheinlich auch ein schöner Tag hier draußen: klarer Himmel, trocken, kein Wind.

Die Dunkelheit kommt schnell, aber nicht vollständig. Die dichte Schneedecke ist ein Reflektorschild für das Licht der Sterne und des Mondes, der Boden wird zumindest ein wenig aufgehellt. Dick liegt der Schnee auch auf den Ästen und Zweigen der Tannen, im Scheinwerferlicht ist zu erkennen, dass durch die Abgase der Lkw alles einen Stich ins Graue hat.

Bei unseren Zwischenhalten steht jeder vor dem gleichen Dilemma: Dem Körper tut es gut, viel Tee zu trinken. Aber keiner will zu oft raus aufs Klo. An den Imbissen sind die Aborte schon vor dem Gebäude eingerichtet, und der Grubeninhalt besteht – nie künstlerisch, immer unappetitlich – aus einer gefrorenen Eisskulptur.

Nachts überhaupt das Auto zu verlassen ist noch einmal eine ganz andere Frage, keine angenehme, aber eine nötige. An einer Tankstelle füllt der Fahrer Benzin nach, und ich schaue mich um. Der Tankwart sitzt in einer überdimensionierten, ausstaffierten Öltonne an einem Ofen und öffnet das Miniaturfenster nur einen Spalt, sobald der Kunde mit dem Geld in unmittelbarer Nähe ist. Eine Lampe bietet das einzige schummerige Licht, drum herum und dahinter herrscht Dunkelheit, und hier draußen ist ihr Regime absolut. *Le noir, c'est moi* – zumindest solange man den Blick nicht zum Himmel hebt und endlich wieder mal die Milchstraße sieht, Sterne, so dicht gesät und leuchtend wie Weizen auf einem Feld.

Inzwischen ist die Temperatur auf minus 50 Grad gesunken. Nach fünf Minuten fühlt sich meine Jacke an, als wäre sie nass, und ich habe kein Gefühl mehr in den Zehen. Einatmen schmerzt, und ich muss mir meinen Schal über den Mund ziehen. Hier draußen willst du nicht mit dem Auto liegen bleiben. Hier draußen willst du ja noch nicht mal leben. Musst du auch nicht, das machen schon genügend andere.

Auch wenn es mir unwahrscheinlich vorkam, dass diese Nacht noch mal ein Ende haben könnte, erreichen wir um fünf Uhr morgens, fast 24 Stunden nach unserer Abfahrt, Ust-Nera, 870 Kilometer nordöstlich von Jakutsk, und im mickrigen Schein der Straßenbeleuchtung schälen sich Betonklötze auf schiefen Stelzen aus der Dunkelheit. Man sieht, wo der Mörtel zwischen den Stockwerken verläuft, die Fenster schräg in der Fassade stehen, und Menschen fallen aus den Türen auf die Straßen. Mit ihren Pelzmützen, die so groß wie die Räder von Mopeds sind, laufen sie zu den Bushaltestellen, pflanzen sich in die Kälte, und ihre riesigen Atemwolken sorgen wie Spruchblasen dafür, dass sie selbst in der Dunkelheit gut sichtbar sind.

Der Fahrer setzt die anderen Passagiere ab, während das 6400-Einwohner-Kaff langsam erwacht. 1989 war die Bevölkerung hier noch doppelt so groß. Jetzt ist Ust-Nera auf dem Weg zur Ruine, wie so viele andere Orte, einer, von dem man denkt, das Leben hier sei eine Strafe. So wie einst schon einmal.

Zweihundert Kilometer südlich von hier liegt Oimjakon, der Pol der Kälte, der kälteste bewohnte Ort der Welt, ein zweifelhafter Ruhm. Durchschnittstemperatur im Winter: minus 50 Grad. Tiefste gemessene Temperatur: minus 72. In einigen umliegenden Tälern sogar minus 82.

Schließlich halten wir zwei übrig gebliebenen Insassen vor einem dieser Klötze auf Stelzen und steigen aus dem Auto. Der Fahrer lässt den Motor laufen, bis zum nächsten Tag, wenn es nach Magadan weitergeht. Im zweiten Stock befindet sich ein Hotel, aber die Bezeichnung ist kühn. Oder ironisch. Ein paar schmale Zimmer für umgerechnet fast 40 Euro, in denen man nur schnell schlafen soll, bevor es wieder losgeht. Für mich ist leider keines mehr frei. Ich setze mich unten in den Vorraum, schlinge mir die Arme um den Oberkörper und schlottere vor mich hin, bis die Tür zum Büro des Taxiunternehmens aufgeht und ich in den 12 Quadratmeter großen Raum mit den grünen Tapeten gebeten werde.

Bei einem Glas Tee taue ich langsam auf, innerlich wie nach außen hin, und ich unterhalte mich mit den Fahrern, die gerade erst aufgestanden und sozusagen Schichtablösung sind. Meiner aus Jakutsk hat sich bereits mit einem kurzen Nicken verabschiedet und sich im oberen Stockwerk langgemacht. Für den nächsten Teil der Strecke wird ein anderer die Macht über das Lenkrad haben: Said, kleiner Kinnbart, grauer Pulli, Kappe auf dem Kopf, lässt einen Gebetskranz durch die Finger gleiten, schaltet das kleine Radio in der Ecke ein und erzählt von Kasachstan, wo seine Familie in Atyrau am Kaspischen Meer lebt. Das ganze Jahr über arbeitet er hier, wie die anderen Fahrer auch, und kann seine Angehörigen währenddessen nur einmal besuchen.

Koloss kommt mir in den Sinn, der mir auf der Zugfahrt durch die kasachische Steppe von so einem ähnlichen Leben erzählt hat. Um die Familie zu ernähren, weit weg in die Fremde und dann hoffen, dass man für die fernen Lieben nicht selbst zum Fremden wird.

Inzwischen warte ich auf ein Zimmer, das bald frei werden soll, und während ich warte, schaue ich aus dem Fenster über die verschneite Straße zur Bushaltestelle, sehe die Sprechblasen verpuffen und die Menschen in den Nahverkehr steigen, der hier auf dicken Reifen und mit drei Achsen daherkommt. Im Radio laufen die Nachrichten. In Moskau wurde der Oppositionspolitiker Boris Nemzow, einer der wenigen, die das Potenzial haben, die verschiedenen Gruppen zu einen, auf einer Brücke in der Nähe des Kreml ermordet. Vier Schüsse in den Rücken.

Während ich über diese Meldung nachdenke, mir Bilder von Julia in Saratow in den Kopf schießen, fallen mir einfach die Augen zu, und ich schlafe trotz des unbequemen Stuhls und der beunruhigenden Nachricht so fest wie ein Stein auf dem Grund des Baikalsees.

Die zweite Prophezeiung

Nach ereignislosen, dafür aber unheimlich kalten Stunden in Ust-Nera fahre ich mit Said am nächsten Tag weiter Richtung Magadan. Meine Reise geht langsam zu Ende. In elf Wochen habe ich jetzt gut 11 000 Kilometer zurückgelegt. Aber immer noch bin ich im selben Land, auch wenn es mir das allgegenwärtige Eis schwer macht, mir dessen bewusst zu werden.

Immer tiefer fahren wir in diese weiße Wüste, in der nun auch Bäume kaum noch ihren Platz haben. Said lenkt den Wagen sicher über den festgefahrenen, vereisten Schnee, trotzdem erwischen wir mit einer Trefferquote, die man sich für die sprichwörtliche Suche nach der Nadel im Heuhaufen wünschen würde, immer wieder Schlaglöcher, setzen kurz auf und müssen danach eine Pause machen, in der Said das Auto untersucht. Später sehen wir einen umgestürzten Lkw, der Fahrer muss in einer Kurve die Kontrolle verloren haben, ein anderer Wagen steht daneben. Ich frage Said, ob wir anhalten sollten, aber er schüttelt nur den Kopf.

»Da können wir nichts machen«, sagt er.

Das Gelände wellt sich langsam, aber stetig auf, als wir uns dem Kolyma-Gebirge nähern, dick und schwer lastet der Schnee auf den Hängen und Kuppen. An den vereisten Flussufern rosten die Überreste von Maschinen vor sich hin, die einst in den Goldminen verwendet wurden – eine Straße der Knochen auch in diesem Sinn. Ein Ort nach dem anderen wurde ausgebeutet und dann verlassen, das menschliche Virus sprang immer weiter auf der Suche nach neuen Schätzen, die seine infektiöse, unstillbare Gier nach Edelmetall befriedigen sollten.

Nach stundenlanger Fahrt durch diese unendliche weiße Welt, die doch so viele Eindrücke von Endlichkeit bereithält, nehmen wir eine Abzweigung. Hinter einer Kurve, in der die Reifen des Toyotas durchdrehen, der Wagen aber nicht stecken bleibt, wächst eine Stadt aus dem Schnee, auf der einen Seite der Straße Häuserblocks, auf der anderen Datschen und Wellblechhütten. Die Fenster sind zerschlagen, das Holz ist abgesplittert, unter dem Schnee liegen Autokarosserien begraben.

Said hält an, und ich steige aus. Die Kälte springt mir ins Gesicht, aber meine Neugier ist zu groß, was es mit diesem Ort auf sich hat, der aussieht, als hätten ihn die Einwohner von heute auf morgen verlassen. Ich stapfe durch den Schnee, will in eines der Gebäude, vielleicht finde ich Unterlagen, Zeitungen, irgendwas. Aber sobald ich den Weg, den wir gekommen sind, verlassen habe, versinke ich bis zur Hüfte im Schnee. Kein Weiterkommen, zumindest nicht zu Fuß und so, wie ich angezogen bin.

Bis auf den Wind, der durch die leeren Häuser pfeift, die Treppenaufgänge hochbläst und zu den Fenstern wieder rausfährt, ist es absolut still. Gruselig still. Eine Geisterstadt von ehemals 15 000 Einwohnern, wie Said sagt, die sicherlich einstmals den Ruhm der Sowjetunion verkündete, in der heute aber kein einziger Mensch unterwegs ist.

Doch plötzlich kommt ein Wagen um die Ecke, olivgrün, mit einer kleinen Ladefläche, auf der Kohle liegt. Der Fahrer hält und schaut mich misstrauisch an. Er muss um die 80 sein, trägt einen Parka und eine Militärmütze. Ich frage ihn, was er hier mache, ob er hier lebe, aber er geifert mich nur an, in seinem Mund stehen die letzten vier Zähne so schief wie die Fenster in den Fassaden von Ust-Nera. Ich kann ihn beim besten Willen nicht verstehen, und freundlich gesinnt scheint er mir auch nicht zu sein. Er tritt wieder aufs Gas und fährt gefährlich schnell davon, weiter in den Ort hinein, bis er um eine Kurve verschwindet. Meine Frage, in welchem der leer stehenden Häuser er es sich wohl »gemütlich« gemacht habe, werde ich nicht beantwortet bekommen.

Zurück im Wagen auf der Straße der Knochen, werden meine Füße einfach nicht mehr warm. Die Kälte hat sich in der verlassenen Stadt komplett durch meine Schuhe gefressen, und die Heizung in Saids Auto ist so schwach auf der Brust, dass ich mir schließlich die Schuhe ausziehen und die Füße warm reiben muss. Als käme ich gerade von einem 8000er-Gipfel herunter und hätte mit Mühe und Not das oberste Biwaklager erreicht.

Mein Magen knurrt, und obwohl ich Said frage, wann die nächste Gelegenheit auf einen Teller Borschtsch und ein Glas Tee komme, erwarte ich eigentlich nicht, dass dies bald der Fall sein wird. Aber Said antwortet, in 100 Kilometern gebe es eine Babuschka.

»Eine Babuschka?«

»Genau.«

Als der Ort in einer Kurve auftaucht, deutet zunächst nichts auf einen Imbiss hin: kein Ortsschild, kein Hinweis auf ein Lokal, ein paar verfallende Häuser, Traktoren unterm Schnee. Doch dann sehe ich, dass aus einem einzigen Ofenrohr Rauch quillt. Der Ort heiße Ust-Chakschan, sagt Said und hält vor dem Holzhaus, von dem der Rauch in die Luft steigt.

»Hier wohnt die Babuschka.«

Wir treten durch die Tür des einstöckigen Gebäudes, und tatsächlich begrüßt uns eine alte Frau in Jogginghosen und einem gestreiften Pulli, der ein paar Nummern zu groß ist. Ihr Name ist Ludmilla, und sie führt uns an einen kleinen Tisch neben einem bullernden Ofen, auf dem Sofa sitzt ihre Katze Chip. Während ich meine Füße dankbar unter dem Ofen parke, verschwindet Ludmilla im einzigen anderen Raum, in dem zwei Holzregale stehen, die bis auf zwei Packungen Zucker und einen Salzstreuer leer sind. Ich höre die Tür einer Mikrowelle klacken und nach ein paar Minuten das Klingeln, als die Uhr abgelaufen ist. Ludmilla bringt uns zwei Teller Borschtsch und zwei Tassen Tee. Dann setzt sie sich auf das Sofa, und Chip legt sich auf ihren Schoß.

Jeder Löffel Suppe wärmt mich von innen auf, bis ich schließlich bereit bin, meine Mütze abzuziehen. Ludmilla schaut mich an, als wäre ich ein Geist.

»Mein Gott!« Sie schlägt sich die Hände vors Gesicht. »Du siehst aus wie mein Enkel!«

Tränen steigen ihr in die Augen, und sie beginnt, von ihrer Familie, ihrer Heimat in Weißrussland zu erzählen. Wie Said kommt sie nur einmal im Jahr nach Hause, sie ist so weit weg von ihren Lieben, als lebte sie in einem längst vergangenen Jahrhundert. Seit 30 Jahren wohnt sie in diesem Ort. Als hier noch Gold gefördert wurde, fuhr sie einen Bulldozer und arbeitete in der Götterdämmerung der UdSSR noch an der Verwirklichung des sowjetischen Traums mit. Jetzt lebten hier noch 50 Menschen, berichtet sie, davon sei der eine Teil halb tot und der andere betrunken.

Nach dem Teller Suppe bin ich satt, aber Ludmilla will davon nichts hören und serviert mir eine Portion undefinierbaren Fleisches mit Makkaroni, und ihr zuliebe esse ich alles auf, sage auch nicht Nein, als sie mir noch einen Teller Butterkekse bringt und mich am Ende sogar auffordert, welche mitzunehmen. Ich erzähle ihr von meiner Großmutter und meiner Familie. Sie fragt mich, wie oft ich zu Hause sei, und als ich antworte, mehrmals im Jahr, sehe ich ihre große Traurigkeit. Während Said darauf drängt weiterzufahren, bevor es dunkel wird, bleibe ich noch am Ofen sitzen und höre Ludmilla zu, deren zunächst distanziert kühles Gesicht warm geworden ist, und ich gebe ihr gerne das Gefühl, die Illusion, als wäre plötzlich ein Teil der Familie aufgetaucht.

Nach Einbruch der Dunkelheit erreichen wir Sussuman, ein weiteres 6000-verlorene-Seelen-Kaff, das immer noch seinen Stadtstatus hält, obwohl es seit dem Ende der Sowjetunion sogar zwei Drittel seiner Einwohner verloren hat. In der Gegend wird immer noch Gold gefördert, aber es ist nicht so, dass man es der Stadt ansehen würde. Die Hauptstraße heißt nach wie vor Sowjetskaja, und gegenüber dem Minimarkt propagieren Schilder unverdrossen den Ruhm des Arbeiters. Zwischen 1949 und 1956 war Sussuman die Basis für Zaplag, eines der größten Lager im hiesigen Gulag-System von Dalstroi.

Said fährt mich zu einem der allgegenwärtigen Wohnblocks. Vor der Tür wartet ein Freund von ihm, ein Kollege aus Tschetschenien. Er schließt mir eine Wohnung im zweiten Stock auf und sagt, ich könne eines der drei Zimmer nehmen. Bevor Said sich verabschiedet, verspricht er mir, mich morgen früh abzuholen, dann bin ich allein in einer Wohnung, in der das Wasser nicht funktioniert und ein elektrischer Heizkörper für die gesamte Wohnfläche ausreichen soll.

Ich schaue mich um. An den Küchenfenstern dicke Eisblöcke. Auf dem Fensterbrett gefrorenes Krebsfleischimitat. Überall Teller mit Essensresten. Auf dem Boden Kippenstummel. Am Kühlschrank Magnetbilder mit Militärhubschraubern. An der Wand ein Stillleben mit Trauben und Dahlien. Auf der Mikrowelle wirbt Panasonic mit seinem Slogan »Ideas for Life«, und ich frage mich, was das hier für ein Leben ist, so weit draußen, fernab von allem. Über der Tür eine Uhr, die um 20 vor 11 stehen geblieben ist.

Ich will noch schnell runter vor die Tür, um mir was zu essen zu kaufen, im selben Block befindet sich ein Magazin. Allerdings werde ich vor dem Haus von einem Russen in Fleckuniform abgefangen, der mich anschreit, was ich hier zu schaffen hätte. Nachrichten über Fremde verbreiten sich anscheinend auch hier rasend schnell – er kommt mir bedrohlich nahe, aber nach ein paar Minuten habe ich ihn beruhigt, und er steigt wieder in sein Auto. Ich habe nie herausgefunden, ob er ein Vertreter der lokalen Staatsmacht oder ein postsowjetischer Blockwart war. Wahrscheinlich Letzteres, sonst wäre ich sicherlich auf der Wache gelandet.

Im Magazin muss ich eine halbe Stunde Schlange stehen. Alle vor mir kaufen flaschenweise Wodka. Es ist sieben Uhr abends, und ich muss daran denken, dass es heißt, jede Familie in Russland habe jemanden an den Krieg oder den Alkohol verloren.

Als mich Said um neun Uhr morgens abholt, liegt eine kalte Nacht in der Einheizungwohnung hinter und das letzte Wegstück bis zum Pazifik vor mir. Die blasse Sonne hängt wie eine Milchglasscheibe über dem Horizont und steigt nur träge höher, als wüsste sie, dass das weder meine noch ihre Zeit ist.

Während wir durch die eisige Welt des Nordostens über die menschenleere Straße weiterfahren und schließlich den Kolyma-Fluss kreuzen, der der ganzen Gegend bis Magadan ihren Namen gibt, frage ich mich, wie viele Skelette hier vergraben liegen, wie viele Menschenleben es gekostet hat, diese Straße zu bauen. Wie es war, als die Häftlinge damals in Zelten am Rand der Bautrasse vegetierten, ihren Unterschlupf mit Moos abzudichten versuchten und dann doch einfach in einem Blizzard erfroren. Dabei war das vielleicht noch ein gnädiger Tod, der durch die ganzen Gulag-Albträume, die gelebt werden mussten, relativiert wurde.

Früher verkehrten hier noch einfache Händler, die Wodka zu den abgelegenen Stämmen brachten und dafür mit Fellen und Mammutelfenbein zurückkehrten. Dann entdeckte man Anfang des 20. Jahrhunderts Gold in der über 2000 Kilometer langen Kolyma und ihren Bergen, und schließlich machte Stalin die Region mit seinen Gulags zur berüchtigsten in ganz Russland.

Schon zu Zarenzeiten existierten Verbannungsorte und Straflager – so wurden auch Lenin und Stalin selbst in Sibirien zeitweise aufs Abstellgleis geschoben –, aber verglichen mit dem, was der an die Macht gekommene Georgier daraus machte, waren die alten Lager Schullandheime. Waren zum Ende der Zarenzeit etwa 30 000 Menschen inhaftiert, waren es unter Stalin bis zu 2,5 Millionen. Unter Lenin hatten die Gulags – eine Abkürzung für »Hauptverwaltung der Besserungsarbeitslager« – noch keinen richtigen Arbeitscharakter gehabt; der entstand erst unter Stalin und mit der Industrialisierung, Zwangskollektivierung und Entkulakisierung zwischen 1929 und 1933. Für seinen ersten Fünfjahresplan – den Umbau der Sowjetunion vom Agrar- zum Industriestaat – brauchte »der Stählerne« Kapital, und die Region Kolyma sollte mit ihren wertvollen Rohstoffen das Brennmaterial liefern, das dieses Feuer der Veränderung anfachte. Stalins Dekret vom Juni 1929, in dem er die »wirksamere Nutzung« der Arbeitskraft der Lagerhäftlinge beschloss, war die Geburtsstunde des Gulag-Systems, das sich metastasenartig immer weiter ausbreitete, bis es über die ganze Sowjetunion verteilt war.

Die Häftlinge waren Kriminelle und politische Klassenfeinde, später auch deutsche und japanische Kriegsgefangene ebenso wie Soldaten der Roten Armee, die Kontakt zum Feind gehabt hatten und im Lager umerzogen werden sollten. Im Gegensatz zu den deutschen KZs waren die sowjetischen Arbeitslager nicht auf die Vernichtung der Menschen ausgelegt, aber durch die geschaffenen Lebensbedingungen nahm man den massenhaften Tod billigend in Kauf. Die Häftlinge starben in den Minen durch zusammenbrechende Schächte, an Lungenentzündung, der eisigen Kälte, schlechter Hygiene, Skorbut – eigentlich war es ein Wunder, wenn sie am Leben blieben. Eine Faustregel lautete: Jedes Kilo Gold kostet ein Menschenleben. Als Stalin 1936 mit seiner »Großen Säuberung« begann, in deren Verlauf selbst die Lagerkommandanten als Spione hingerichtet wurden, bekamen die Häftlinge keine Fellstiefel oder Jacken mehr, die Essensrationen wurden auf das Unmenschlichste gekürzt und 14-Stunden-Schichten eingeführt, sodass ein teuflischer Kreislauf des Mangels entstand, dem so gut wie niemand standhalten konnte – Menschen mutierten zu Tieren. Zahlen hierzu sind notorisch schwierig zu bekommen, weil Stalin viel Archivmaterial vernichten ließ; so variieren die Opferzahlen für die Region Kolyma wild zwischen 130 000 und 2,5 Millionen. Manche Forscher schätzen, dass im ganzen Gulag-System zwischen 1918 und 1991 39 Millionen Menschen gestorben sind.

Wie mit solchen Zahlen umgehen? Wie ein solches Grauen aufarbeiten? Alles scheint heute so lange her, doch wenn wir gelegentlich an den verrosteten Hinterlassenschaften der Goldminen vorbeikommen, während wir im einigermaßen warmen Auto sitzen und draußen der unerbittliche Wind bläst, denke ich: Was für eine gottverlassene Ecke der Welt, durch die sich die Häftlinge einst wie Geister bewegt haben müssen. Mit Spitzhacke, Schaufel und Spaten verwirklichten sie die großen Projekte Stalins und litten und starben für seine Wahnsinnsidee von einem Staat.

Said hält das Lenkrad fest im Griff, drückt aufs Gas, als wollte er schnell wieder weg aus dieser Gegend. Aber das ist nur mein Eindruck. Said ist die Geschichte egal, ihn interessiert einzig, wann er seine Familie wiedersehen wird oder dass er zumindest weiß, wann es so weit sein wird.

Damals, als die Straße noch im Bau war, wurden die Häftlinge mit der Transsibirischen herangeschafft und mussten in Chabarowsk umsteigen, dort, wo die chinesische Mandschurei in forschem, scharfem Winkel in den äußersten Osten Russlands hineinstößt. Aber was heißt »umsteigen«? Sie wurden von dort an die nahe Küste gekarrt und auf Schiffe geladen, »Stalins Sklavenschiffe« nannte man sie, und über das Meer nach Magadan verfrachtet. Die Schiffe transportierten bis zu 12 000 Häftlinge; wenn es schiefging, blieben sie im Eis stecken, und am Ende überlebten nur die Besatzung und die Wachen, und selbst die waren wahnsinnig geworden. Gelangten die Häftlinge aber nach Magadan, wurden sie alle auf die 80 Lager in Kolyma verteilt. Dichter, Mathematiker, Kriminelle. Letztere rangierten in der Lagerhierarchie höher als die Klassenfeinde, besetzten wichtige Posten, und so wurde selbst das Leben innerhalb der menschlichen Umgebung zur Hölle. Die Häftlinge spritzten sich Kerosin, hackten sich Gliedmaßen ab oder täuschten Wahnsinn vor, um wenigstens ins Lagerkrankenhaus zu kommen. In dem erschütternden Werk »Archipel Gulag« von Alexander Solschenizyn sagt der Lagerkommandant Naftali Frenkel: »Aus dem Häftling müssen wir alles in den ersten drei Monaten herausholen – danach brauchen wir ihn nicht mehr.« Innerhalb dieser drei Monate alterten die Menschen um mehrere Jahrzehnte, oder sie starben – und wir fahren jetzt über ihre Gebeine.

Fünfzig Kilometer vor Magadan öffnet sich die enge Trasse, und die Straße wird breiter, als würden wir auf eine Metropole zufahren. Die Berge wellen sich am Horizont, jungfräulicher Schnee auf ihren Gipfeln, ihren Schultern, ihren Rücken.

Eine Reise von 12 000 Kilometern geht zu Ende, bald werde ich wieder im warmen, geordneten Deutschland sitzen, hinter mir ganz schön viele Vergangenheiten – meine persönliche, die meiner Familie und die allgemeine historische – und vor mir die Frage, was ich mit dem auf dieser Reise erworbenen Wissen, meinen Erfahrungen und Eindrücken anstellen soll. Ich habe mich immer gegen den Gedanken gewehrt, Kinder zu bekommen, aber langsam beginne ich, die Dinge in einem anderen Licht zu sehen. Wenn all diese Menschen in meiner Familie so hart dafür gekämpft haben durchzukommen, ein besseres Leben für ihre Nachkommen aufzubauen, darf ich diesen Zyklus einfach unterbrechen? Und noch viel wichtiger, zumindest für mich: Wer weiß dann noch, wer der

Mann mit dem Schnauzer auf dem Schwarz-Weiß-Foto ist, das sich an den Ecken schon aufbiegt und seinen Platz im Album nur verlässt, wenn jemandem der Name des Mannes und eine Geschichte dazu einfallen?

Wir passieren das Ortsschild von Magadan auf einem Bergkamm und lassen die Wildnis hinter uns. Bevor mich Said im Zentrum an einem Hotel absetzen wird, biegt er nach rechts von der Straße der Knochen ab. Wir fahren einen Hügel hinauf und halten auf dem Parkplatz an der »Maske der Trauer«, einer 15 Meter hohen Betonskulptur in Form eines Gesichts, entworfen vom 1925 in Swerdlowsk/Jekaterinburg geborenen Bildhauer Ernst Neiswestny, dessen Eltern der »Großen Säuberung« in den 1930ern zum Opfer fielen. Die Skulptur soll an alle Opfer erinnern. Aus dem linken Auge fließen Tränen in Gestalt kleiner Gesichter. Das rechte Auge ist ein verbarrikadiertes Fenster. Die Rückseite zeigt eine weinende Frau und einen kopflosen Mann am Kreuz.

Von hier oben schaue ich auf die Stadt hinab, die auf einem Streifen zwischen dem Festland und der Halbinsel Starizki an zwei Buchten liegt. Deren Gewässer werden ständig von Eisbrechern frei gehalten, damit der Betrieb im Militärhafen und die Fischerei weitergehen können, eine der Industrien, von denen die Stadt noch lebt. Denn auch sie hat seit dem Ende der UdSSR ein Drittel ihrer Einwohner verloren, knapp 100 000 sind es heute. Die Innenstadt mit ihren Stuckgebäuden in Cremefarben wurde einst komplett von Häftlingen errichtet, ihre hügeligen Straßen zeigen an manchen Ecken immer noch Hammer und Sichel.

Nach Stalins Tod 1953 und der damit einsetzenden Reorganisation der Gulags, die oft deren Auflösung bedeutete, kehrten die entlassenen Überlebenden von den Orten ihres Leidens nach Magadan zurück. Halb wahnsinnig müssen sie durch die Straßen getorkelt sein, eine fast ausschließlich männliche Schar, in den Augen die Angst der vergangenen Jahre, die sie nie mehr verlassen würde. Heute befindet sich an fast jeder zweiten Ecke ein Laden, der Gold verkauft, und in anderen Shops werden Kühlschrankmagnete feilgeboten, auf denen man Häftlinge in wattierten Jacken sieht und mit denen man zu Hause seine am Speiseplan herumnörgelnden Lieben auf Linie bringen kann: »Pass auf!«, steht warnend darauf. »Wenn du nicht spurst, kommst du nach Kolyma. Dann gibt's nur noch Balanda!«

Der Blick von der »Maske der Trauer« schweift mühelos etliche Kilometer über die Berge hinweg und verliert sich immer wieder und wie immer im endlosen Weiß. Der Anfang der Reise und die Hitze in Sankt Petersburg scheinen eine Ewigkeit her zu sein, und in mir herrscht ein merkwürdiger Zustand. Einerseits bin ich ausgelaugt, vielleicht weil die Beschäftigung mit der Vergangenheit auch immer die Beschäftigung mit Verlust ist. Aber auf der anderen Seite fühle ich mich … kompletter, runder. Und damit meine ich nicht den physischen Ansatz des Wodkas und der Berge von Pelmeni. Sondern ein neues Verständnis für die Lebenswege meiner Verwandten. Aber auch für das Leben der Menschen heute, das von Alessia, Julia, Sergej, Wanja, Tatjana und Peter Sawatzki, von Putin-Gegnern und Putin-Fans, von Sowjetnostalgikern und Kapitalisten. Mir wurde gezeigt, wie man den Moment lebt, wie man improvisiert und wie man Dinge aushält, die man nicht ändern kann.

Russland ist tatsächlich ein Land, das schwierig mit dem Kopf zu verstehen ist. Und im Gegensatz zu anderen Gegenden auf diesem Planeten habe ich mich nicht wie ein Teenager Hals über Kopf verliebt.

Wie soll das auch gehen, gerade hier in Kolyma? Leid, Leid und noch mehr Leid. Langsam geht es mir so richtig auf den Sack – wo man hinschaut, die Spuren der einstigen Gulag-Hölle. Mord, Totschlag und Ausbeutung, Unterwerfung, Brechung und Formung. Was ich bräuchte, ist ein Blick nach vorne, einer, der mir hilft, das alles hinter mir zu lassen.

Und ich schwöre es bei der Napoleontorte meiner Großmutter, gerade als ich das denke, entdecke ich eine alte Frau mit einem rosafarbenen Kopftuch, dicken Wasserbeinen und silbernem Gebiss. Sie hockt auf einem Schemel, vor sich einen Pappkarton, auf dem ein Stift liegt. Sie winkt mich heran. Ich setze mich und gebe ihr meine Hand. Was für ein Klischee, denke ich, aber da notiert sie sich auch schon mein Geburtsdatum auf den Karton und beginnt, mit ihren rauen Fingern in meiner Handfläche umherzufahren.

»Auf jeden Fall werden Sie lange leben, ohne krank zu sein. Später zeige ich Ihnen auf der Hand, auf was Sie achten sollen, um ohne Krankheiten zu leben. In Ihrer Jugend war es bei Ihnen nicht schlecht mit dem Geld, später sage ich Ihnen, wie es jetzt bei Ihnen mit dem Geld ist, okay? Sie sind Fisch?«

»Ja.«

»Mein Mann war Fisch. Fische sollten hohe Bildung haben. Sie haben doch hohe Bildung, oder?«

»Einigermaßen, ja.«

»Gut. Sonst werden Fische unglücklich. Ich sehe, Sie haben gute Intuition, organisatorisches Talent, Führungsqualität und, wenn Sie älter sind, sogar die Möglichkeit, beruflich aufzusteigen.«

Ha, ich wusste, dass es irgendwann passieren wird!

»Und Sie schreiben? Das habe ich sofort gesehen!« Sie blickt tiefer in meinen Handteller. »Wenn du eine Frau siehst, und sie gefällt dir, und du willst sie kennenlernen, sollst du zu ihr gehen und ihr etwas sagen. Wenn sie stehen bleibt und dir zuhört, dann gefällst du ihr, und sie ist Single. Wenn sie sagt: Entschuldigung, und weitergeht, dann hat sie jemanden, oder du hast ihr irgendwie nicht gefallen.«

Ziemlich solider Rat, muss ich zugeben.

»Aber ich muss dir auch sagen: Wenn du dann die eine Frau hast, dann solltest du zärtlich sein, mit ihr über ihre Gefühle reden, nicht schweigen. Und Blumen, bring ihr Blumen! Eine Frau freut sich immer über Blumen! Das ist wirklich wichtig, und du wirst auch ein guter Ehemann, Vater und Opa werden. Und trotzdem wirst du zweimal geschieden werden. So ist das eben.«

Schon fast fröhlich sagt sie das, empfiehlt mir noch, bloß kein Geld zu verleihen, immer etwas auf der hohen Kante zu lassen, für die ganzen Apothekerkosten, die da im Alter auf mich zukommen werden.

»Du sollst deine Krankheiten rechtzeitig behandeln lassen, wenn es im Hals kribbelt, sofort mit Sodawasser gurgeln, damit gurgelst du die Mikroben raus und schützt dein Herz. Jetzt noch mal genau die Arbeitslinie. Bis jetzt hast du nicht viel Erfolg gehabt, aber hier wirst du einen sehr guten Erfolg haben, das ist eine sehr gute Linie. Dann wären da noch die Lebenslinien. Drei davon, und die dritte ist nicht gut. Aber wenn du gurgeln wirst und viel schlafen – Schlaf ist Arznei fürs Gehirn –, dann wirst du lange leben ohne Krankheiten.«

»Wie lange denn genau?«

»Siebzig.«

»Siebzig???« Insgeheim habe ich mit 100 gerechnet, mindestens. Ich muss sagen, ich bin etwas getroffen.

»Vielleicht noch etwas mehr. Aber du musst gurgeln! Und auf keinen Fall darfst du saufen oder Drogen nehmen!«

So was habe ich geahnt.

»Alles Gute«, schließt sie. »Hundert Rubel, bitte.«

Ich drücke ihr den Schein in die Hand und verabschiede mich. Immerhin hat sie nichts davon erwähnt, dass ich mich umbringen werde, obwohl ich zweimal heiraten und mich wieder scheiden lassen werde. Es liegt also noch einiges vor mir: Kinder, Familienleben, beruflicher Erfolg. Jesus Christus, ich hatte ja keine Ahnung! Wie heißt es so schön: Bis 40 ist alles Recherche, *dawai*.

Ich wende mich ab von der »Maske der Trauer«, gehe zu Saids Wagen zurück und fange an, vor mich hinzupfeifen.

Picknick mit einer Toten

Es ist ungewöhnlich warm für Anfang März. Die Luft hat ihre winterliche Schärfe verloren, an den Bäumen treiben die Knospen, Vögel zwitschern. Das Land erwacht und gibt endlich wieder Düfte ab, die die kalte Jahreszeit überdeckt hat.

Auf dem Friedhof laufe ich durch die Reihen der Gräber und suche das kleine Rechteck, unter dem meine Großmutter liegt. Aber ich kann mich nicht erinnern, so lange ist es schon her, dass ich hier war. Erst nach einer halben Stunde, nach methodischem Durchgehen aller Namen auf den Kreuzen und Steinen, finde ich schließlich den Namen Alice Müller.

Kurz bleibe ich stehen, dann setze ich mich auf den Boden. Er ist noch feucht, aber die Temperatur steigt mit jeder Stunde. Bald ist es Frühling, dann Sommer, bald kann ich diesen Winter vergessen und wieder so tun, als würde der nächste nie kommen.

In meiner Tasche sind ein paar Dinge, die ich nun auspacke und auf eine kleine Decke lege. Ein Glas eingelegte Tomaten, ein Glas Gurken, Brot, ein Ring Wurst aus Russland, 100 Gramm Wodka – und ein in Alufolie gepacktes Dreieck. Ich wickele es aus und lege es ebenfalls auf die Decke.

Es ist ein Stück Napoleontorte. Als meine Großmutter starb, verschwand mit ihr auch das Rezept für diesen traditionellen russischen Kuchen. Ich entsinne mich, wie ich sie ständig nötigte, es mir zu verraten, aber sie meinte immer nur: »Dafür braucht man doch kein Rezept. Das ist alles in meinem Kopf.«

»Aber was, wenn du nicht mehr da bist?«

»Ach, ich werde noch lange da sein.«

Irgendwann aber hatte ich ihr das Rezept doch aus dem Kreuz ge-
leiert, probierte es aber nie aus, bis nach ihrem Tod, und da musste ich feststellen, dass überhaupt nichts zusammenpasste, so wenig,
dass ich dachte, sie habe mir damals einen Streich gespielt.

Jeder liebte diese Torte, meine Schwestern, meine Mutter, ich.
Der Geschmack der weißen Creme, die der Überlieferung nach
den russischen Winter symbolisiert, der die Große Armee des kleinen Korsen besiegte, ist tief in mir verankert – wie die einzelnen
Schichten sich mit ihr vollsaugen, wie die Torte jeden Tag besser
schmeckt, bis sie an Tag drei schnell aufgegessen werden muss,
denn sonst stürzt ihre Konsistenz zusammen, und übrig bleibt nur
eine undefinierbare Masse.

Aber im vergangenen Jahr, am Himbeersee, bei Wanja und Anna
Petrowna, fand ich in einem alten sowjetischen Kochbuch das Rezept für diese schmackhafte und gesunde Köstlichkeit. Es gab kein
einziges Bild in dem Buch, nur Text, aber ich machte ein Foto davon und schickte es meiner Mutter, und sie schrieb mir aufgeregt
zurück: »Das ist es!!!«

Zu Weihnachten standen wir in der Küche und backten zum ersten Mal diese Torte außerhalb von Großmutters Haushalt. Bald
füllte sich der Raum mit dem Duft der vor sich hinblubbernden
Creme, und mir war, als würden wir in der Zeit zurückreisen. Dabei
geschah etwas ganz Gegenteiliges. Als wir später am Tisch saßen,
die Kerzen flackerten und Mutter wie immer einen Extrateller auf
den Tisch stellte, da sah ich auch die Erinnerung aufflackern in den
Augen meiner Schwestern. Sie haben bereits Kinder, meine Mutter
ist also selbst schon Oma, aber für mich hat sich dieser Kreis fami-
liärer Evolution – wie merkwürdig sich das auch anhören mag –
erst mit der erfolgreichen Herstellung der Torte vollendet.

Mutter sagte immer: »Die ist sehr aufwendig, diese Torte.« Aber
als sie nun sah, wie wir darüber herfielen, meinte sie nur: »Ich glaube, die werde ich jetzt öfter backen.«

Hier sitze ich also und erzähle Großmutter, dass ich mit Russland
Bekanntschaft geschlossen habe. Ich erzähle ihr von dem magi-
schen Licht am Himbeersee, den ganzen Begegnungen an gedeck-

ten Tischen. Davon, dass ich fast ertrunken wäre, aber schließlich doch die Kraft gefunden habe zu schwimmen. Dass ich mich sicherlich nicht umbringen werde und jetzt wirklich weiß, wo ich herkomme, und deswegen beruhigt weitergehen kann. Mit einem lachenden und einem weinenden Auge verspreche ich ihr, dass ich ihre und die Geschichten aller anderen niemals vergessen werde.

Um nicht endgültig loszuheulen, erzähle ich ihr zum Schluss auch noch vom teuersten Schlüsselkauf aller Zeiten. Ich bilde mir ein, Großmutter laut lachen zu hören. *Oh, du dummer, dummer Junge.*

Ich wische mir die Kuchenkrümel aus dem Gesicht und packe meine Sachen zusammen. Die 100 Gramm Wodka habe ich nicht angerührt. Irgendwie habe ich in den letzten Monaten den Geschmack für Alkohol verloren. Vielleicht werde ich also doch noch richtig alt. Ich stelle das Glas auf Großmutters Grabstein und werfe noch einen langen Blick auf ihren Namen. Ein guter Name für eine sanfte, starke Frau.

Dann verlasse ich den Friedhof. Es ist ein Abschied, aber es ist kein Ende.

Soundtrack zum Buch

Mein persönlicher Soundtrack zum Buch kann über Spotify abgerufen werden: http://spoti.fi/1JykVmp

100 Gramm Wodka

Katioucha	The Red Army Choir
Song of the Volga Boatmen	Golden Ring Ensemble
Russian Sailor's Dance	Golden Ring Ensemble
Lyubov' Pohoyoaya Na Son	Alla Pugacheva
Kalinka	Golden Ring Ensemble
Million scarlet roses	Alla Pugacheva
Закрой за мной дверь, я ухожу	Кино
Группа Крови	Кино Игорь Вдовин
National Anthem of USSR	The Red Army Choir
Farewell of Slavianka	Vasiliy Agapkin
Klavierkonzert Nr. 2 c-Moll Op. 18	Sergei Rachmaninoff
The Firebird Suite	Igor Stravinsky
Jazz Suit No. 2	Dmitri Shostakovich
(There Is) No Greater Love	Amy Winehouse
12 Preludes: Prelude No. 1	Galina Ustvolskaya
Dissolve Me	alt-J
Leningrad	Leningrad Cowboys
Moscow Nights	Vladimir Troshin
Song of Roshchin	Mark Berness
The Volga Flows	Vladimir Troshin
The Boulevards	Kapitolina Lazarenko
Who Are You?	Clauudia Shulzhenko
Rjumku Vodki	Viktor Klimenko
Moskau	Dschinghis Khan

Dank

Ohne die Hilfe, den Rat und natürlich die überwältigende Gast-freundschaft von vielen, vielen Menschen wären diese Reise und folglich auch dieses Buch nicht möglich gewesen.

Vielen Dank an Tante Lisa, Tante Lora und allen aus Lemgo; On-kel Jascha und Tante Frida; Opa Hafner; Frank Fabian; Viktor und Elena Kusmin; Tatiana; Dennis B.; Elena; Irina; Oleg Demyanenko, Ural Expedition & Tours; Dascha und Schenja; Petr Konokow; Je-katerina; Arthur Jordan; Peter Sawatzki; Konstantin, Natascha und Familie; Josef Ebauer und Elisabeth Schellenberger; Iwan Jansen und Anna Petrowna; Sergej; Said und alle anderen, mit denen sich mein Weg durch dieses gigantische Land gekreuzt hat.

Ganz besonders danke ich Natalia K. für alle Bemühungen, mei-ne Reise leichter und wertvoller zu machen. Ebenso danke ich Denis S. Du warst unglaublich geduldig und eine große Hilfe.

Unvergesslich bleibt mein Besuch in Tschuwaschien bei Galina, Jura, bei Irina und Geni. Ich habe mich dort gefühlt wie ein Teil der Familie.

Darüber hinaus gilt natürlich mein ewiger Dank meiner Fami-lie, vor allem denjenigen, die so viel auf sich nahmen und durch-machen mussten, inzwischen aber aus dem Leben geschieden sind: meine ganz persönlichen Helden.

Großer Dank an meine Mutter und ihre Geduld, sich immer wie-der meine Fragen anzuhören und es mir nicht übel zu nehmen, dass meine Bohrungen in den Minen der Vergangenheit bisweilen auch schmerzhaft waren.

Johannes, auch dir gebührt noch mal ein dickes Dankeschön.

Spezieller Dank an Nadine Schuster. Ohne dich hätte ich das Buch nicht so abschließen können, wie ich das vorhatte.

An Birgit und Christian für die kleine Oase am Wörthsee.

An meine Agentin Gila Keplin, die immer ein offenes Ohr und ein gutes Wort für mich übrighat und so gerne mit mir neue Ideen spinnt.

An Bettina Feldweg und Martina Klüver vom Malik Verlag, die von Anfang an begeistert von der Idee waren und es geschafft haben, mir das Gefühl einer kleinen Heimat zu geben. Abgesehen von meiner Familie, knie ich diesmal aber auch vor meinem Lektor Fabian Bergmann nieder. In engelsgleicher Geduld hat er das Manuskript von Fassung zu Fassung gebracht, war immer konstruktiv und positiv und holte mir so schließlich die Knoten aus den Fingern, die mir die ganzen Gedanken an die Vergangenheit reingedreht hatten.

большое спасибо.

Berlin / Steinebach am Wörthsee, 2015

Literaturverzeichnis

Alexijewitsch, Svetlana: *Secondhand-Zeit.* bpb, Bonn 2013

Asadowski, Konstantin (Hrsg.): *Rilke und Russland. Briefe, Erinnerungen, Gedichte.* Insel, Frankfurt am Main 1986

Aust, Stefan / Burgdorff, Stephan (Hrsg.): *Die Flucht.* bpb, Bonn 2005

Baberowski, Jörg: *Der rote Terror.* bpb, Bonn 2011

Dalos, György: *Lebt wohl, Genossen!* bpb, Bonn 2011

Dostojewski, Fjodor M.: *Weiße Nächte.* Insel, Frankfurt am Main 2011

Dostojewski, Fjodor: *Verbrechen und Strafe.* Fischer, Frankfurt am Main 2012

Dyck, Larissa / Mehl, Heinrich (Hrsg.): *Mein Herz blieb in Russland.* Zeitgut, Berlin 2008

Figes, Orlando: *Revolutionary Russia 1891–1991.* Penguin, London 2014

Gauß, Karl-Markus: *Die versprengten Deutschen.* bpb 2005

Heinze, Martin; Quadflieg, Dirk; Bührig, Martin (Hrsg.): *Utopie Heimat.* Parodos, Berlin 2011

Humboldt, Alexander von: *Reise durchs Baltikum nach Russland und Sibirien.* Edition Erdmann, Wiesbaden 2009

Klassische russische Erzählungen. dtv, München 2013

Pleines, Heiko / Schröder, Hans-Hennig (Hrsg.): *Länderbericht Russland.* Bundeszentrale für politische Bildung (bpb), Bonn 2011

Politkowskaja, Anna: *In Putins Russland.* Fischer, Frankfurt am Main 2008

Ruge, Gerd: *Russland. Portrait eines Nachbarn.* Verlag C. H. Beck, München 2008

Schlink, Bernhard: *Heimat als Utopie.* Suhrkamp, Frankfurt am Main 2000

Tolstoi, Leo: *Anna Karenina.* dtv, München 2008

Tolstoi, Leo: *Meine Beichte.* Anaconda, Köln 2012

Tolstoi, Lew N.: *Wieviel Erde braucht der Mensch?* Insel, Frankfurt am Main 1989

»Ein Buch, das Lust auf kulturelle Begegnungen macht!«

Westdeutsche Allgemeine Zeitung

Hier reinlesen!

Fredy Gareis
Tel Aviv – Berlin
Geschichten von
tausendundeiner Straße

Malik, 288 Seiten
Mit 34 Farbfotos und einer Karte
€ 19,99 [D], € 20,60 [A]*
ISBN 978-3-89029-438-4

Im Radsattel vom Jordan bis an die Spree: Fredy Gareis fährt vier Monate von Israel nach Deutschland. Eine Reise, die ihn durch sechzehn Länder und zu Menschen mit vierzig verschiedenen Konfessionen führt. Er übersteht Überfälle in den Judäischen Bergen und Reifenpannen in der Wüste, meistert steile Anstiege, lernt Einsamkeit kennen und schließt Freundschaften, die mit süßem Tee und festem Händedruck besiegelt werden. Und erlebt, wie er zum philosophierenden Radnomaden und Asphaltcowboy wird.

Leseproben, E-Books und mehr unter www.malik.de

MALIK

Urlaub bei den Mullahs

»Stephan Orth ist ein hervorragender Reporter.« WDR4

Hier reinlesen!

Stephan Orth
**Couchsurfing
im Iran**

Meine Reise hinter
verschlossene Türen

Malik, 240 Seiten
Mit 48 Farbfotos, 30 Schwarz-Weiß-
Abbildungen und einer Karte
€ 14,99 [D], € 15,50 [A], sFr 21,90*
ISBN 978-3-89029-454-4

Es ist offiziell verboten. Trotzdem reist Stephan Orth als Couchsurfer kreuz und quer durch den Iran, schläft auf Dutzenden von Perserteppichen, erlebt irrwitzige Abenteuer – und lernt dabei ein Land kennen, das so gar nicht zum Bild des Schurkenstaates passt. Denn die Iraner sind nicht nur Weltmeister in Sachen Gastfreundschaft, sondern auch darin, den Mullahs ein Schnippchen zu schlagen.

Ein mitreißend erzähltes Buch über die kleinen Freiheiten und großen Sehnsüchte der Iraner.

Leseproben, E-Books und mehr unter **www.malik.de**

MALIK

Reisegefährten, beste Freunde und eineiige Zwillinge

Hier reinlesen!

Hansen Hoepner /
Paul Hoepner
mit Marie-Sophie Müller
Zwei nach Shanghai
13600 Kilometer mit dem Fahrrad
von Deutschland nach China

Malik, 272 Seiten
Mit 34 farbigen Fotos, 12 Links zu
Filmmaterial und einer Karte
€ 19,99 [D], € 20,60 [A], sFr 28,90*
ISBN 978-3-89029-440-7

Ein Zelt, Isomatten und zwei Fahrräder – mehr brauchen Paul und Hansen nicht, um von Berlin nach Shanghai zu radeln. Sieben Monate bereisen die Brüder exotische Schauplätze und erleben ein Wechselbad der Gefühle: An der russischen Grenze werden sie fast verhaftet, nur die Hilfsbereitschaft der Kirgisen kann das vorzeitige Ende ihrer Tour verhindern, und in einer Jurte im Himalaja lädt man sie ein, für immer zu bleiben. Ein mutiger Roadtrip, bei dem der engste Freund nie von der Seite weicht.

MALIK

Leseproben, E-Books und mehr unter www.malik.de